# 縄文論

Ando Reiji
安藤礼二

作品社

# 縄文論

# はじまりの場所へ——『縄文論』序

『縄文論』として一冊にまとめられたこの書物は、人間にとって原型的な存在の在り方、原型的な思考の在り方、原型的な表現の在り方を問うたものである。人間の根源、そのはじまりの場所を問うた書物である。同時に、それは「私」というこの固有の存在の起源、そのはじまりの場所を問うた書物ともなった。

なぜわれわれはこのように在り、このように思考し、このように表現しているのか。おそらく、そうした巨大過ぎる問いに、明瞭な答えなど出せるはずはない。しかし、そうであるがゆえに、あるいは、そうであるからこそ、人間は問うことをやめることができないのだ。狭義の批評とは、そして広義の表現とは、そのような営為であったはずだ。

私は物心ついたときから、いま自分が話している言葉というもののもつ不思議な性格を考え続けてきた。なぜ、人間は言葉を発し、その意味を了解することができるのか。そもそも言葉とは自分一人で発明したものではなく、自分とはまったく異なった他人たちが用いてきたものである。人間は言葉のなかに生まれ落ち、だからこそ言葉を話すことが可能になる。そうではなかったか。

言葉によって他者との交流が可能となり、自己の表現が可能となる。言葉は他者のものであるとともに自己のものでもある。言葉は二重性にして両義性をもつものであった。

そしてまた、私は自分の記憶が、言葉を身につける以前にまでどうしてもさかのぼり得ないことに気がついていた。この私は、文字通り、言葉とともにこの世界に生まれて来たのではなかったか。いま自分が誰かに向けて、あるいは自らに向けて語り出す言葉によってしか、自分がいまこのように在ることを証明することはできない。言葉によって他者とつながり合うことが可能になると同時に、言葉は私を「自己」というものに封じ込めてしまう。言葉は自己を他者へと開くとともに、自己を他者から閉ざしてしまう。そうでなければ、「私」という存在など成り立たないであろう。言葉という、人間すべてに共有された精神的な道具を用いながら、しかしながら、そうした伝達の道具だけには収まりきらない、この私に固有の思考、他者とは絶対に共有できないこの私に固有の思考を、道具としてしかあり得ない言葉を用いて、他者に向けて表現していかなければならないのだ。

この私は言葉を用いている。それゆえに、この私はいまこのように、他者に開かれながらも固有の自己として、存在している。我言葉を話す、ゆえに我在り。だが果たして本当にそうなのか、本当にそれだけなのか。私はあまりにも言葉に囚われすぎているのではないのか。この私は言葉によって存在するとともに、身体によって、身体という物質そのものによって存在している。私に身近な動物たち、生活をともにしてきた優雅な猫たちは、死を境として、たちまちのうちに見知らぬ物質の塊へと変貌を遂げていってしまった。私は、親愛なる隣人たちが死とともに単なる物質の塊となってしまうというきわめて不気味ではあるが、同時にまた、きわめてありきたりでもある体験を積み重ねてきた。人間としての私もまた、言葉であるとともに身体という物質である。それを逃れることはできない。物質としての身体に受肉しているという点において、言葉のもつ二重性にして両義性は、この私という存在がもつ二重性にして両義性と、いくぶんは異なりながらも一つに重なり合わさっていく。私は言葉であるとともに身体であり、精神であるとともに物質である。

我表現する、ゆえに我在り。この場合の表現とは、あるいは、その表現の結果として可能となったこの私とは、精神的な存在であるとともに物質的な存在でもある。言語的な存在であるとともに身体的な存在でもある。言葉の始まりを問うためには、身体の始まりをも問わなければならない。精神と物質がともに生み出されてくる根源の場所、そのはじまりの場所を問わなければならない。言葉だけでなく身体を、精神だけでなく物質を問う。それが逆説的に身体とともに言葉の在り方を、精神とともに物質の在り方を明らかにしてくれる。私は、言葉を問いたいがゆえに、その言葉を発することを可能とする身体を問う学問、精神を問いたいがゆえに、その精神が受肉することを可能とする物質を問う学問、「考古学」を自らの進むべき道として選んだ。

私にとって「考古学」とは、存在の根源を探究する学問にしてその実践、存在のはじまりを探究する学問にしてその実践であった。ただ、当然のことではあるが、私が理想とする、そのような特異な「考古学」は、結局、アカデミズムのなかには存在していなかった。当時、そしておそらくは現在においても、人類の表現を主題とした「考古学」などというジャンルは、アカデミズムのなかには存在しないし、存在する余地もない。表現であるがゆえに、それは研究とはならないからだ。しかしながら、もちろん、表現に開かれた「考古学」も皆無ではなかった。私は、それらから限りのない恩恵を受けた。だからこそ、本書が成り立ったのである。『縄文論』は、その継承を意図している。しかしながら、もちろんそこには、一人の「考古学」に関心を抱き続けてきたアマチュアが、人類にとっての表現の基盤――それが同時にこの私に固有の表現の基盤でもある――を探究するという大それた主題を選んだがゆえに、多くの過ちや事実の誤認も散見されるであろう。とはいえ、表現の道を歩むことを選んで以降、これだけ自由に想像力を働かせ、自由に書き進められた試みもまたなかった。すべての分野に対してアマチュアである批評を選んだからこそ、可能となった営為だからであろう。批評のもつ自由を、その不自由とともに充分に、充分過ぎるほど堪能することができた。

私がアカデミズムのなかで「考古学」を専門に学び始めた頃、時代としては前世紀の末頃から、「考古学」の発展に対して大きな影響を与え続けてきた生物学、正確に述べれば生物学的な進化論の大規模な変貌とともに、「考古学」自体もまた大規模な変貌を遂げた。DNAとゲノムの解析にもとづいた考古学が可能となった。そして新たな世紀を迎えた考古学は、人類とは一つの種であるとの結論を下した。人類に至るまで、さまざまな種が生み落とされ、試行錯誤が繰り返されながら、現在まで生き残ったのは、「新人」たるホモ・サピエンスただ一種のみである。もちろん、ホモ・サピエンスのなかには、それまでの種の記憶――遺伝子――が、ごくわずかではあるが引き継がれている。進化は人類を生み出し、それで終わることはない。われわれは、たまたまいまこのとき、この場所に、人間という身体として、考える物質して、実現されているに過ぎない。

「私」が生まれ、そして滅びるように、人類もまた生まれ、そして滅びる。それゆえに、「私」の根源を問うことは、人類の根源を問うことと等しい。このような身体の体勢にして精神の体勢を整えた人類は、二〇万年ほど前にアフリカで生まれたと推定されている。もちろんそれは現時点での仮説、最大公約数的な仮説ではある。そして五万年ほど前に、アフリカを出て全世界に一気に広がっていった。海を超え、極地を超えることができたのは「新人」、ホモ・サピエンスだけである。アフリカを出て世界に広がっていく際、原型としての人間はすでに原型としての表現行為をなしていた。自然が産出する原料を加工し、「道具」を創り出すことができた。もちろん、「道具」を創り出し、それを活用するのはホモ・サピエンスのみに限られていない。しかし、その多様性と精緻さこそがホモ・サピエンスに固有の「道具」の在り方だとされている。機能性に優れているだけでなく、明らかに「美」への配慮が見出される。そのような審美的な「道具」を創り出せた背景には、過去の記憶を踏まえ、現在の世界を認知し、そこから未知なる未来を導き出せるという点において、「言語」によるコミュニケーションにもとづいた集団生活を営んでいたという蓋然性がきわめて高い。言語を「道具」として用い、「道具」に言語の痕跡を刻みつけているのである。

「言語」というコミュニケーションにもとづいた集団生活を営み、道具と未分化である原初の芸術作品を、自然の諸元素を素材として創造し、未知なる世界、未知なる時空間に向けて旅立つことをやめない。それが、最も新しい「考古学」が明らかにしてくれた、原型としての人間が生きる根源的な世界の在り方である。当然のことながら、その原型としての世界は、牧歌的な世界ではない。現生人類の世界への進出と時を同じくして、マンモスやオオツノジカなどその獲物となった巨大な哺乳類たちが相次いで絶滅していった。われわれに先立つ人類、もう一つの種である「旧人」ネアンデルタールもまた同時期に絶滅した。ホモ・サピエンスは世界に絶滅をもたらす存在なのかもしれない。そしてまた、そうした原型としての人間が生きる根源的な世界は、現在のわれわれと無関係ではない。一つの連続した時間の継起のもとで捉えることができる。人類が人類となった瞬間から「一」なる世界が可能となった。その「一」なる世界であるこの惑星を離れ、人類は、さらにその外へと出て行こうとしている。大地を離れ、新たな種を生み出すことができるのか、さらにはこれまでと同様、世界の臨界まで達したこの時点で一つの種として滅び去るのか、いまだ誰もはっきりとは判断できない。

創造が破壊につながり、破壊が創造につながる。そのような表現をもってしまった人類の歴史を、この極東の列島においては、そのはじまりの場所から現在に至るまで、連続する一つの相のもとで捉えることが可能である。しかも、他の地域とは異なり、原型的な人間たちが可能とした根源的な世界の在り方、狩猟採集にもとづいた生活の痕跡が、現代においてもいまだ色濃く残っているのである。氷河期の遊動的な狩猟採集から、温暖化によって可能となった定住的な農耕社会へ。旧石器時代から新石器時代へ。部族的な共同体から国家へ。しかしながら、この列島において、原型的な人々は、定住しながらも根源的な生活様式、狩猟採集を捨てなかった。そうした在り方をこそ「縄文」と名づける。「縄文」のはじまり（草創期）は、氷河期が終わり、温暖化がはじまる「新石器」の時代をはるかにさかのぼる。それはホモ・サピエンスの起源の文化、「旧石器」（後期旧石器）の時代にダイレクトにつながるものなのだ。原型的な人間たちが切り拓いた根源的な世界――そのような意味において「縄文」を捉え直さなければならない。それはユートピアではない。人間の生命は、自然の生み出すさまざまな生命の一つに過ぎない。あらゆるものに生命が宿る。そのような世界において、人々の絆をあらためて結び直す祝祭では、おそらくは最も貴重な生命が直接やり取りされていたであろう。言葉の真の意味で、「残酷」な世界がここに生起している。原初の芸術は「残酷」とともにある。『縄文論』は、これまでの牧歌的な「縄文」理解に否を突きつける。そして「縄文」を時間と空間の限定から解放する。原型的な人間たちが営む根源的な世界、すなわち「芸術」は現在においても生き続けている。そうした根源の世界と結びついた「芸術」の在り方を明らかにする。

『縄文論』は狩猟採集を主題とした「芸術」の考古学にして「芸術」の人類学として確立される。そのことを、なによりも大きな目標としている。「芸術」は時間と空間の限定を乗り越え、学問の諸分野を横断し、研究と表現の差異を乗り越える。

この一冊の書物に収められた、分類不可能な論考たちは、それでも一つの場所を、根源の場所にしてはじまりの場所を目指して書き進められていった。最後に、その内的な関連を明らかにしておきたい。冒頭の二篇、「草原論」と「場所論」はともに「西田幾多郎の哲学」と題されて発表された。「縄文」からは最も遠いと思われる主題群であろう。しかし、西田は、生命の根源を探究し続けた。生命の発生が同時に精神の発生であり物質の発生であるような世界を見つめ続けた。それが西田幾多郎の哲学を形づくった。そこから今西錦司の生態学が生まれ（「草原論」）、その軌跡はフランス象徴主義を担った表現者たちの営為と並行し、交響するものであった（「場所論」）。その結果として、人間的な主体が消滅し、精神と物質、主観と客観を分けることができない「場所」（コーラ）が立ちあらわれる。原型的な存在、原型的な思考、原型的な表現は、すべてそこから生まれてくる。この二篇を引き継ぐかたちで「縄文論」が編まれた。「古代」に芸術の起源を幻視した岡本太郎とジョルジュ・バタイユの営為をさらに突き詰め、発展させたと考えられる渡辺仁とアンドレ・ルロワ＝グーランによって、芸術を主題とした狩猟採集民論は真に完成を迎える。

原型的な人間たちによる根源的な表現を探究するのは、まさに批評という営為が自身の課題とするものでもある。吉本隆明が、結局は生前に完結することができなかった「南島論」（『全南島論』）はまさにそのような書物、戦後を代表する偉大な批評家の最後にして最大の書物として構想されていた。そこにおいて、吉本隆明の「南島」と今西錦司の「草原」があらためて接近する。そのダイナミックな核心を抽出することが、『全南島論』の「解説」として付された拙稿、つまりは本書の「南島論」で試みられた。生命の根源にしてその変化のあらゆる可能性を潜在的に孕んでいるのが、物理的に考えればアフリカの草原となり、精神的に考えれば世界へと広がった人類の内部に秘められた「母型」としての心となる。

そう考えた吉本隆明を南島へと導いていったのが柳田國男の民俗学であり、折口信夫の古代学であった。柳田からの大きな影響を受けて南島に旅立った折口は、そこで、祝祭をもたらす存在、超現実の外なる世界から現実の内なる世界を訪れ、時間と空間を刷新する無限の神にして有限の人を「まれびと」と名づけた。「まれびと」は動物、植物、鉱物をその異形の身体のうちで一つに融け合わせる。大地そのものからその異形の身体を立ち上がらせる。「まれびと」は芸術作品そのものであり、その芸術作品を創出するアーティストその人でもある。本書の最後に収められた「まれびと論」は、折口信夫の「まれびと」と岡本太郎の「太陽の塔」を二つの柱とした芸術論であり、私にとって「縄文」的な世界を探究した最新の成果の報告でもある。独立した数篇の論考がもとになっているがゆえ、そこにはいくつかの主題の執拗な反復がみられることはご容赦願いたい。あえて反復のまま残している。祝祭とは、それが行われる度ごとに新たなものを差異として生み出す反復以外のなにものでもないからだ。祝祭がもたらしてくれる差異としての反復、反復としての差異という熱気を味わっていただければ望外の喜びである。

この『縄文論』は、前著『列島祝祭論』が展開される条件、その根底にして起源を明らかにする試みでもある。『列島祝祭論』から『縄文論』へと、表現の未知なる旅をご一緒していただいた、編集者としての大先輩であると同時に人生の大先輩でもある作品社の髙木有さんに深い感謝を捧げたい。また、本書の骨格をなす「草原論」「場所論」「縄文論」はいずれも文芸誌、『文學界』に発表された。分類不可能なこのような試みを文学の「批評」として許容していただいた編集長、丹羽健介さんにもあらためて感謝の意を記しておきたい。

# 草原論

## 1　燃え上がる図書館

ギュスターヴ・フローベールは、生涯にわたって、隠棲した聖者のもとに異形のものたちが次々に襲いかかり、堕落へと誘惑するという物語、『聖アントワーヌの誘惑』を書き続けた。第一稿を書き上げたとき、フローベールは、まだ『ボヴァリー夫人』に取り組んでいなかった。最終的に、書物の形になったのは一八七四年、このときすでにフローベールは未完の遺作となる『ブヴァールとペキュシェ』の執筆を開始していた。フローベールが世を去るのはその六年後、一八八〇年のことである。

『聖アントワーヌの誘惑』は、フローベールという一人の作家が形にし得た作品世界の総決算としてある。同時にそれは、一九世紀に形づくられたフィクションの一方の極、「散文」の臨界点を指し示したものであった。『聖アントワーヌの誘惑』は、戯曲――しかも上演困難な戯曲――

という形式をとることによって、「小説」という枠組みからも逸脱し、「小説」という枠組みそれ自体を解体してしまっている。やや直接の主題からはずれてしまうが、フィクションのもう一方の極、「韻文」の臨界点を指し示したのも、フローベールの同時代人にして同伴者、シャルル・ボードレールの手によって過不足のない形態を得た、いまだに分類すること、そのジャンルを名づけることが不可能な散文詩群にあったはずだ。さらに言ってしまえば、フローベールの散文とボードレールの韻文の間から、あるいは、両者の相矛盾する総合から、近代的な意味での「批評」という営為が生まれたこともまた疑い得ない。

『言葉と物』を世に問うたばかりのミシェル・フーコーは、フローベールのこの特異な作品を論じた、短くはあるがきわめて喚起的な論考、「幻想の図書館」を発表した。執筆は『言葉と物』の完成とある部分までは並行していたと推定される。なお、初出のタイトルは「図書館の〈幻想〉」である——以下、この論考からの引用、書誌事項などは、フローベールの博物学的な源泉、絵画的な源泉までをも実際に参照させてくれる工藤庸子訳『幻想の図書館』(ミシェル・フーコー文学論集2、哲学書房、一九九一年)より行っている。

「幻想の図書館」において、フーコーは、『聖アントワーヌの誘惑』を、無数の書物からなる究極の書物、と定義する。あるいは伝統的な博物学の秩序を解体してしまう異形の博物学、とも。フーコーにとって、『聖アントワーヌの誘惑』は、他の無数の書物たちの「夢」から形づくられた一つの壮大な「夢」、「綿密周到なる知のモニュメント」だった。フーコーは、断言する。「それは、ほかの書物の夢なのだ。夢見つつ、夢に見られるほかの書物たちのすべて——作家の夢想によってとりあげられ、断片にされ、移しかえられ、結びつけられ、隔てられたそれらの書物たちは、同じく夢想によってよせ集められる、そしてついに想像の世界できらめきながら、願望が成就されるのだ。このことがあってのちはじめて、マラルメの〈書物〉が可能になる、それからジョイスが、ルーセルが、カフカが、パウンドが、ボルヘスが、とつづく。図書館は火につつまれている」。

図書館は燃え上がっている。旧い秩序、旧いアルシーヴ（アーカイヴ）は崩壊し、そのなかから新たな秩序、新たなアルシーヴがいままさに生み落とされようとしている。フーコーは、『言葉と物』に付された序文の冒頭で、自身の試みの起源として、ボルヘスが書いた一篇のエッセイを取り上げている。ヨーロッパの分類とはまったく異なった、分類そのものを破壊してしまうような、中国で編纂された、とある百科事典で実践されているもう一つ別の分類の秩序、オルタナティヴな分類の秩序に関した物語である（以下、渡辺一民と佐々木明による邦訳にもとづき、ごく一部の訳語を変更した）。

中国で編纂された、とある百科事典によれば、動物は次のように分類されているという。（a）皇帝に属するもの、（b）香の匂いを発するもの、（c）飼い慣らされたもの、（d）乳呑み豚、（e）人魚、（f）物語に出てくるもの、等々。フーコーは言う。そこに実現されているのは、人々に慰安を与えてくれる「非在の場所」（ユートピア）ではなく、人々を不安に陥れる「混在の場所」（ヘテロトピア）である。「それは、過去においても未来においても可能であったであろうおびただしい秩序の諸断片を、法則も幾何学的秩序も存在しない、〈混在的なもの〉の次元で、燦めきわたらせる混乱とでも言うべきであろうか」、とも。

「混在の場所」。『言葉と物』は、一七世紀から一八世紀にかけてヨーロッパの人文諸科学の上に形づくられた秩序が、一八世紀後半から一九世紀にかけて、絶対に後戻りができない地点にまで変容してしまうさまを描き出した著作である。フーコーいうところの「知の考古学」の実践であった。ボルヘスが、ヨーロッパとは空間的にも時間的にも離れた彼方の国、「中国」をモデルとして寓話的に描き出した「断層」を、フーコーは最も身近な場所、ヨーロッパ自身のごく近い「過去」に見出す。「語ること」（文法学）、「分類すること」（博物学）、「交換すること」（貨幣学）の三点を頂点として、一七世紀から一八世紀にかけて、ヨーロッパの古典主義時代に形になった人文諸科学の秩序は、一八世紀の終わりから大きな変革の時期を迎える。

古典主義時代の秩序が解体されるなかで「近代」が形づくられていくのだ。しかも、『言葉と物』が書き継がれていこうとするいまこの現在、われわれはその「近代」がまさに終わろうとする地点に生きている――以下、述べることは『言葉と物』のきわめて表層的なまとめである。私の真の意図としては、「近代」はもはやヨーロッパだけにとどまらず、この極東の列島をも巻き込んだ「学」の再編にして「表現」の再編をともなっていたことを明らかにする点にある。ヨーロッパの近代化と不可避的な関係をもちながら、ともに近代化しつつ変容していったヨーロッパの外側に立ち、そのヨーロッパの外側から、近代のもっていた可能性と不可能性の両者をあらためて測定し直すことにある。

それが私の批評の原理であり、またその目的である。

古典主義時代から近代へ。ヨーロッパ諸語を統べる文法の探究は、インドのサンスクリット語をもう一方の極とする比較文法学に再編され、やがてそこから「言語」そのものの構造を探究する言語学が生み落とされた。生物の外観にもとづいた博物学的な分類の秩序の探究は、生物内部の仕組みを明らかにする比較解剖学に再編され、やがてそこから「生命」そのものの構造を探究する生物学が生み落とされた。ヨーロッパを経済的に一つにむすび合わせた貨幣の価値を探究する「富の分析」は、ヨーロッパの外部（つまりは植民地）との関係から価値形態の発生を探究する学に再編され、やがてそこから「労働」そのものの構造を探究する経済学が生み落とされた。「語ること」から言語学が生まれ、「分類すること」から生物学が生まれ、「交換すること」から経済学が生まれた。しかし、それぞれの学を統べる原理はまったく異なっている。近代的な新たな学の中心には、「人間」が位置づけられている。

　言語、生命、労働。フーコーは、比較言語学から生まれたソシュールによる一般言語学、比較解剖学から生まれたダーウィンによる一般生物学たる進化論、比較経済学から生まれたマルクスによる一般経済学たる資本論を主題的に論じることはない。ソシュールではなくボップを、ダーウィンではなくキュヴィエを、マルクスではなくリカードを論じている。前者（ソシュール、ダーウィン、マルクス）の営為は、知の地殻変動の直中で、古典主義時代と近代が「混在」する場を生き抜いた後者（ボップ、キュヴィエ、リカード）の営為の結果に過ぎない。困難に満ちた「混在の場所」（ヘテロトピア）ではなく、新たな知が再編される「理想の場所」（ユートピア）の理念を再構築した者たちに過ぎない。

フローベールの『聖アントワーヌの誘惑』にもまた、ヨーロッパ古典主義時代の博物学的かつ荒唐無稽な幻獣たちの分類学と、ヨーロッパ近代の生物学的かつ進化論的（系統論的）な生命の分類学が「混在」している。フローベールが、『聖アントワーヌの誘惑』を書き上げるためには、「混在」そのものを作品化する必要があった。そういった意味で、間違いなく、フローベールはボルヘスの起源にして原型だった。つまり、「幻想の図書館」は、正真正銘、『言葉と物』の縮約模型にして、その起源であり、原型でもあった。

それでは、『聖アントワーヌの誘惑』が指し示す危機的かつ批評的な点（クリティカル・ポイント）は、一体、何処に存在するのか。それは、さまざまな幻想に打ち勝ってきたアントワーヌを最後に屈服させる「物質」（マティエール）に存在する。フローベールは、アントワーヌを誘惑する異形のものたちを造型するにあたって、まさにヨーロッパの古典主義時代が可能にした、さまざまな博物学的著作を網羅的に読み進めていた。世界の辺境――ヨーロッパの想像的な外部――にいまだ存在していた怪物たちのイメージ。ヨーロッパとは時間的かつ空間的に異なった古代とアジアに存在していた宗教者たち（アントワーヌの分身として「仏陀」までもが登場する）、および哲学者たち（古代ギリシアの異端の自然哲学者にして宗教哲学者たち）の言説。フローベールは、他者の無数の書物から、自己の唯一の書物を編み上げようとしていた。

しかし、フローベールは二度、その試みに失敗する。一八四八年から翌年にかけて執筆された第一稿、一八五六年にその一部が発表された第二稿と。結局のところ、一八七〇年から二年ほどかけて、ようやく、フローベールは、『聖アントワーヌの誘惑』を、ひとまず完成することができた。逆に言えば、この時点でなければ、『聖アントワーヌの誘惑』に現行のような結末を与えることはできなかったのだ。フローベールが『聖アントワーヌの誘惑』を書き続けているまさにその間に、ヨーロッパ古典主義時代の「分類すること」（博物学）は近代の――もはや「ヨーロッパ」と限定することが不可能な――生物学へと劇的な変貌を遂げていったからだ。『聖アントワーヌの誘惑』の結末部分には、まさに、ヨーロッパ古典主義時代の博物学と、近代の生物学が、相矛盾するまま「混在」している。

アントワーヌは、そこ、「混在の場所」で、一体どのような光景を目にしたのか。

『聖アントワーヌの誘惑』の最終章（第七章）、古代世界の想像力が創り上げたさまざまな幻獣たち、キメラ、スフィンクス、カトブレパス、グリフィン、一角獣――後にボルヘスは、こうした異形のものたちの出自を一冊の書物（『幻獣辞典』）のなかにアルファベット順に収めていくであろう――が、アントワーヌを、森羅万象あらゆるものの本源に存在する「もの」へと導いていく。怪物たち、幻獣たちは、通常では交わることのないさまざまな要素が「混在」して形になったものたちばかりだ。アントワーヌは、その「混在」の根源、「混在」の起源を求めていく。一角獣は、アントワーヌを海辺へと誘う。そして、正体不明の海獣たちが、アントワーヌを、さらに、あらゆる生命が産出された母胎としての「海」そのもののなかへと導いていく。

海底の別世界で、アントワーヌは、まず、動物と植物の差異が消滅してしまったことを知る。「そこではもはや動物群と植物群の間に相互の区別をつけることができない」。地上の植物たる無花果《いちじく》のように見える海底の動物たる珊瑚は、その枝の上に腕を生やしている。「さらには、草たちと石たちが互いに混淆してしまう」。小石は脳髄に、鍾乳石は乳房と同じように見える。動物、植物、鉱物が一つに融け合い、生が死に、死が生に転換してしまう場所に、アントワーヌは一つの「もの」を見出す。

「最後に、彼、アントワーヌは、針の頭のような大きさで、周囲に繊毛をそなえた、粒子状の小さな塊を認めた。海の起こす振動が、それらを揺り動かしていた」。生命の根源に位置するこの「物質」を目にして、アントワーヌは歓喜に打ち震える（以下、フローベールの原文に忠実な逐語訳ではなく、かなりの言葉を補った意訳であることをお断りしておく）――。

なんという幸運、なんという幸せであろうか！　私は生命の誕生をこの目で見たのだ。私は運動が始まるのを見た。全身を流れる血があまりにも滾《たぎ》り立つので、血管を破ってしまいそうだ。私は鳥のように飛翔し、魚のように泳ぎ、犬のように吠え、牛のように鳴き、風のように唸りたい。私は翼をもち、甲羅をもち、樹皮をもちたい。煙を吐き、長い鼻をもちたい。身を捩りきり、至るところに分散させ、至るところに存在させたい。香りとともに発散し、植物のように成長し、水のように流れ、音のように震え、光のように輝き、あらゆる形態に身を潜め、それぞれの原子に浸透し、物質の底まで降りていき――物質そのものになってしまいたいのだ！

フローベールは、アントワーヌを根源的な「物質」と一体化させる。果たして聖者は己の欲望に打ち勝ったのだろうか。あるいは敗北してしまったのか。それとも、勝つことと負けることという二項対立そのものを超えてしまったのか。

フローベールは、アントワーヌに、動物・植物・鉱物という三つの世界に分かれる以前の、生命が誕生するさまを見せた。それは、第一稿でも、第二稿でも不可能であった。古典的な分類の秩序、外的な分類の秩序を食い破って、分類そのものを成り立たせる内的な「生命」の秩序の発見、近代的な分類の原理の発見がなされていなかったからだ。「混在する場所」（ヘテロトピア）を生きたキュヴィエによって準備され、ダーウィンによって「理想の場所」（ユートピア）にまで整備された進化論の体系が十全な形で世界に向けて提起されたのは、フローベールが『聖アントワーヌの誘惑』の第二稿を書き上げた後、一八五九年に刊行された『種の起源』によってであった。『聖アントワーヌの誘惑』は、博物学的な旧い秩序の直中に、生物学的な新たな秩序が組み込まれて形になったものだった。外的な差異性にもとづいた静的かつ固定的な分類ではなく、内的な同一性（「生命」）からの分化にもとづいた動的かつ流動的な分類。

フローベールの『聖アントワーヌの誘惑』。その末尾には、古典的な博物学から近代的な生物学への移行そのもの、二つの世界認識の体系（エピステーメー）の差異そのもの、あるいは二つの世界認識の「断層」そのものが刻み込まれていたのだ。根源的な「物質」は、生命の「界」（動物・植物・鉱物）の分割以前に位置づけられ、それゆえ、生命以前と生命以降の「境界」に位置し、非生命たる無機物と生命たる有機物、物質と精神、死の世界と生の世界を一つにむすび合わせる。人工的な「知」の体系、人工の「知」の図書館は燃え上がり、自然のもつ野生の「生命」の体系、野生の「生命」の舞台が立ち現れる。
「生命」の舞台は、人工の図書館ではなく野生の地に、まずは海の底に、さらには、地の果ての「草原」に存在していた。

*

フローベールが『聖アントワーヌの誘惑』を書き上げる際に参照した動物学者（生物学者）の名、およびその書物の名は、フローベール自身の証言と書簡にもとづいて、ほぼ確定されている。まず、ゴンクールの日記、一八七一年一〇月一八日の項には、次のようなフローベールの言葉が記されている。第三稿、つまりは現在われわれが読むことのできる『聖アントワーヌの誘惑』の最終稿を書き進めている最中に、フローベールは、ゴンクールに対して、こう打ち明けたという。物語の最後、聖者は敗北するのだ。「細胞」、それも「科学的な細胞」によって、と。

それでは、聖者を敗北させ、聖者と一体化してしまう根源的な物質たる「細胞」のイメージをフローベールにもたらしてくれた人物とは一体誰だったのか。書物として『聖アントワーヌの誘惑』が刊行された直後、一八七四年六月という日付をもった、ロジェ・デ・ジュネット夫人に宛てた書簡のなかでフローベールは、こう書き記している。「私はあなたにヘッケルの『自然創造史』を推薦します。この書物は、多くの貴重な事実と理念に満ちています。私の知る限り最も有益な読書の一つとなるでしょう」、と。

チボーデによるフローベール論（第八章『聖アントワーヌの誘惑』）以降、上記二つの証言と書簡における言及をもとに、『聖アントワーヌの誘惑』の源泉として、ドイツのポツダムに生まれた比較解剖学者にして動物学者、ダーウィンの進化論を独自のかたちに整理したエルンスト・ヘッケル（Ernst Haeckel）が一八六八年に刊行した『自然創造史』（*De la création naturelle, Narürliche Schöpfungsgeschichte*）をあげることが定説となっている。しかしながら、フローベールが生きざるを得なかった、あるいはその作品世界のなかでもきわめて印象的な登場人物である聖アントワーヌが生きざるを得なかった「混在の地」を象徴するヘッケルとその特異な進化論について、これまで正面から論じられた論考を知らない。フーコーの「幻想の図書館」でも、『聖アントワーヌの誘惑』の源泉たるヘッケルについての言及はまったく存在しない――もちろん、そうした理解は、フローベールやフーコーの専門研究者でもない筆者による一面的かつ限定的なものである可能性も高い。この点については専門家からの忌憚のない反論を歓迎したい。

チャールズ・ダーウィン（一八〇九－一八八二）は、ガラパゴス諸島で自らも参加した実際の観察――島々によって同一の起源をもっていたはずの動物相・植物相がそれぞれ独自のかたちに変化している――にもとづいて、「種」は環境に応じて変化する、と主張した。種は変化する。それは事実である。そうした事実にもとづいて、ダーウィンは、種が変化する要因として、前代のラマルクが提唱した「獲得形質の遺伝」（現在の個体が後天的に身につけた性質が子孫に遺伝される）を斥け、種自体――正確には個体群――にランダムに生起する突然変異と、環境に適応した突然変異群以外が、自然環境によって淘汰されてしまうという理論、「突然変異」と「自然淘汰」による生物進化の理論を提唱した。以上は『種の起源』のみならずそれ以降の展開も含め、その核心のみ簡明にまとめたものである。ダーウィンの議論はより慎重かつ複雑である。この「突然変異」と「自然淘汰」の理論は、観察された事実ではなく、観察された結果から導き出された、想像による原因の特定である。ダーウィン自身、自らが提唱した進化の理論は仮定的なものであると何度も注意を促している。

ダーウィンが『種の起源』を発表したとき、エルンスト・ヘッケル(一八三四―一九一九)は、「放散虫」に代表される海生無脊椎動物の研究にいそしんでいた――以下、ヘッケルの生涯とその思想については、日本語ではおそらく唯一、一冊すべてを使ってヘッケルを論じた佐藤恵子による記念碑的な労作、『ヘッケルと進化の夢 一元論、エコロジー、系統樹』(工作舎、二〇一五年)にもとづいている。佐藤によるヘッケル研究がなければ、本稿自体も可能にはならなかった。記して感謝したい。

ヘッケルが、自身の研究の柱とした「放散虫」とは、微小なガラス質の骨格をもつ単細胞生物である。海のなかを漂い、死ぬとアメーバ状の身体は消え去り、美しい結晶のような殻や骨組みを残して、海底の砂となる。その化石記録は、現在から五億年前の先カンブリア紀にまでさかのぼるが、特異なその生態やライフスタイルの謎は、いまだほとんど解き明かされていない(以上、「放散虫」についての記述は、佐藤によるまとめをほとんどそのまま用いている)。海中を漂う、美しい繊毛をもった微小な生命体。有機物である生命(動物と植物)だけでなく、無機物である鉱物の性質をも一つにあわせもったような存在。ヘッケルが美しい博物画として残した「放散虫」は、フローベールが、アントワーヌに垣間見させた原初の物質、海の起こす振動のなかをゆっくりと漂う「粒子状の小さな塊」そのものであろう。この「小さな塊」によって動物と植物の差異は消滅し、草木と鉱石が一つに混淆してしまうのだ。

ヘッケルはまた、ゲーテやスピノザの著作に親しんでいた。森羅万象あらゆるものは「一」なるものから産出されてくる。自然そのものが神的なものなのだ。そうした思考に育まれたヘッケルのもとにダーウィンの進化論がもたらされたのである。生命は単純なものから複雑なものへと変化し、その変化は止むことがない。ヘッケルにとって、有機的な生命のみならず無機的な物質もまた、生命の起源にして物質の起源である「一」なるものから分化したものだった。まさに、フローベール描くところの聖アントワーヌが敗れ去る、生命をもった原初の物質そのもののヴィジョンである。ヘッケルは、そうした物質にして生命である「一」なるものを「モネラ」と名づけた。そのモデルの一つは、明らかに、ヘッケルが生涯の研究対象とした「放散虫」である。完全な無機物である鉱物のなかから、水という一つの自然元素に導かれて結晶が形づくられてくるように、原初の生命体もまた、無機物のなかから、さまざまな化学変化を経て生起してくる、結晶のような「魂」をもっている。

唯物論的であるとともに生気論的でもある「一」なるものの哲学。ヘッケルは、後に自身の生命進化論に「一元論」という名前を与える。ヘッケルは、ダーウィンの進化論を拡張したのだ。一方では起源に向かって。またもう一方では帰結に向かって。ヘッケルは、無機物を含めて、森羅万象あらゆるものの起源に「一」なるもの、「モネラ」を位置づける。その「モネラ」から、動物と植物と鉱物の三つの「界」が生まれる。その「界」はまたそれぞれの身体の構造によって「門」（シュタム――ヘッケルの用語）にわかれ、その「門」から、環境による変化の系統が列ねられていく。「人間」もまた哺乳類という系統の変化の過程、霊長類の進化の渦中に位置づけられる。人間に最も近いと推定された種（すなわち類人猿）と人間の間には、両者をつなぎ合わせる移行形態、現在ではいまだ発見されていない「失われた環」（ミッシング・リンク）となる種が必ず存在していたはずである。ヘッケルは、類人猿と人間の間に位置づけられる未知なる種を、「ピテカントロプス」と名づけた。

「ピテカントロプス」の痕跡が発見されれば、霊長類の変化の系統が確定され、人間が種としてもっている可能性は、人間という存在を乗り越えた「超－人間」、すなわち「超人」にまでひらかれるはずだ。ヘッケルは、ダーウィンの進化論を、その起源の方向である「モネラ」と、その帰結の方向である「ピテカントロプス」および「超人」にまで拡張する。しかも、その外的な進化の系統は、個別の生命が誕生する際に、母胎のなかで縮約されつつ反復されているのだ。ヘッケルは、母親の胎内での人間の胎児の変化を観察する。一つの単純な生殖細胞の機能が分化し、やがて魚類の性質をもつ胎児の原型が形づくられ、両生類、爬虫類、さらには哺乳類・鳥類の性質をもつ胎児の形態を経て、人間の胎児の形態として完成した段階で、母親の胎内から外へと出される。つまりは、誕生する。「個体発生」は「系統発生」を繰り返している。生殖細胞とは「モネラ」そのものなのだ。生命とは、それまで生命が経てきた過去の記憶を反復した上で、未知なる未来の可能性として、いまここに生み落とされる。ヘッケルは、ダーウィンの進化論を量的に――過去と未来という時間的に――拡張するだけでなく、ダーウィンが否定したラマルクの「獲得形質の遺伝」という考えを新たな次元で取り入れ、一つに総合することで、質的にも拡張していったのだ。

しかし、ヘッケルが生きた時代、遺伝子（DNA）の構造も、その遺伝子がもつ遺伝情報（ゲノム）も解明されていなかった。当然のことながら、ヘッケルの理論は現在では、そのほとんどが通用しない。無機物から有機物への移行形態として位置づけられる「モネラ」も、ヘッケルが生きていた時代にいったんは発見されたと報じられたが即座に誤りであることが確認され、現在にいたるまで世界の何処にも見出されていない。無機物から有機物を生成するという実験にさえ、人類は、これまで一度たりとも成功していない。ただし、「ピテカントロプス」の化石は、ヘッケルの予言通りに発見され、人間にまで至る霊長類の進化の過程、その方向はほぼ確定されつつある。ヘッケルの存命中から生殖細胞に関するさまざまな実験が行われていたが、生殖細胞は、ヘッケルが考えたように過去の記憶の全体を担っていると言うよりは、未来の未知なる可能性にひらかれたものである、つまりは、より可塑性に満ちたものであることが分かっている。過去の記憶のすべてをそのなかに秘めた前成的なものではなく、未来の未知なる可能性に適応することができる後成的なものだった。

生殖細胞の一片を、その成長の過程で、すでに分化されてしまった機能帯に移植したとしても、その環境に見事に適応し、順応していく（もちろんすべてがそうではない）。生殖細胞は、自らの内からさまざまな形態と機能を産出し、その可能性のすべてを潜在的に秘めている、生命の源であることは確実なのだ。近年では、生命の「幹」となる細胞として、その構造の分析と新たな生成が、生化学界における最も重要なトピックスとなっている。森羅万象あらゆるものの起源、生命の起源としての「モネラ」を、「幹細胞」として捉え直すことは充分に可能であろう。個別の事例はもはや通用しないかも知れないが、ヘッケルが打ち立てた世界観だけは、いまだに再生することが可能なのだ。

ヘッケルが「個体発生は系統発生を繰り返す」というテーゼのなかに溶かし込んだ、ラマルクによる「獲得形質の遺伝」は、遺伝子というミクロレベルの段階では明確に否定されている。ヘッケルによって拡張された進化論、その一元論哲学は、ヘッケルが華々しく著述活動を続けていた当時から、キリスト教神学による神人同形論の否定といった点ばかりでなく、現代の環境による適応が後代に遺伝する、つまりは、ラマルクの「獲得形質の遺伝」を再導入した点で大きな批判を浴びていた。しかしながら、ヘッケルが復活させた――ヘッケル独りだけの力ではないことはもちろんであるが――新ラマルク主義（ネオ・ラマルキズム）の進化論をほぼ十全な形で裏づけることのできる分野もまた、当時から存在していたのである（現代においても、また）。太古の地球の支配者であった巨大爬虫類、恐竜たちの化石を発掘し、その膨大な化石にもとづいて巨視的なスケールで地球の歴史を再構築していく古生物学の分野である。巨大爬虫類の化石を、その歴史の始まりから順に整理していくと、明らかにそこには一つの方向を見出すことができるのだ。生育する環境との相互関係による身体の変化、単純なものから複雑なものへ、小さなものから大きなものへといった身体の変化を跡づけることができるのである。環境との相互作用、ヘッケルは生命を考える上で外的な「環境」との関係を重視し、「エコロジー」という言葉を創出した人物でもあった。

進化は、ダーウィンが主張したように「突然変異」と「自然淘汰」にもとづくものではなく、そこには明らかに外的環境と内的環境の相互依存にして相互変化、つまりは一つの決められた方向への変化——進化——を考えることが可能なのである。これを「定向進化論」という。生命のミクロのレベルでは「獲得形質の遺伝」は否定されているかもしれないが、生命のマクロレベルでは、ゆるやかな「獲得形質の遺伝」を跡づけることが充分に可能なのだ。

旧大陸ヨーロッパにおいて、『聖アントワーヌの誘惑』のなかに「モネラ」を導入して文学における「混在」を実現したフローベールがこの世を去ったのとちょうど同じ時期に、新大陸アメリカにおいて、地質学者たちや古生物学者たちを中心として、ヘッケルの一元論哲学を批判的に取り入れた「定向進化論」の体系が形づくられつつあった。その中核を担った人物を一人だけあげるとすれば、古生物学者のエドワード・ドリンカー・コープ（一八四〇–一八九七）である。

新大陸アメリカでは、コープらによる「定向進化論」を一つの核として、ヘッケルの一元論哲学を批判的に取り入れ、その範囲を哲学や生物学のみならず、生理学や心理学、さらには宗教学にまで拡大した新たな一元論哲学、「モニズム」の体系が形づくられようとしていた。アメリカでは、文学のみならず、より大規模な、人文諸科学の「混在」が生起しようとしていた。近代日本思想史、近代日本表現史における最も独創的な系譜が生み落とされるのは、実はその新大陸アメリカにおける「混在」の直中からなのである。具体的な固有名をあげるとするならば、人文諸科学が「混在」する特権的な場たるアメリカ、その一元論哲学が生成されてくる現場に居合わせた鈴木大拙（一八七〇―一九六六）、アメリカの大拙からの大きな影響のもと、西洋と東洋が「混在」する独自の哲学の体系を築き上げた西田幾多郎（一八七〇―一九四五）、西田哲学を消化吸収しながらも、その成果を独創的な進化論として結実させた今西錦司（一九〇二―一九九二）である。

今西錦司は、晩年に著された『主体性の進化論』（一九八〇年）に至るまで、「棲み分け」理論を土台として形を整えた自身の進化論と、コープらが提唱した「定向進化論」との親近性をなんら隠すことなく語り続けるであろう。「定向進化論」から独自の進化論を導き出したのは今西錦司だけではない。今西の哲学上の師である西田幾多郎にも大きな影響を与えたアンリ・ベルクソン（一八五九―一九四一）の『創造的進化』（一九〇七年）もまた、ネオ・ラマルキズムを骨格に据えたアメリカの「定向進化論」を一つの源泉としている。ベルクソンは、機械的な「定向進化論」を、今西と同様、生命の主体性、あるいは生命の意志による飛躍（エラン・ヴィタル）の方向に乗り越えたところに自身の進化論、創造的進化論を位置づけている。

ベルクソンの『創造的進化』から甚大な影響を受け、ヘッケルが予言した「ピテカントロプス」の実例として発見されたジャワ原人と並ぶ人類進化史の上のミッシング・リンク、北京原人発掘の現場にいたピエール・テイヤール・ド・シャルダン（一八八一―一九五五）もまた、自身の進化論を「定向進化論」の一つのヴァリエーションとして位置づけている。イエズス会士であることによって、主要著作の発表を生前は禁じられていたテイヤールが、一九三八年から四〇年にかけてまとめ上げた『現象としての人間』は、ヘッケルが予言した「モネラ」の出現、無機的な結晶から有機的な細胞が生成される瞬間を人類史における第一の画期である〈生物圏〉の発生に位置づけ、「ピテカントロプス」の出現、霊長類において思考が生成される瞬間を第二の画期である〈精神圏〉の発生に位置づけている。テイヤールは、そこからさらに未来への展望をひらこうとしていた。

テイヤールが、没後に主著として位置づけられる『現象としての人間』をまとめていた頃、今西は、召集されて遺著となってしまう可能性も高かったはじめての著作『生物の世界』を一気呵成にまとめ上げた（刊行は一九四一年）。結果として、テイヤールの『現象としての人間』と今西の『生物の世界』は、互いに力点の相違があるとはいえ、非常に良く似た主題を、非常に良く似た構想のもとで展開した、いわば表裏一体とでも称すべき二冊の書物となった。世界大戦は、テイヤールと今西を、内モンゴルの草原を舞台に、物理的に限りなく接近させる。

この「草原論」では、その今西錦司から、今西の「師」である西田幾多郎へとさかのぼり、まずは生物学と哲学の間にある垣根を無化してしまうことを試みる。

ヨーロッパの古典主義時代の図書館からはじまった生命をめぐる一つの物語は、ここから、ヨーロッパには限定されない近代の野生の地、内モンゴルの草原へと舞台を移さなければならない。

## 2 草原へ

今西錦司は、日中戦争がはじまり泥沼化していくなかで、自身がそれまでに考えていた進化の理論の全貌をはじめて一冊の書物として、まとめた。今西は、その書物、『生物の世界』の「序」の冒頭に、こう書き残している。「この小著を、私は科学論文あるいは科学書のつもりで書いたのではない。それはそこから私の科学論文が生れ出ずるべき源泉であり、その意味でそれは私自身であり、私の自画像である」。

そして、こう続けていく――。

私は自画像がかきたかったのである。今度の事変がはじまって以来、私にはいつ何時国のために命を捧げるべきときが来ないにも限らなかった。私は子供のときから自然が好きであったし、大学卒業後もいまに至るまで生物学を通して自然に親しんできた。まだこれというほどの業績ものこしていないし、やるべきことはいくらでもあるのだが、私の命がもしこれまでのものだとしたら、私はせめてこの国の一隅に、こんな生物学者も存在していたということを、なにかの形で残したいと願った。それも急いでやれることでなければ間に合わない。この目的に適うものとしては、自画像をかき残すより他にはあるまいと思ったのである。

「死」を突きつけられた今西が後代に残そうとした遺書。結果的に遺書にはならず、幸運なことに、創造的な「学」の出発点となった『生物の世界』ではあるが、そこには、今西がそれまでに読み進め、なおかつ、実際の観察をもとに理論化していった今西進化論のほぼすべてが――晩年に集中的になされたダーウィニズム批判も含めて――萌芽の状態で見出される。しかし、「急いでやれること」でなければ間に合わなかったため、自身の進化の理論の源泉等に関する言及も、詳細なデータの提示も、理論の検証も、ほとんどまったくなされていない。すべてが断言されている。まさに極私的な告白であり、「自画像」である。それゆえ、今西自身の思考の軌跡をストレートに理解させてくれる貴重な書物となっている。もし、今西が残した多くの著作のうち、代表作を一作だけあげるとすれば、多くの人々がこの『生物の世界』を推すであろう。私もまた、そう思っている。

『生物の世界』は、「一　相似と相異」「二　構造について」「三　環境について」「四　社会について」「五　歴史について」という五部構成になっている。このうち、「一」から「三」までで、今西の生物哲学の骨格が語られている。そして、「五」において、その生物哲学が、具体的な進化の「歴史」として再構築される。理論と応用である。問題はその理論と応用の間に挟まれた「四」である。誰もが、この部分までできて躓く。最も難解であるとともに、最も未知なる可能性が秘められている。今西は、生命進化の主体を「個」ではなく、「種」におく。「種」は、未知なる未来へ向けての変化の主体であるとともに、膨大な過去によって形成された現在の体制、既知の体制に固執するものでもある。「種」は閉じられているとともに開かれている。さらに、「種」は、そのまま一つの「社会」を形づくっている。

この時点で、実際のサンプルとして、今西が依拠できたのは、自身の生まれ故郷、加茂川をフィールドとして観察を積み重ねてきたカゲロウの幼虫の例のみであった。カゲロウの幼虫は、一筋の川のなかで、その流れの速さに応じて身体を造り替え——適応させ——空間的かつ時間的に、それぞれ「棲み分け」をしている。すなわち、「共生」している。この共生状態にある種を、今西は「社会」と名づける。文字通り「種社会」（種＝社会）である。個体もまた種のなかから生まれそこで死ぬという意味で、あるいは個体としては滅びるが生殖を通して種の維持に貢献するという意味で、その在り方は「種社会」そのものと等しい。個体もまた種であり、社会である。世界とは、このような「種社会」の無数の共生のうちに形成され、変化していくものなのだ。つまり、『生物の世界』の「四」は、今西自身の実践、そのフィールドワークにおける実際の観察にもとづいた、いまだ未完成の方法論、今西生物学の方法序説としてあった。その方法を、どのように磨き上げていったのか、まず簡単にまとめておく。

『生物の世界』を書き上げた直後から、今西は、観察のフィールドを内モンゴルの草原へと、自身の意志によって、同時に社会からの要請によって、移す。砂漠と草原が相互に浸透し合う、中央アジアのステップ地帯で、今西は、その特異な植物相と共生している動物相、ウシ、ウマ、ヒツジ、シカなど有蹄類の「群れ」に出会う。「遊牧」とは、そうした有蹄類の「群れ」に、狩猟採集を行っていた人間たちの「群れ」が適応することではじめて可能となった。有蹄類と人類の「共生」の証《あかし》として、草原の「遊牧」が成立したのだ。それが今西錦司による遊牧論の核心である。

ステップ（草原）という地球が生み出した地質的な環境――いわば無機物の種社会――に適応した植物の種社会が広がり、さらにその植物の種社会の上に、「群れ」で遊動する動物の種社会が重なり合う。そして、最後に、そこに人間たちがやはり「群れ」として入り込むことによって

「遊牧」が成り立つ。草原では、ミクロからマクロまで、さまざまな種社会が重なり合い、「共生」していた。限定された環境のなかで見出されたカゲロウの「種社会」にもとづいた生物学は、限定するもののない草原という広がりのなかで、有蹄類の「群れ」にもとづいた生態学として再定義されたのである。そこに、今西生物学の一つの完成が認められる。

この後、世界大戦による大日本帝国の敗北とともに草原を去らざるを得なかった今西は、極東の列島に戻り、半野生馬の「群れ」（種社会）の調査を通じてニホンザルの「群れ」（種社会）に出会う。そこから、サルの「群れ」とヒトの「群れ」との間のミッシング・リンクを求めて、もう一つ別の広大な草原、アフリカへとあらためて旅立つ。サルの「群れ」、サルにしてヒト（類人猿すなわちゴリラ）の「群れ」、そしてヒトの「群れ」。動物の社会からヒトの家族への転換点を明らかにすること。今西錦司が最後に立った地点である。『生物の世界』の「四」で説かれた「社会」の理論を、現実の動物社会のさまざまな観察を通じて肉付けしていったところに今西生物学、今西進化論の達成がある。動物の社会の在り方を知るためには、その社会の成員である動物の「個体」の在り方を知らなければならない。今西が提唱し、実践した霊長類の「群れ」——それは加茂川に棲息するカゲロウの幼虫たちの「群れ」（種社会）から草原に棲息する有蹄類たちの「群れ」（種社会）を経て段階的に変化してきたものである——の構造を、「群れ」を構成するメンバーたち個々の観察を通じて明らかにする、という方法。

世界に衝撃を与えた今西による霊長類の「個体観察」というその方法は、今西が膨大な時間をかけ、困難な共同作業を組織し、さまざまな試行錯誤を繰り返しながら磨き上げてきた真に独創的なものである。現在に至るまで、今西独自の進化論に対しては、多くの批判も投げかけられるなかで、今西が確立した霊長類観察の方法の価値が下がることは決してないはずだ。しかし、その方法の起源は、理論的な処女作『生物の世界』で明確に述べられた生命の哲学、あるいは生命の歴史、いわば今西の生命観にして世界観と切り離して考えることもまたできない。今西は、実践的に自らの方法を磨き上げながら、自らの理論を深めていったのである。そして、今西の理論の骨格、その全体像を知るためには、いまだに『生物の世界』が最もクリアな著作なのである。

まずは、『生物の世界』で十全に表現された今西進化論の理論と、その「歴史」への応用を検討しなければならない。

今西は、『生物の世界』の「一」の冒頭で、世界は混沌としたものではなく「一定の構造もしくは秩序」を有しているように思われるのはなぜか、この地球上に存在するありとあらゆる生物の間に「相似と相異」――この章のタイトルでもある――が見出されるのはなぜかという問いを立て、自ら、こう答えている。この地球という「船」も、その「船」に乗り合わせた「船客」である無生物も生物も、元来は「一」なるものから分化したからだ、と。そして、こう続けていく――。

こういう拙いたとえを持ち出したことは、かえって当を得たものでなかったかも知れないが、私のいいたかったことは、この世界を構成しているいろいろなものが、お互いに何らかの関係で結ばれているのでなければならないという根拠が、単にこの世界が構造を有し機能を有するというばかりではなくて、かかる構造も機能も要するにもとは一つのものから分化し、生成したものである。その意味で無生物といい生物というも、あるいは動物といい植物というも、そのもとを糺せばみな同じ一つのものに由来するというところに、それらのものの間の根本関係を認めようというのである。

世界は、「一つのものから分化発展した」のである。この宣言こそが、今西進化論のアルファでありオメガを形づくる。非生命たる無機物と生命たる有機物の境界、その移行の過程に「モネラ」を位置づけたエルンスト・ヘッケルの見ていたヴィジョンでもあり、「門」（フィロム――現代の用語）からの系統的な発生（「系統発生」=phylogeny）を説いたヘッケルの見解を一つの源泉として成り立った「定向進化」（orthogenesis=「系統」の発生には一つの道が存在するという意味で用いられている）を主張した人々が見ていたヴィジョンでもある。

今西は、ほぼ同じ時期、やはり同じようなヴィジョンをもとにして『現象としての人間』を著したテイヤール・ド・シャルダンとは異なり、非生命体からの生命の発生を主題化することはなかった。現在に至るまで、非生命体から生命が発生した事例は観察されていないし、実験で成功してもいなかったから、であろう。一方、テイヤールは、大胆にも、無機物たる前生命の世界からの生命の世界の発生を、地球史の上での重要な画期と位置づけている――以下、テイヤールの著作からの引用は美田稔による邦訳の最新改版（みすず書房、二〇一一年）にもとづく。『現象としての人間』は、前生命的な地球そのものの形成、生命の誕生、思考の発生を地球史の上に生起した三つの大きな画期と捉えている。非生命から生命が誕生したのは一度限りの出来事だったのだ。テイヤールにとって、歴史は後戻りすることができないものだった。三つの画期を経て、一つの方向に向かって進展していく。テイヤールは、自身が認めた地球の歴史上の三つの画期を、それぞれ〈地球圏〉の形成、〈生物圏〉の誕生、〈精神圏〉の発生とした――厳密に言えば、〈地球圏〉の形成は、地球の中心部をなす〈重力圏〉、それを取り巻く〈岩石圏〉、〈水成圏〉、〈大気圏〉への分化と安定からなる。テイヤールは、ヘッケルの予言した「モネラ」を〈生物圏〉の誕生に、類人猿から人類への飛躍である「ピテカントロプス」を〈精神圏〉の発生に位置づけ、現代的な科学の概念を用いて、ヘッケルの系統発生論的な進化論を再生したのだ。テイヤールは、自らもその発見に携わった化石人類、直立二足歩行を成し遂げ、火を使用し、明らかに人類的な「精神」の萌芽が見られる北京原人を、先にヘッケルの予言にもとづいてインドネシアから発見された「ピテカントロプス」、ジャワ原人と同次元に属するもの、とした。

その一方、テイヤールは、量子力学的な観点を用いて、非生命的な物質を構成する「分子」から生命的な「細胞」への科学的に予期し得る飛躍の諸相を詳述していく。その際、テイヤールは、ヘッケルと同じく「結晶」の比喩を用いる。生命が発生するためには、地球が結晶化されなければならなかった。「地球は結晶する」。非有機的な物質から結晶が生み出されるように、結晶化された地球から、原初の生命体、「顆粒状の生命」――フローベールが聖アントワーヌに見せた原初の物質そのものである――が生まれたのである。新世紀を生きたテイヤールは、前世紀を生きたヘッケルの営為を、明らかに、創造的に反復している。それは今西にもそのままあてはまる。

しかし、今西は、テイヤールさらにはヘッケルとは異なり、自らの探究を非生命ではなく生命に、構造と機能を備えた「生物」に限定し、議論を進めていく。

今西は、『生物の世界』の「二」で、章題でもある生物の「構造」を組織的に解き明かしてゆく。生物とは、一定の「形」(身体)をもったものなのだ。生物のもつ「形」は内部の形態(内的環境)と外部の形態(外的環境)に分かれるが、それらは別のものではない。「生物にとっては外部形態が先にあるのでも内部形態が先にあるのでもない」、「はじめから外部形態も内部形態も備わったものにして、はじめて生物なのであり、生物の身体なのである」。そういった意味で、生物とは一個の「細胞」にまで還元される。発生したばかりの生命体は、受精したばかりの「卵」(卵細胞)と等しい。今西は、ヘッケルのように、個体発生を系統発生で語り、系統発生を個体発生で語っている。晩年の著作、『主体性の進化論』においても、今西はこうしたヴィジョンを保持し続けるであろう。いわく、私、今西錦司は、直観によって「系統発生と個体発生のあいだには、みごとなアナロジーがなりたつということを、見抜いたのである」、と。

一個の受精卵、一個の生殖細胞は、構造がそのまま機能であり、生命の在り方そのものが身体の在り方そのものとなる。構造と機能の相即、生命即身体にして身体即生命。それが今西による「生物」の定義となる。あるいは、「構造的機能的な生成発展をとげる一つの統合体」、とも。系統発生の起源に位置するものにして、個体発生の起源に位置するもの、すなわち、「モネラ」にして「生殖細胞」、あるいは現代の生化学の用語を用いれば、「幹細胞」、それが生物の、生命の原型である。今西によれば、生物とは、作られたものにして、自ら作るものなのである——「たとえ個体的生長のとまった生物にあっても、その身体では古くなった細胞がつねに新しい細胞でおきかえられている。去年の身体昨日の身体はそれゆえ今年の身体今日の身体とは同じでない。これを新陳代謝というが、この作られたものがつねに新しいものを作って行くところに生物がみずからをこの世界に持続して行く途があり、またこの作られたものがつねに新しいものを作って行くというところに、生物が構造的即機能的であるといってもそのとくに生物的な特質を見るように思われる」。

今西によるこの生物の定義、作られたものでありながら自らを作るものである、という点が、『生物の世界』の「三」における「環境」をめぐる議論に直結してゆく。それとともに、生命進化のもつ「主体性」という今西独自の主張にもつながっていく。その関連を論じる前に、同じくこの「二」において、今西は、生命の側から非生命の側に、ぎりぎりまで接近してゆく。同時にそれは、ヘッケルやテイヤールの理論への、ぎりぎりの接近でもあった。今西は、無生物にも独自の生命、「無生物的生命」を認めてもよい、という。なぜなら、われわれの身体の生長とは、われわれが周囲から絶えず「もの」（無生物）を取り入れていくことによって成り立つからだ。生物とは、その生長の過程で、絶えず無生物的生命を取り入れ、自らの生物的生命を発展させていく。こうした事実の相異点に着目するならば、「人間、動物、植物、無生物というごときものはそれぞれ異なったものであろう」。しかし、共通点に着目するならば、「人間、動物、植物、無生物はすべてこれこの世界の構成要素であり、同じ存立原理によってこの世界に存在するものであるということができる」。

今西は、つねに生成発展していく生物の側に立っていた。生物は、自らを作る。そうした観点から、生物と環境を分離して考えることはできない。生物と環境はもともと同質のものなのである。生物は環境に働きかけ、環境は生物に働きかける。今西進化論から、そうした生態学的な考えが導き出されるのは、いわば当然のことであった。繰り返すまでもなく、今西が使っている意味での生態学（エコロジー）という言葉の起源は、ヘッケルにある。さらに、今西は続ける。生物が周囲の環境を認めること（敵対、共存、食餌、等々）は同時に周囲の環境に働きかけることである。生物にとって、「認めることがすなわち働くことであり、働くことがすなわち認めることである」。そういった点から考えて、生物には主体性が存在する。「絶えず働かねばならぬ生物の生活とは、環境の同化であり世界の支配であり、それは結局生物に具わった主体性の発展」なのだ。それが『生物の世界』の「三」、「環境について」の結論となる。

生物の定義として、ある種の「主体性」を認めた今西が、ランダムな突然変異と自然淘汰による受動的な変化の進展という、ダーウィンの主張した進化の理論に従えないことは言うまでもない。進化には、一つの方向が見出されるのである。その諸相を具体的に論じたのが、『生物の世界』の最終章、「歴史について」とタイトルが付された「五」である。この地点で、今西錦司の『生物の世界』とテイヤール・ド・シャルダンの『現象としての人間』はふたたび最接近する。

種もまた自らを作りゆき、環境を主体化し、主体を環境化することによって、変化する。今西は『生物の世界』の最後に至って、生物の「創造的進化」というヴィジョンにたどり着く。生物はただランダムに、自然からの圧力を受けて受動的に変化するのではない。歴史によって作られた固有の身体をもってしまった以上、そこには一つの能動的な方向が見出される。今西は、こうまとめている――「生物が生きるということは身体を通した環境の主体化であり、それは逆に身体を通した主体の環境化であるといったが、このように自由にして自由ならざるものが身体であり、この自由と必然との相剋を通して新たなる身体が創造せられる」。具体的な身体をもち、環境との相互関係のなかで具体的な生活を繰り広げている生物には、具体的な生活の「方向」が存在する。それは、「生物によって決定されたものでも環境によって決定されたものでもない。それは必然の自由によって決定される創造の方向性である」。

生物の「創造的進化」の規模は、その生物固有の身体の構造を根本的に変革してしまうきわめて大きな変化（大進化）の方向と、身体の基本的な構造はそのままで環境に適応するための最小の変化ですませる小さな変化（小進化）の方向との二つに分かれる――後述する晩年の著作『主体性の進化論』では大進化を、身体の構造そのものの変化をともなう「レ・オリエンテーション」、小進化を身体の構造はそのままでの適応、「エラボレーション」としている。全面的で創造的な大変革は、種を超えた類そのものが危機に瀕したときに生起する。たとえば巨大爬虫類である恐竜たちが絶滅した直後から、哺乳類は爆発的に変化し、進化した。霊長類における直立二足歩行――それによって手が解放され、道具が自在に使えるようになり、大脳の容量が飛躍的に増大する――もまた、そうした大進化の一つの結果であろう。テイヤールは、そこに意識の発生、〈精神圏〉の発生を位置づけていた。

今西にとっても、霊長類における直立二足歩行の起源を探ることが、自身の進化論の一つの大きな目標であった。なぜ、霊長類のなかで、ただヒトだけが種として直立二足歩行することが可能になったのか。霊長類の調査を本格的にはじめるずっと以前、すでにこの『生物の世界』の段階で、今西は、ほとんどその答えを出してしまっている。身体が固定されてしまった大人たちではなく、身体に柔軟性が残されている子どもたち、幼児たちが、一斉に変わるから、である。同様の見解を、『主体性の進化論』においては、進化の動因としての「子供」への変化を、幼型をとどめたままの進化、幼型であるがゆえの進化、「ネオテニー」という用語で説明している。この「ネオテニー」という概念がはじめて提示されたのも、「定向進化論」、アメリカのネオ・ラマルキスト、その代表であるコープの著作において、であった。『生物の世界』の最終章、先に引用した「必然の自由によって決定される創造の方向性」を説いた後、今西は、すぐにこう続けていく——。

親の身体に無限な生活力・適応力・創造力がないからこそ、子供の身体に変るのである。その子供の身体がよりよき生活に適する変異を備えておればそれでよいのである。またかならずしもその親のその子供という限定があるわけではない。種全体から見て、その個体の中によりよき生活に適する変異が増しつつあればそれでよいのである。

まさに、種は変わるべくして変わる。「赤ん坊は立つべくして立ったのである」(『主体性の進化論』より)。まだ直立二足歩行することのできない種であるサルたちも、生まれたばかりの子どもたちの時期にはいとも簡単に立ち上がり、二足歩行することができる。『主体性の進化論』にまとめられた今西進化論の結論が、その起源の書である『生物の世界』に見事に記されている。それだけではない。『主体性の進化論』に同じく記された、大進化に関するもう一つの疑問にも、『生物の世界』は見事に答えている。

八〇歳を目前に控えた今西錦司は、こう自問する――「大進化を経ると、あるいは系統の分かれ目をうまくくぐりぬけると、俄然種の活力が増して、種の分岐すなわち種の増殖もさかんになるのではなかろうか、とおもわれるふしがあるので、ここに眼をつけると、大進化と結びついたレ・オリエンテーションというのは、生物にとってはまた一つのレ・ゼネレーション（再生）なのでなかろうか、という気がしてくる。つまり、現在の生物を三十億年以上も不死のままできた、とおもうからこそ、腑に落ちなくなるのだけれども、これを系統の変わり目ごとに再生をくりかえして、今日まで生きながらえてきたのだと考えたならば、その方がより納得しやすくなるのではなかろうか」。

四〇歳を迎える直前であった今西錦司は、こう答えている。生物の世界は「一即多多即一」という構造をもっているからだ、と。「生物の世界は全体としてはどこまでも一つのものでありながら、それはまたつねにそれぞれの生物を中心とした世界の統合体でもあった」。哺乳類の爆発的な進化の以前、この世界の王者は爬虫類だった。爬虫類の以前は獣形類が、それ以前は両生類が、それ以前は魚類がこの世界の王者であった……（「獣形類」という術語はテイヤールの『現象としての人間』による）。生物は、世界の王者を次々と変化させながらも、生命の多様性を、その持続を保ってきた。多様であるからこそ「一」が維持され、「一」が維持されるからこそ多様なものが生み落とされるのだ。生命のもつ多様な可能性そのものを、それぞれの種の爆発的な変化として表現しながら、生物の世界は、現在まで、三〇億年以上のあいだ持続している。

生命はつねに変化しながら、「一即多多即一」という可能性を、その秩序を、全体として維持し続けている。生命は、変化の方向性をもち、全体性をもっている。そういった意味で、生命は、主体性とともに完結性、完全性を備えている（より正確には、流動的な完結性にして流動的な完全性とでも称すべきだろうが……）。『生物の世界』を著した今西錦司も、『現象としての人間』を著したテイヤール・ド・シャルダンも、地球上に繰り広げられた〈生物圏〉の歴史のある段階で、他の大陸から切り離されてしまったオーストラリアの動物相をもとに、自然のもつ秩序、自然のもつ変化の多様性と方向性について論じている。その際、二人とも、まったく同じ事例を、まったく同じような証明のために用いている。

テイヤール――「オーストラリアは、ヨーロッパ人が発見したときには、周知のように有袋類しか棲んでいなかった。しかしそこにはあらゆる大きさ、あらゆる棲息地、あらゆる形の有袋類がいた。すなわち草食有袋類、爬行性有袋類、肉食有袋類、食虫有袋類、ネズミ有袋類、モグラ有袋類などがいた。すべての門には、排他的な、生理学的に完全な一種の生物として分化する固有の能力があるが、その能力をこれ以上はっきり示している例をほかに想像することはできない」。

今西――爬虫類の後の種の繁栄を担った哺乳類のなかで、そのなかのある一部がオーストラリアに移り住み、その後、他の大陸と分離してしまった。すると……「オーストラリアの哺乳類は有袋類にとどまり、他の大陸の哺乳類にはより進んだ近代的なものが現われたのである。けれどもオーストラリアに分離された哺乳類は、素質的体制的には有袋類にとどまるべきものであったとしても、その素質の許す範囲内でりっぱに与えられた任務を遂行したということができる。何となれば彼らの子孫にはカンガルーばかりができたのではなくて、カンガルーを捕える狼のような肉食獣もおれば、あるいは熊のような雑食性のものもおり、樹上生活者さえちゃんと具わっていて、他の大陸の哺乳類共同体に比較すればそれなりにひととおり整った社会組織を完備しているからである」。

生命は、たとえ分化すべきさまざまな「門」が欠けていたとしても、それらとは異なった別の一つの「門」が、その分化の多様性そのものを一手に補うのである。生命は、どこにあっても、小さくても大きくても、「一」であるとともに「多」なのであった。

運命は、『生物の世界』を書き上げた今西錦司と、『現象としての人間』をまとめ上げたテイヤール・ド・シャルダンを、物理的に限りなく接近させる。第二次世界大戦の終結が見えはじめた中国大陸で、二人はすれ違う。

＊

一九四四年、今西錦司は、北京の北西に位置する張家口に設立された西北研究所の所長として着任した。張家口は、漢的な世界、つまりは中華的な世界と、遊牧的な世界、つまりはモンゴル的な世界のちょうど境界の地に位置していた。西北研究所は、遊牧民たちの侵入を防ぐために建てられた万里の長城のごく近くにあった。遊牧的な世界への出入口たる「大境門」の内側には西北研究所が、その外側には今西たち研究員の宿舎が設けられていた。そしてこのとき、実に張家口は「中国」には所属していなかったのだ。中国領土内に住むモンゴル人たちの独立国――満洲国と同様、国際的には承認されてはいない――たる蒙古連合自治政府の首都であった。

モンゴル人たちは、当時から(あるいは現在においても)、独立国たるモンゴル(外モンゴル＝モンゴル人民共和国)、中国領土内の自治区(内モンゴル)、ソヴィエト連邦――現在ではロシア連邦――を構成する一つの共和国(ブリヤート共和国)に分散している。蒙古連合自治政府は、そうしたモンゴル人たちの独立と統一を掲げて結成された。大日本帝国は、大東亜共栄圏を実現するために満洲国につづいて蒙古国の建国を進めようとしていたのである。西北研究所では、国際的な学問と国際的な政治が複雑な関係を取り結んでいた。「西北」と名づけられていることから、大日本帝国は、さらに西にいるイスラーム教徒たち、「新疆」への足がかりとも位置づけていたようである。西北研究所に集結させられたのは、所長の今西錦司を中心としてモンゴルの遊牧を研究する生態学者たち、および副所長であった石田英一郎を中心としてイスラームの宗教を研究する民族学者たち、という大きな二つの系列に区分されていたからだ。

モンゴルの遊牧とイスラームの宗教、生態学と民族学、蒙古国と新疆国。それが西北研究所の実態であった――以下、今西が所長を務めていた西北研究所については、中生勝美による画期的な論考、「内陸アジア研究と京都学派――西北研究所の組織と活動」（中生編『植民地人類学の展望』風響社、二〇〇〇年、所収）を参照し、引用している。

今西が西北研究所に着任する際、最も若い研究員であった梅棹忠夫、後に今西のよき協力者となる東洋学者の藤枝晃が同行していた。三人は天津で途中下車し、藤枝と梅棹は、そこでテイヤール・ド・シャルダンと出会う（今西はその場に居合わせなかった）。梅棹の『回想のモンゴル』には、こうある――。

天津では、わたしたちは、フランス系の天主堂をおとずれている。それには商工学院という学校と、北疆博物院という博物館が付設されていた。この博物館はフランス語では、Musée Houang-Hou Pai-Hou といった。その博物館で、わたしたちは有名なフランスの哲学者にして古生物学者のテイヤール・ド・シャルダン師にあっている。かれはその長身をくろい神父の服でつつんでいた。藤枝さんとは、はじめフランス語で話をしていたが、途中から、両方とも流暢な北京語になった。

梅棹は、さらにこう続けている。自分はテイヤールとの対話に加わらず、博物館の見事な古生物学の標本に魅せられていたが、藤枝は、テイヤールとの対話に熱中していた、と。大変貴重な証言である。しかし、信憑性については若干の疑義がともなう。アミール・D・アクゼルが著した最も新しいテイヤールの評伝、『神父と頭蓋骨――北京原人を発見した「異端者」と進化論の発展』（林大訳、早川書房、二〇一〇年）を繙いてみれば、このときテイヤールは間違いなく中国にいたが、「人類の起源」に直結する北京原人の遺骨、特にその頭蓋骨に甚大な関心を抱いていた大日本帝国によって、北京でなかば軟禁状態にあった――戦争が激しくなるなか、とうとう北京原人の遺骨（複数体）は行方不明となり（大日本帝国の関与が濃厚である）、現在に至るまで発見されていない。

また、梅棹がテイヤールと出会ったとする、天津の「ホアンホー・パイホー」（黄河白河）博物館は、確かにテイヤールと深い関係をもった人物、やはりイエズス会士であったエミール・リサンの事実上の私設博物館ではあったが、リサンとテイヤールの関係は、このときすでに決裂していた。その上、テイヤールは中国語を自由に話すことができなかった。つまり、梅棹らが実際に会ったのはテイヤールではなく、テイヤールの中国時代初期の盟友であるリサンであった可能性が高い。ただし、リサンとテイヤールは、北京の郊外に位置する周口店でテイヤールが北京原人の発掘に従事する以前に、これからまさに梅棹や今西らが訪れようとしていた内モンゴルの草原で、人類の進化を裏付ける「原人」化石の発掘を試みており（その成果として「オルドス人」の発見がある）、公には発表と著作を禁じられていたテイヤールの特異な進化論の詳細を、私的な交遊を通して、リサンが知っていた可能性もまたきわめて高い。

しかも当時、テイヤールは北京の社交界の中心におり、その時点からまだ十年と少ししか経っていなかった（一九二九年一二月に北京原人の最初の完全な頭蓋骨が発見された）、全世界に衝撃をもって迎えられた「北京原人」の発掘にたずさわり、その生活（特に「火」の使用）を復元したテイヤールの思想に、今西をはじめとする生態学者たちが関心を抱かなかったはずもない。事実、モンゴルの草原を去ってから以降の今西の歩みは、時間的かつ通時的に、化石人類の古生物学的な発掘を通して人類への進化を立証しようとしたテイヤールに対して、空間的かつ共時的に、霊長類の生態学的な観察を通してやはり人類への進化を立証しようとした点で、テイヤールの歩みとの見事な対称性と相補性をあらわしている。結果として、今西は、テイヤールの探究を、独自の立場から補完しているのである。梅棹の証言は、少なくとも、今西の進化論とテイヤールの進化論がまったくの無関係でなかったことを証し立ててくれるはずだ。

実際、当時、西北研究所を訪れた地理学者の飯塚浩二の回想によれば、漢と蒙の境界たる「大境門」近くの巣にくつろいでいたエコロジストたちの主張として、動物の「群れ」に人間の「群れ」が寄生することで遊牧が成り立ったということと（飯塚はこちらの見解の方に衝撃を受けた）、もう一つ、「生物の新種の形成について、群全体として新種形成への移行を提唱していること、かようなエコロジカルに解釈した進化を生物の歴史と称することなどに特色がみられるかと思う」と記している（前掲、中生の論考の「注」より）。これまで述べてきた今西進化論の骨格が、ここに端的に表現されている。今西錦司による「群れ」の遊牧論と「主体性」の進化論は、モンゴルの草原で、テイヤール・ド・シャルダンの創造的進化論の間接的な影響を受けながら、文字通り、一つの完成を迎えたのである。

今西錦司とテイヤール・ド・シャルダンの邂逅は、まったくの偶然である。しかしながら、おそらく、そこには、一つの歴史的な必然もまた存在する。博物学から生み落とされた生物学という新たな学の展開の上で、テイヤール・ド・シャルダンと今西錦司は、いずれ何処かで、出会わなければならなかったのだ。もちろん、その出会いの場において、直接、顔と顔をつきあわせる必要はない。ただその出会いの場が、図書館という人工的な知の博物館ではなく、野生的なモンゴルの草原であったことが重要である。世界が一つにむすばれ合った「近代」でなければ、そうした出会いは生起しなかった。

偶然と必然が複雑に絡み合うなかではじめて創造的な進化が生起する。それは生物の歴史のみならず、学問の歴史にも、そっくりそのままあてはまる。人文諸科学の新たな潮流が「混在」するなかに、テイヤールの学問の起源も、今西の学問の起源も、同様に存在する。それぞれの学問の起源にまでさかのぼったとき、歴史の必然があらわれる。

## 3 「種」の生態学――その起源と帰結

『現象としての人間』をまとめ上げたテイヤール・ド・シャルダンは、自らの進化論的な探究の起源に、同じフランスの哲学者、アンリ・ベルクソンの『創造的進化』が存在していたことを隠さない。ベルクソンもまた、ヘッケルの名前を直接出すことはないが、『創造的進化』に先立つ『物質と記憶』（一八九六年）の段階においてすでに「モネラ」という名を記し、当然ながら、『創造的進化』においても、「モネラ」を、生物の最も根源的かつ「貧弱」な存在として、その名を記している。ベルクソンの『創造的進化』は、ヘッケルの「モネラ」を前提として成り立った、主体性にもとづいた進化の体系だった。
そのなかでも、決定的なのは、『創造的進化』の第一章に記された、次のようなヴィジョンであろう（以下、竹内信夫による新訳ベルクソン全集4、白水社、二〇一三年、を参照・引用している）――。

個体の生命原理は、どこで始まり、どこで終わるというのだろうか？　それを順次に遡ってゆけば、われわれはそのもっとも遠い祖先のところまで遡ることになるだろう。その個体が、ありとあらゆる生命体に繋がっており、生命の系統樹のおそらくは根源に位置する原形質の小さなゼリー状の塊に繋がっていることを、われわれは見出すことになるだろう。その個体は、ある意味で、その原初の祖先と一体を成しているのだから、そこから多様に枝分かれしてきたすべての生命体とも一つに繋がっているのだ。そういう意味で、その個体は、今もなお、目に見えない多くの絆によってすべての生命体と一つに結ばれていると言えるだろう。

ベルクソンは、生命の「系統樹」（arbre généalogique）と記し、その「系統樹」の根源に位置する「原形質の小さなゼリー状の塊」と記している。第二章では、「最初期の生きて活動する有機生命体は、植物的形質も動物的形質も分有しており」、「植物も動物も、ともに両者の傾向を一つに統合していた共通の始祖から生まれ出た子孫であるということであろう」とも述べている。

動物と植物、さらに鉱物の性質を合わせもち、そこから進化の系統樹がはじまる根源的な物質にして生命、「原形質の小さなゼリー状の塊」、すなわち「モネラ」。その根源的な物質にして生命を通じて、この地上に生まれたありとあらゆるものが一つにつながり合うのである。ベルクソンにとって、宇宙もまた一つの生命だった。一つのものでありながら多様なものを生み出し続ける生き物だった。ベルクソンがここに書き残しているのは、ヘッケルの見たヴィジョンそのものである。そもそも進化の「系統樹」という考え自体が、ヘッケルに由来する。

テイヤール・ド・シャルダンもまた、『現象としての人間』のなかで、リュシアン・キュエノに由来する、バクテリアを根にもち、植物と動物に分かれ、さらにその動物の幹からさまざまな種が枝分かれしていく「生命の樹」(arbre généalogique)を、自らの創造的進化を一目で概観させてくれるものとして、わざわざ転載している。ヘッケルからベルクソンへ、そしてテイヤール・ド・シャルダンへ。進化を「生命の樹」(生命の系統樹)と考える者たちの系譜が完成する。

それでは、今西錦司の探究の起源には一体誰がいたのか。今西は、自身の哲学の「師」について、長い間、正面から語ることはなかった。ただ、『生物の世界』を読んだ者であれば誰もが、たとえば、「構造即機能にして機能即構造」、「生命即身体にして身体即生命」といった言葉で「生物」を定義していること、また、「環境の主体化にして主体の環境化」、「作られたものにして作るもの」、「認めることが働くことであり、働くことが認めることである」といった言葉で「進化」を語っていることなどから、容易に一人の、独創的な日本人哲学者の名前を思い浮かべることが可能であろう。一九七二年、『生物の世界』が講談社文庫に収められ、新たな読者に広くその内容がひらかれた際、卓抜な「解説」を寄せた上山春平は、そうした想いを、あえて活字にした――。

私は今西さんを哲学者だと考えている。しかも、明治以来の数少ない独創的な哲学者の一人だと考えている。明治以来の日本の哲学は、西洋哲学の移入に忙しく、オリジナルな思想を育てる余力をもたなかった。そうした状況のなかで、わずかに独創の萌芽を示したものに西田幾多郎の哲学があるが、今西さんは、この西田哲学のそこはかとなき刺戟のもとに、独自の思索と体験をふまえて、独自な理論体系をきずき上げた。少くとも私にはそのように解される。

今西錦司は、哲学から生物学への、独創的な道をひらいたのだ、とも。上山のこの指摘以降、ようやく今西は、自身の哲学の「師」について語りはじめる。それらは、『主体性の進化論』刊行の後、最晩年になされたインタビュー類に集中している。そのなかでも、西田の著作の一体何を読んだのか、具体的な書名まで言及されているのが、一九八六年に行われたインタビュー、「「自然学」への到達」である。今西は、そこでこう答えている――「西田幾多郎に『哲学論文集』というのがありますな。その論文集第二に、「生物」という論文がある。これは丹念に読みましたけどな」と。しかしながら、西田の『哲学論文集　第二』には「生物」というタイトルが付された論考は収録されていない。その代わりに、巻頭には「論理と生命」が置かれ、三番目には「種の生成発展の問題」が置かれている。

「生命」と「種」と。この二つの主題を、西田は死の直前まで考え抜いてゆく。西田が自身の死に至るまで書き続けた二つの論考が、西田の死後、『哲学論文集　第七』としてまとめられる。「生命」と「場所的論理と宗教的世界観」である。『哲学論文集　第二』に収録された「論理と生命」および「種の生成発展の問題」と、『哲学論文集　第七』に収録された「生命」を、今西の『生物の世界』とあわせて読んでみれば、その思考のあまりの同形性に、誰もが驚くであろう。ただし、西田の「生命」の発表は、今西の『生物の世界』の刊行後のことである――結局は未完となった「生命」は「論理と生命」および「種の生成発展の問題」の総合として形づくられようとしていた。明らかに、『生物の世界』は、西田の生命論から生まれている。今西が、おそらくは、それらの論考を繰り返し、自らの理論として血肉化するまで、読み込んだことは間違いない。しかしながら、今西の西田に関する言及には、一貫して、ある種の「冷たさ」が感じられる。一体なぜなのか。その一つの原因として、書斎の哲学者である西田幾多郎と、野外のフィールドワーカーたる自らの違いについての意識、さらには、フィールドワーカーとしての自負があったのかもしれない。

西田に比べて、今西は、自身のもう一人の「師」の名前については、初期の著作から、これもまた一貫して明示している。柳田國男である。特に、柳田の『遠野物語』については、繰り返し読んだと、さらには大変な感銘を受けたと、さまざまな著作においても、先ほどあげたインタビュー（「自然学」への到達」）を含めたさまざまな対談、座談においても、言及している。そこには、西田の場合に比べれば、ある種の「温かさ」が感じられる。ただし、柳田と直接話を交わした経験から、今西が柳田に下した評価は、あの人はフィールドワーカーではない、といういくぶんか否定的なものでもあったのだが……。

確かに、柳田國男がまとめた『遠野物語』には、霊的な怪異ばかりでなく、猿たちと人間たち、狼たちと人間たち、すなわち動物と人間との間の相互交渉が、生々しく記録されていた。柳田は、動物と人間の関係を、あるいは、精霊と人間の関係を、明らかに同一の地平から見ている。今西が、動物の「群れ」の個体観察という未曾有の方法を編み出したとき、その先行者として柳田國男を位置づけたことは、きわめて意義のあることであろう。

西田幾多郎に対する「沈黙」と、柳田國男に対する「饒舌」と。現在の私の力では、その間の機微、あるいは、その間の「謎」を解き明かすことができない。しかし、今西錦司の生物学が、柳田國男の民俗学と西田幾多郎の哲学の交点に位置づけられることは、いまだに、近代日本が生み出すことができた最も大きな思想的可能性を秘めていると考えている。特に、今西錦司の生物学――「群れ」の遊牧論と「主体性」の進化論からなる「種」の生態学――にとって、西田幾多郎の哲学――生命哲学――は決定的な位置を占めていたはずだ。それは、テクストが証明してくれる事実である。

「論理と生命」の「二」に、西田は、こう記している――「個物は生れるものでなければならない。生れると云ふには、種といふものがなければならない、さういふ意味では、個物は種的であるのである。併し種の生命も環境を有たなければならない。生命なくして環境といふものはないが、環境といふものなくして生命といふものもない。生命が環境を変ずると共に、環境が生命を変ずるのである。而して我々が死するといふことは環境に還つて行くことである。生れるといふことも、単なる無から有が出ると考へないかぎり、環境から生れ出ると考へなければならない」。あるいは、「生命は有機体の外に環境を有つのみでなく、内にも環境を有つ」。すなわち、「生命の生れ出る世界は、生命と環境とが弁証法的に一つの世界でなければならない」。今西が『生物の世界』で展開する、個体と種の関係、環境の主体化にして主体の環境化という主題が、ここにすべて出揃っている。今西は、生物とは外部環境と内部環境を備えた「形」、環境が主体化され主体が環境化される際、具体的な「身体」(生命即身体にして身体即生命)をもつと主張していた。その場合、身体とは「即」——そのまま——生命の表現となる。あるいはそうした身体においては構造と機能が相即する。西田の遺作の一つである「生命」には、こう記されていた——「有機体に於ては、構造と機能とはいつも不可分離的であるのである。構造が機能を表現し、機能が構造を表現するのである」。生物の身体は、構造即機能であり、機能即構造なのだ。

さらに西田は、「論理と生命」が収められた『哲学論文集　第二』の「序」で、われわれの「生命」とは身体的なものなのだ、と断言している。まさに、後に今西が定義するところの生命即身体にして身体即生命である。西田は、「論理と生命」の「八」で、端的に、「種とは形である」とも記している。「種の形」は「時間即空間、空間即時間なる自然が形成し行く」、それゆえ、「自然は見つつ造り行くのである、造ることが同時に見ることなのである」とも説かれている(以上は「四」)。西田の「種の生成発展の問題」では、節が変わるごとに、ほぼ同一の言明が繰り返されることになる。すなわち、「環境が主体を変ずる、否、種が世界から生まれると云ふことは、作られたものが作るものを作るといふことから可能となるのである、生命といふものは、いつも作られたものが作るものとなる所にあるのである」(「二」より)。

今西も、『生物の世界』の「二」、「構造について」で、「作られたものがつねに新しいものを作って行くというところ」に生物の身体の特質を見出す。そうした生物の身体は、定義上、環境と等しいことになる――「生物がこの世界に生れ、この世界とともに生成発展してきたものであるかぎり、それが空間的即時間的なこの世界の構成原理を反映して、構造的即機能的であり、身体的即生命的であるというのが、この世界における生物の唯一の存在様式でなければならぬと考える」。今西が記すこうした生物のもつ「構造」は、テクストを比較する限り、西田による定義がほぼそのまま用いられている。

西田にとっても今西にとっても、生物がとる身体の原型は「細胞」であった。この「細胞」と、その「細胞」が無数に集まって形づくられる生物の具体的な「身体」に関しても、両者は、ほぼ同一のヴィジョンを見ている。

西田(「生命」より)――「我々の身体は無数の細胞から成立して居る。一つの生殖細胞の無限なる自己分裂から成長したものである。それは全体的一の自己形成と考へられると共に、細胞はそれぞれ独立性を有し、それぞれに生きたものである。細胞が生きて居るかぎり、全体が生きて居るのである。又その逆も真である」。

そして、今西(『生物の世界』の「二」より)――「しからば生物と、それらの細胞との関係は、こうした構造的機能的な生成発展をとげる一つの統合体の、全体と部分との関係であり、生物とはつまりかかる一つの有機的統合体に与えられた名称であると解すべきであろう。したがって個々の細胞だってもちろん生きているものに相違ないが、一つの生物が生きているというときには、それはつまりこの有機的統合体の有機的統合作用をさす……」。

身体と細胞は全体と部分、一と多の関係にあり、その関係が「即」でむすび合わされたものなのである。全体即部分であり、部分即全体、一即多であり、多即一。それが生物の身体であり、一つの生物の身体が、同時に全ての生物の身体の表現になっているのだ。その逆もまた真である。こうした構造と機能をもっているからこそ、個別の生命と、生命の全体は、「一即多多即一」という関係でむすばれ、その関係性がそのまま進化の原理となっているのだ。だからこそ、個体発生と系統発生が、アナロジーによって一つにむすび合わされるのである。

ここまで比較対照してみれば、誰の眼にも明らかになるはずだ。今西錦司の生命哲学は西田幾多郎の生命哲学を源泉とし、それを創造的に反復しようとしたものなのだ、と。今西は西田の生命哲学を引き継ぎ、具体的な生命の観察という実践を通して、それを独自の方向に深化させていった。その際、西田の「論理と生命」や「種の生成発展の問題」が書かれたのが、「種の論理」を主張した田辺元との激しい論争――それぞれの論考の応酬――を契機としていることもまた無視することはできない。

田辺は、西田の哲学は、個と全体（類）を無媒介につなげていると批判する。個と全体（類）の間に、媒介者としての「種」を考える必要がある。田辺は、『創造的進化』に次いで著されたベルクソンの最後の主著、『道徳と宗教の二つの源泉』（一九三二年）に説かれた「開かれた社会」と「閉じられた社会」という二項対立を批判的に取り込み、個と類を媒介する「種」は、変化の自由に対して、開かれているとともに閉じられており、閉じられているとともに開かれている、と説いていた。今西錦司の提唱する「種」の在り方は、実に、田辺元が「種の論理」にいう「種」の在り方と、ほぼ等しい。西田と田辺、そして今西。問題はより複雑なものであったはずだ――本章では、まずは西田と今西の関係に考察を絞った。田辺を含めた関係については、あらためて次章「場所論」の末尾で考察を深めてみたい。

西田幾多郎から今西錦司へ。それは西田の哲学から今西の生物学を見ることであると同時に、今西の生物学から西田の哲学を見ることでもある。今西錦司から西田幾多郎の哲学を見たとき、その可能性の中心は生命哲学、すなわち、生物学的な進化論の哲学的な読み替えにあった。それは、実に西田幾多郎の哲学の起源に直結するものでもあった。西田幾多郎の哲学は、そのはじまりの地点、『善の研究』の完成以前から、その体系の中心に、独自の生命進化論を取り込んだものだったからだ。

その事実が最も良くあらわされているのが、西田の第四高等学校の教師時代の同僚であり、小泉八雲ことラフカディオ・ハーン（一八五〇－一九〇四）の教え子でもあった田部隆次が著した『小泉八雲』（一九一四年）に、西田が寄せた「序」である（「「小泉八雲伝」の序」――『善の研究』に続いて刊行された西田の哲学的エッセイ集、『思索と体験』に収録された）。

決して長いものではなく、また、ハーンの文学的な営為を無条件で評価しているわけでもないが、この「序」のなかに的確にまとめられたハーン思想の核心は、おそらく西田が哲学をはじめる地点で見ていた光景を明らかにしてくれる──。

ヘルン氏は万象の背後に心霊の活動を見るといふ様な一種深い神秘思想を抱いた文学者であつた、かれは我々の単純なる感覚や感情の奥に過去幾千年来の生の脈搏を感じたのみならず、肉体的表情の一々の上にも祖先以来幾世の霊の活動を見た。氏に従へば我々の人格は我々一代のものでなく、祖先以来幾代かの人格の複合体である、我々の肉の底には祖先以来の生命の流が波立つて居る、我々の肉体は無限の過去から現在に連るはてしなき心霊の柱のこなたの一端にすぎない、この肉体は無限なる心霊の群衆の物質的標徴である。

さらに、西田は、こう続けていく──「氏の眼には、この世界は固定せる物体の世界ではない、過去の過去から未来の未来に亙る霊的進化の世界である、不変なる物と物との間に於ける所謂自然科学的法則といふ如きものは物の表面的関係に過ぎないので、その裡面には永遠の過去より永遠の未来に亙る霊的進化の力が働いて居るのである」と。

柳田國男以前に、極東の列島で語り継がれてきた「怪異」の物語を集成したハーンは、同時に、生涯にわたって「記憶の遺伝」説に囚われた表現者でもあった。過去に体験された記憶は決して滅び去ることはなく、西田がここで述べているように、後続の世代の生命＝霊魂（心霊）として一つに「複合」して存続し続ける、という説である。過去に生きた祖先たちの無数の生命、祖先たちの無数の記憶が、多様であるがまま、今ここに生み落とされた個体のなかで、一つに融合し、存続しているのである。西田が一貫して関心を抱いていたのは、「怪談の人」ハーンではなく、「記憶の人」ハーンであった。そして、その「記憶の人」ハーンの起源には、やはり特異な生物学的進化論が存在していた。

ハーンは、『心』（一八九六年）に収録された「前世の観念」（ハーンによって抽出された「記憶の遺伝」説のエッセンスである）に、こう書き残していた――。

最も高度で最も複雑な有機体は、最も低級で最も単純なものから発展したものであるということ。生命のただ一つの物質的な基盤となるものが、この生きている世界全体を支えている存在であるということ。動物と植物を分割する線など決して引くことができないということ。生命と非生命［有機物と無機物――以下引用者注］の差異は絶対的なものではなく、ただ程度の差異であり、種としての差異ではないということ。物質もまた、精神と同じ程度に理解しがたいものであること、そしてその両者ともが、一なるもの、あるいは同じ未知なる現実存在（unknown reality）のさまざまに変化する現れであること。それらすべての見解が、新たな哲学では常識となっている。

ハーンが依拠した「新たな哲学」では、「物質的な進化」と「精神的な進化」は表裏一体のものとして存在していた。西田が的確に整理しているように、自然の物理的な進化の裏面には、自然の霊的な進化が存在していた。物質も精神も、すべては根源的な「一」なるものからはじまる。さらに、ハーンは、その「記憶の遺伝」説を、極東に伝わり変容した大乗仏教の理念と等しいものとするのだ。進化論の原理と、大乗仏教の理念の融合。おそらく、西田は、そうした点に鋭く反応したのだ。それは、西田哲学のはじまりそのものでもあったからだ。「前世の観念」の段階で、ハーンはすでに、「如来蔵」（「如来の子宮」を意味するとともに「胎児としての如来」を意味する）という言葉を使って、森羅万象あらゆるものの起源である「未知なる現実存在」のことを、森羅万象あらゆるもののなかには「聖なるもの」が孕まれている、つまり、森羅万象あらゆるものは「如来」（仏）になる可能性を胎児のように孕んでいる、と説いていた。「胎児としての如来」は一であるとともに全である。生命をさまざまな形で産出する根源的な力にして根源的な物質である。森羅万象あらゆるものは「如来蔵」を通じて一つにむすばれ合い、「如来」という「一（One）にして全（All）」となる可能性を、それぞれの立場で表現し、それぞれの立場で実現しているのだ。

ハーンは、自身をこうした神秘的な宗教的進化論に導いてくれた「新しい哲学」を代表する思想家として、一貫して、ダーウィンの進化論（特にその「自然淘汰」の理論）を人間の社会の進化にまで応用したハーバート・スペンサーの名前をあげている。しかし、西田はそうしたハーンの告白には納得しない。西田は、先ほどの「序」に、こう記しているからだ——「氏が万象の奥底に見た精神の働きは一々人格的歴史を有つた心霊の活動である。氏は此考をスペンサーから得たと云つて居るが、スペンサーの進化といふのは単に物質力の進化をいふので、有機体の諸能力が一様より多様に進み、不統一より統一に進むといふ類に過ぎない、文学者的気分に富める氏は、之を霊的進化の意義に変じ仏教の輪廻説と結合することによつて、その考が著しく詩的色彩と宗教の香味とを帯ぶるに至つた」。

西田は続ける。ハーンのように考えた思想家として、ハーン以前にはニーチェがおり、現在ではベルクソンがいる。ハーンの考えはベルクソンに似ているが、ハーンが浪漫的な文学者であるがゆえ、厳密な哲学者であるベルクソンに比して「単に感傷的で空想的なることはいふまでもない」。西田はそうつけ加えることを忘れない。西田は、ハーンが構想した霊的な進化論を、ベルクソンの『創造的進化』に近いものだと喝破しているのだ。しかも自分は、ハーンのような文学ではなく、ベルクソンのような哲学として、それを突きつめていく、という決意表明のようにも読める。西田は、この「序」を書き上げる数年前（一九一〇年三月一九日）――『善の研究』の刊行（一九一一年一月三〇日）以前である――田部隆次に連れられて小泉八雲の旧宅を訪れている。そのとき、西田が眼にしたであろう八雲の蔵書は、現在でも、ほとんど当時のまま眼にすることができる。

西田が「序」を贈った『小泉八雲』の著者である田部隆次の尽力によって、ハーンの蔵書は、現在、富山大学附属図書館にヘルン文庫として収められている。もちろん、そのなかにはスペンサーの著作も多い。しかし、おそらくスペンサー以前から読み込まれていたであろう進化論者たちの著作もまた存在する。あらためて言うまでもなく、エルンスト・ヘッケルの諸著作である（もちろんヘッケルだけではない）。ハーンの蔵書のなかで確認することができるヘッケルの著作は、次の三作品、五冊である。全二巻で刊行された『人間の進化』（*The evolution of man*, 1879）、同じく全二巻で刊行された『創造の歴史（自然創造史）』（*The history of creation*, 1884）、そして『宇宙の謎』（*The riddle of the universe*, 1902）である。いずれもドイツ語から英語に翻訳されたテクストであり、ハーンは、そのすべてに目を通している。『人間の進化』と『創造の歴史（自然創造史）』は、アメリカ時代に購入されている。そこには、刊行の年にすぐ購入したと思われる「１８８４」という年号と「ニューオリンズ」という場所が記されていた。ただしこの著作は第二巻に、いまだ封を切っていない箇所がある。それに比して、『人間の進化』は全体に良く読み込まれた形跡があり、蔵書にほとんど書き込みをしないハーンとしては例外的に、特にその第一巻には、多くの書き込みを確認することができる。

『人間の進化』は、その第一章で、「個体発生は系統発生を繰り返す」というヘッケルが見出した「有機体の進化の根本的な法則」が説かれていた。ハーンは、自らの手で、細胞の歴史（germ-history）である「個体発生」（Ontogeny）と種の歴史（種族の歴史＝tribal history）である「系統発生」（Phylogeny）の間を一つにつなぐ線を引いている。「遺伝」という単語も眼につく。なおかつ、この「人間の進化」には、無機物と有機物の間に生まれた根源的な物質にして根源的な生命である「モネラ」から人間に至るまでの進化の系統樹が付されており、さらに第一巻の冒頭には、人間と各哺乳類の胎児の顔を比較したきわめて印象的な図版も付されていた。あらゆる生命は一つにつながり合い、胎児は母親の胎内で、それまでの生物進化を反復している。「前世の記憶」のなかで、ハーンは、明らかに「未知なる現実存在」の根源に位置づけられる「如来蔵」に、

「モネラ」を重ね合わせていたのだ。

それだけではない。ヘッケルの一元論を批判的に消化吸収することで、「混在の地」アメリカで形になった一元論哲学。その中心であった出版社オープン・コートから英訳されて刊行された、やはり「記憶の遺伝」説を展開したフランスの心理学者テオドール・リボの著作もまた、ハーンの蔵書のなかに収められていた。つまり、ハーンが記した「新しい哲学」とは、スペンサーのみに由来するものではなく、ヘッケルに端を発し、スペンサーをそのなかに取り込み、さらに人文諸科学の新たな潮流が「混在」するアメリカで形づくられてきた「新たな哲学」を指すと考えた方がよい。ハーン自身、死の年に刊行された『神国日本』(一九〇四年)のなかで、ヘッケルによる系統発生論的な進化論と、「如来蔵思想」を中核に据えることで「神国日本」に根づいた大乗仏教思想との親近性を明確に説いてくれている。

西田幾多郎が、ハーンの蔵書を克明に調べたとは思われない。しかし、そのとき、同じその場には、十年以上に及ぶアメリカおよびヨーロッパでの生活を切り上げ、日本に帰国したばかりの鈴木大拙がいた(最新版の大拙全集最終巻に付された年譜による)。鈴木大拙は、「混在の地」アメリカで、一元論思想の中心に位置していた出版社オープン・コートで働きながら、「如来蔵思想」を中核に据えた大乗仏教思想の読み直しを実践し(「如来蔵思想」のエッセンスを説いた『大乗起信論』を英訳し、それにもとづいて英文著作『大乗仏教概論』を書き上げていた)、西洋と東洋という断絶を乗り越えていく、新たな宗教哲学の構築を模索していた。西田幾多郎が『善の研究』の冒頭に据えた、主客未分化の「純粋経験」という概念もまた、アメリカにいた大拙に薦められて読み込んだウィリアム・ジェイムズの諸著作にその直接の起源をもっている。ジェイムズも、アメリカの一元論思想のごく近くに位置していた。

　西田幾多郎と鈴木大拙が、ラフカディオ・ハーンのもとを訪れるのは、まったくの偶然であるとともに歴史の必然でもあった。なぜ、西田幾多郎は、ハーンの霊的な一元論にして霊的な進化論の本質を、的確に見抜くことができたのか。おそらく、スペンサー以前にハーンに「記憶の遺伝」説を啓示したであろう起源の書物と起源の著者を、西田もまた良く知っていたからだ。しかし、その名前を西田が記してくれるのは西田の死の直前、自らの愛する長女、上田弥生を失った際に書き残された「上田弥生の思出の記」においてである（西田の没後に刊行された『続　思索と体験」以後』に収録され、そこではじめて活字化された）。

　西田は、その「記」の最後に、自分より先に死んでしまった娘の生涯を簡潔にまとめ、こう記している——。

　七尾に生れて一月も経ない中に金沢に出て大味の二階の一室に両親の間に寝かせられた彼「弥生」が成長して女学校を出て女高師に入り、女高師を出でて教師を務め、結婚して四人の男児を設け、純熟せる主婦となつて忽然消え去つた。私は嘗てヘッケルの「自然的創造史」であつたか、その巻頭に於て人間の卵が母の胎内に於て個体発生が種族発生を繰返し十ケ月の間に或時は魚の如く或時は豚の如く、遂に美しき婦人として現れる図を見たことがある。彼何処より来り何処に去れるか。人間万事無根樹上著花新［人間万事、無根樹上に花を著《つ》けること新《あらた》なり」とでも云ふべきか。

自身の死を目前に控えた西田に突然降りかかった不幸、最愛の娘の死。そのとき、西田は、かつて震撼させられたエルンスト・ヘッケルが提唱した「個体発生は系統発生を繰り返す」というテーゼ、人間の胎児は母親の胎内でそれまでの生物進化（系統発生）を反復し、その結果として地上に生まれ出てくるというテーゼに、想いを馳せる。新版全集で、西田が書き残したもののなかにヘッケルの名前が出てくるのは、この「記」と、最も初期の講義ノートおよび断章だけである。西田が「「小泉八雲伝」の序」を書き進めていく過程で念頭にあったのも、おそらくは同じ想いと、ヘッケルの著作だったはずである。

その著作、『自然創造史』は、ハーンの蔵書のなかにも見出されるとともに、ギュスターヴ・フローベールをも驚嘆させ、『聖アントワーヌの誘惑』を真に完成させたものでもあった。西田幾多郎の哲学の起源、そこにあらわれた一冊の書物、エルンスト・ヘッケルの『自然創造史』。『聖アントワーヌの誘惑』からはじまった一つの物語の環が、ここで閉じられる。

＊

アンリ・ベルクソンからテイヤール・ド・シャルダンへ。西田幾多郎から今西錦司へ。そうした系譜は偶然につくられたものではなかった。フィクションの世界を根底から変革してしまうとともに現実の世界をも根底から変革してしまった「新たな哲学」のはじまり。西田はヘッケルの著作を読み込んでいたのと同時期、シャルル・ボードレールの「照応」の理論をも読み込んでいた。文学の世界で起きた革命を、自身の哲学の起源としていたのである。その西田が、今西に甚大な影響を与えた生命哲学の骨格をまとめていたとき、西田の導きの糸となったのは、イギリスに生まれ、『生物学の哲学的基礎』を書き上げた、J・S・ホールデン（一八六〇－一九三六）であった。その息子、J・B・S・ホールデン（一八九二－一九六四）が刊行した著作を、『現象としての人間』のなかで、テイヤールは繰り返し参照している。生命の系統樹のように、さまざまな人物とその著作群が関係し合っている。

そのなかでも、テイヤールはベルクソンの創造的進化に一つの方向を与え、今西は西田の生命哲学に一つの方向を与えた。テイヤールは、進化の方向、その究極の地点に「オメガ・ポイント」（終局の点）を見出す。〈精神圏〉とともに生み落とされた人類が、その多様性と差異性を乗り越えてふたたび集結した次元にあらわれるもの。それがテイヤールにとっての「神」だった。テイヤールにとって「神」と「進化」とは別のものではなかった。そのテイヤールとモンゴルの草原ですれちがった今西も、人間の種（人種）の差異、人間の種の壁を乗り越えて生み落とされる新たな生命を夢見ていた。

敗戦による混乱を逃れ、張家口から北京にたどり着いた今西は、西北研究所で行われていたイスラームの宗教研究の一環として出会った、一人の回民（ムスリマ）の少女との思い出を回想し、こう記している——「わたくしは、むしろ彼女を通して、回民の生活にかんするドキュメントを作ろうかと考えた。わたくしはさらに許されるならば、彼女といっしょに生活してみたいとも考えた。混血を、わたくしは欲していたのである。血の交流をもっと頻繁に行なうことによって、世界の民族は一つにならなければならないというのが、わたくしの平素からの主張であったから、わたくしにすれば、適当な相手さえ見つかれば、この主張の実践に忠実でありたいと願うのは自然である。わたくしは彼女を適当な相手と考えたかったのである」(「張家口落ち」より、『遊牧論そのほか』一九四八年、に「砂丘越え」の最終章として収録)。

しかし、敗戦とともに、民族という枠を乗り越えることを目標とした大東亜共栄圏構想はあっけなく潰え去り、今西の夢想もまた同時にあっけなく消え去った。それは現実からはあまりにも遊離した夢想だったからだ。今西がモンゴルの草原で見出したのは、抽象的かつ理念的な夢想だけではなかった。そこでは人間という種の内部の区別を超えるどころか、人間と動物という種自体の差異を超えて可能になった「共生」が、現実に行われていた。おそらく、その現実の「共生」を見出したところに、西田幾多郎の生命哲学を引き継いで形になった今西錦司の「種」の生態学の達成が存在している。

今西の遊牧論の成果は、今西自身の『遊牧論そのほか』だけでなく、今西に付き従って調査を行った梅棹忠夫の『狩猟と遊牧の世界――自然社会の進化』(一九七六年)に、その要点がまとめられている。ここでもやや複雑な問題が生起する。今日、今西の成果とされる「群れ」の遊牧論の結論は、梅棹と今西が積み重ねた議論の末に見出されたものであり、そのプライオリティが今西ではなく梅棹にあることが、梅棹自身の証言によっても、他者による調査(前掲、中生の論文）によっても、ほぼ裏づけられているからだ。「群れ」の遊牧論は、今西と梅棹による共同作業によって可能になった。それはまた、今西にふさわしいスタイルでもあったであろう。

今西と梅棹は、モンゴル草原の調査によって、それまで自明のように考えられていた人類の進歩史観、遊動する狩猟採集生活から定住する農耕生活へ移り、さらにその農耕生活を行っていた人間たちによって牧畜（「遊牧」）が開始されたとする史観に異議を申し立てる。「遊牧」を開始したのは人間ではなかったのだ。草原という環境に適応した有蹄類は、そこで自然に「群れ」をつくり、自由気ままに、その果てしない空間を移動していた。豊かな森林のなかで遊動する狩猟採集生活を行っていた人間たちが、森から草原に出たとき、彼ら、彼女らは、自分たちとまったく同じく、やはり空間を遊動し続けている有蹄類の「群れ」と出会った。人間が動物をコントロールすることで遊牧が成立したのではなく、動物の生態に人間の方が適応することによって遊牧が成立したのだ。現実の遊牧で、主導的な役割を果たしているのは人間ではなく、動物たちであったからだ。遊動は人間が管理しているのではなく、動物たちに従って行われていたからだ。

遊牧とは、遊動する狩猟採集民たちが、定住する農耕民の生活を経ることなく、動物たちに導かれて、動物たちとともに草原を移動していくことで成立した。だからこそ、遊牧民たちは農耕民たちにはもつことのできない強大な力を手に入れることが可能になり、ある段階では、農耕民たちを圧倒するまでの集団、人間と動物が「共生」した未曾有の戦闘集団を築き上げることに成功したのだ。草原という、時間的にも空間的にも限定されることない地平で、系統としてはそれぞれ異なった進化を遂げてきた「種」と「種」が、「群れ」と「群れ」が出会う。そのことによって未知なる「共生」が可能となり、未知なる力が解放される。まったくの偶然の出会いが必然となり、新たな身体、「共生」の身体が創造される。まさに今西が理論としてまとめた進化の歴史にひらかれる新たなステージが、現実の草原を舞台として、実現されていたのだ。

そこにこそ、今西錦司の「種」の生態学の到達点、「群れ」の遊牧論と「主体性」の進化論が最も創造的に総合された到達点がある。生物学、人類学、民族学、哲学、文学を根底から刷新してしまうような到達点がある。

※「3」の後半部分には、ラフカディオ・ハーンの蔵書調査にもとづいて形になった拙考、「多様なるものの一元論――ラフカディオ・ハーンと折口信夫」(『三田文學』二〇一四年秋季号)の成果を要約し、まとめ直した箇所があることをお断りしておく。また、その論考のサブタイトルに「折口信夫」とあるように、エルンスト・ヘッケルに端を発し、アメリカで形を整えた一元論哲学は、やはり鈴木大拙を経由して、国文学者であり民俗学者である折口信夫の営為にも甚大な影響を与えている。この論考は、後に拙著『逆宮と宇宙』(羽鳥書店、二〇一九年)に収録された。本章では、西田幾多郎と今西錦司の二人に焦点を絞った。折口信夫に関しては拙著『折口信夫』(講談社、二〇一四年)を、鈴木大拙に関してはやはり拙著『大拙』(同、二〇一八年)を参照していただければ幸いである。

# 場所論

## 1　思考の錬金術

満洲国境近くのノモンハンで日本軍とソ連軍が衝突するという奇妙な限定戦争が起き、さらにはナチス・ドイツのポーランド侵攻を機にとうとう全世界を全面的に巻き込む二度目の世界大戦が真にはじまってしまった昭和一四年（一九三九）、文芸評論家の小林秀雄は、なにかに苛立つように、突如として、哲学者の西田幾多郎への批判を公にする。

直接的には、西田本人も、西田の愛弟子にしておそらくは批評家としての小林が対抗心を隠そうとはしなかった三木清も執筆者には加わっていない、同年の一〇月号として刊行された雑誌『思想』の特集「文化創造と文化混淆」をめぐる時評「学者と官僚」において、であった。小林が極度の反感を抱くのは、西田の用いる奇怪な哲学的ジャーゴンを、さも深く理解しているようにして使うエピゴーネンたち、無邪気な模倣者たちに対してであった。その批判は激烈である。

しかし、小林の批判は、ただその地点だけにとどまることはなかった。エピゴーネンたちの真の起源たる西田の哲学がもたざるを得なかった「病」をさえ抉り出そうとしていた。小林は、そこに、こう記していた――。

だが、真実、自分自身の思想を抱き、これをひたすら観念の世界で表現しようとした様な学者は、見物と読者との欠如の為に、どういう処に追い詰められたか。例えば西田幾多郎氏なぞがその典型である。氏はわが国の一流哲学者だと言われている。そうに違いあるまい。だが、この一流振りは、恐らく世界の哲学史に類例のないものだ。氏の孤独は極めて病的な孤独である。西洋哲学というものの教えなしには、氏の思想家としての仕事はどうにもならなかった。氏は恐らく日本の或は東洋の伝統的思想を、どう西洋風のシステムに編み上げるべきかについて本当に骨身を削った。これは近頃学者の間に流行する日本古典思想の欧風の新解釈なぞという知識の遊戯とは根本から異るのである。そしてそういう仕事で氏はデッド・ロック［和製語で「暗礁」の意―引用者注］をいくつも乗り越えて来たに間違いあるまいと思う。

小林は、さらに、こう続けていく。この希有な哲学者は、「デッド・ロックの発明も征服も、全く自分一人の手でやらねばならなかった」。その点に、常人――「健全な読者」――にはまったく理解することも追体験することもできない、不健全な「孤独」、つまりは深い病が存在している。西田は、ただ自身の誠実さだけを頼りに、徹底的に自問自答せざるを得なかった。その過程で、他者というものは完全に排除されていってしまう。観念の、観念による、観念のための増殖がはじまる。

小林が論じている雑誌『思想』に、西田が直近に発表したのは「絶対矛盾的自己同一」と題された論考であった（同年三月号）。この、とても論考と呼ぶこともできないような論考は、ただひたすら、無限のものと有限のもの、すなわち神と人間との間の「絶対矛盾的自己同一」を声高に叫び続けるものであった。祈りといえば祈り、呪詛といえば呪詛、そういうことも可能な、観念の連呼に次ぐ連呼であった。「絶対矛盾的自己同一」は、これ以降、極度に難解と評される西田哲学の体系を一言で説明し尽くしてしまうような魔術的な符丁となっていく。

決して言葉では定義し尽くすことができないものを、厳密に言葉で定義していく。そこに西田幾多郎の病にして「孤独」があり、そこから西田の「奇怪なシステム」、「日本語では書かれて居らず、勿論外国語でも書かれてはいないという奇怪なシステム」が、自動的に創り上げられていってしまう。小林は、そう述べてもいた。

「健全な読者」を排除してしまう、そのような奇怪な表現のシステムが創り上げられてしまったのは、西田に能力がなかったわけでも、創造性が不足していたわけでもない。まったくその反対である。真の思想家としての魂をもっていたがゆえに演じざるを得なかった「悲劇」であったように自分には思われる。小林は、そう結論を下す。

日本語で書かれているのではなく、かといって外国語で書かれているわけでもない奇怪なエクリチュール（書法）。それは、世界が物理的に一つにむすばれ合った「近代」という舞台の上ではじめて、「日本」の哲学を論じ、「日本」の哲学を創り上げなければならなかった先駆者たる西田が歩まなければならなかった道であったはずだ。そして、同じその道は、やはり同じく「近代」という舞台の上ではじめて、「日本」の批評を論じ、「日本」の批評を創り上げなければならなかった先駆者、小林秀雄が歩まなければならなかった道と、いくぶんかは——あるいは、ほとんど大部分で——重なり合うものだったに違いない。

小林秀雄は、西田幾多郎の陥った「悲劇」を語りながら、自らが体験しなければならなかった「悲劇」をも語ってしまっているかのようだ。小林もまた、「日本」（さらには「東洋」）の伝統思想の精華として可能になった「詩」（「詩語」）の論理を、いかにして「西洋風のシステムに編み上げるべきかについて本当に骨身を削った」、はじまりの批評家の一人だったからだ——小林秀雄、吉本隆明、柄谷行人という卓越した批評家たちは全員、「詩語」（文学的言語）の発生とその交換（コミュニケーション）を論じることから自身の批評をはじめている。つまり、「日本」の最も創造的な批評とは、「詩語」の解釈学として可能になったものだった。以上、詳細については、拙稿「批評とは何か」（前掲の拙著『逆宮と宇宙』に収録）を参照していただきたい。

小林秀雄は、自身の批評を、フランス象徴主義の詩学を臨界にまで進め、最終的には、そこから外——物理的な外にして精神的な外——へと逃走してしまった若き天才詩人にして天才批評家、アルチュール・ランボーの詩作の「翻訳」からはじめている。小林によるランボーの「象徴詩」の翻訳は、「詩語」の新たな可能性を探るための「幸福な美しい引例」ともなるが、その「幸福」

の裏面には「不幸」が貼りついて離れない。そう論じたのは、「詩語としての日本語」という論考をまとめ上げた、最晩年の折口信夫である——折口もまた、「詩語」の孕みもつ可能性と不可能性を、生涯をかけて論じ続け、自身でも実践し続けたという点において、疑いもなく、小林に先立つはじまりの批評家の一人であった。

　実際、小林秀雄の晩年の大著『本居宣長』は、その全体をあげて、折口の問いかけに対する、一つの回答であると考えることも充分に可能である。『本居宣長』の冒頭（「一」）をはじめる際、小林は折口を登場させ、こう語りかけさせる。「小林さん、本居さんはね、やはり源氏ですよ、では、さよなら」。小林は、この後、折口が別れの間際に口にした謎のような言葉に応えていくかのように、宣長の仕事のなかに「詩語」が体現する「もののあはれ」の諸相を探っていくことになる。小林は、こう宣言する。宣長は、「詩語」こそが世界そのものを創り出していると考えていた、と。『本居宣長補記』には、こうある。「言葉が一切の思想を創り出しているという事を見極めようとする努力が、そのまま彼の思想だった」。宣長の求めた「詩語」は、主観的な「情」と客観的な「物」を通底させるような「アルカタチ」（「性質情状」）をもたなければならない、とも。「詩語」こそが「もののあはれ」（物質のもつ「性質情状《アルカタチ》」）、すなわち主客の合一を可能とし、主客の合一、すなわち「もののあはれ」こそが「詩語」を可能とする——以上は、江藤淳との対話、「『本居宣長』をめぐって」より。

　しかし、このように生涯をかけて「詩語」の在り方を探究した小林秀雄においてさえ、その翻訳技術が極限にまで発揮されていながら、ランボーの原詩がもつ「幻想と現実とが並行し、語の翳と暈との相かさなり靡きあふ趣きが、言下に心深く沁み入つて行くと言ふわけにはいかない」。折口は、「詩語としての日本語」で、そう続けていく。「らんぼおやぼおどれいる」がフランス語で実践した「象徴」の在り方が、「翻訳」を介して、日本語として、どうしてもうまく定着しないのだ。しかしながら、逆説的に、この「詩語としての日本語」という論考全体を費やして、折口は、詩の「未来語」を生むのは、まさにそうした「翻訳」という不可能な営為を通してなのだ、と繰り返し強調してやまない。

折口自身、自らの「詩語」探究のはじまりに位置する大学卒業論文『言語情調論』の段階ですでに、シャルル・ボードレールの「照応《コレスポンダンス》の詩学」に端を発するフランスの象徴主義の文学を全面的に参照していた。卒業論文中に、折口は、こう記している。「ボウドレィルの神秘の門を開くべき唯一の鍵は色・音・匂である」。本居宣長の主客合一を可能にする「もののあはれ」にして、ボードレールの音と色と匂が互いに「照応」し合う「象徴」の言葉。折口信夫と小林秀雄がともに求めた「詩語」の極限とは、そのようなものだった。何度も繰り返すまでもなく、現実に実現することは、とうていかなわない境地でもある。詩人は前もって挫折を運命づけられている。しかし、挑み続けなければならない。詩人の担う栄光と悲惨が、そこに集約されている。

折口信夫が、「詩語としての日本語」の巻頭に掲げた、翻訳という不可能な営為に挑み、最も美しく敗れ去った一つの実例、小林秀雄によるランボーの「酩酊船」の訳文は、次のようなものであった（折口による引用とはごく些細な点で相違をもつが、小林の最も人口に膾炙した版にもとづく）——。

さて、われらはこの日より、星を注ぎて乳汁《ちゝ》色《いろ》の、
海原の詩《うた》に浴しゝ、緑なす瑠璃を啖《くら》ひ行けば、
こゝ吃水線《きつすゐ》は恍惚として蒼ぐもり、
折から水死人のたゞ一人、想ひに沈み降り行く。

見よ、その蒼き色、忽然として色を染め、
金紅色《きんこうしよく》の日の下《もと》に、われを忘れし揺蕩《たゆたひ》は、
酒精《あるこおる》よりもなほ強く、汝《なれ》が立琴《りいる》も歌ひえぬ。
愛執の苦がき赤痣《あかあざ》を醸すなり。

これは果たして日本語なのであろうか。まさに、小林が西田の哲学を評したのとまったく同じく、小林の翻訳——すなわち「批評」——もまた、明らかに、「日本語では書かれて居らず、勿論外国語でも書かれてはいないという奇怪なシステム」を形づくっている。それは「奇怪」で無残な失敗の記録である。しかし、未知なる表現の未来は、そうした「奇怪」で無残な廃墟からしか生まれてこない。

折口信夫と小林秀雄は、「象徴主義」の詩学によって一つにむすび合わされていた。小林秀雄と西田幾多郎もまた、そのはじまり——その「批評」のはじまりにして「哲学」のはじまり——

において、「象徴主義」の詩学を共有していた。だからこそ、小林秀雄は西田幾多郎の哲学をきわめて正確に批判し得たのだ。西田幾多郎の「悲劇」は、小林秀雄の「悲劇」そのものであった。小林秀雄も西田幾多郎も、「悲劇」を通して「永遠」を見ようとしていた。それはかりでなく、自らの手を用いて、つまりは近代の日本語、「奇怪」きわまりない破格な日本語を用いて、「永遠」を定着しようとさえしていた。あたかも、ランボーが、『地獄の一季節』（小林による翻訳のタイトルでは『地獄の季節』）に収められた「錯乱II」でいう「言葉の錬金術」を駆使するかのようにして。

ランボーは言う（以下、小林が用いた語彙を中心にして整理する）。私は、母音の色を発明した——「Aは黒、Eは白、Iは赤、Oは青、Uは緑」。そして、子音それぞれの「形態と運動」とを、「本然の律動」をもとにして整調した。あらゆる感覚に相通じ、石塊を黄金に変えてしまうかのような「詩語」（「詩的言辞」）を生み出すことを希《ね》《が》っていたからだ。それでは、そのような「詩語」、「言葉の錬金術」を用いて描き出すべき光景とは、一体どのようなものなのか。ランボーは端的にこう答えている。「永遠」と——。

また見附かつた、
何が、永遠が、
海と溶け合ふ太陽が。

感覚の無限の海を、酩酊する船として彷徨するこの「私」(「酩酊船」)は、いまここで、海そのものとして、光り輝く太陽と一つに融け合うことで「永遠」となる(「錯乱Ⅱ」)。そうした、通常の言語、通常の感覚では到達不可能な絶対の地点こそが、文学の「象徴主義」が目指すべきゴールであった。

西田幾多郎と小林秀雄は、「象徴主義」において交錯していた。小林が、ランボーに由来する「言葉の錬金術」を近代日本の文学として実現しようとしていたとするのなら、同じく西田もまた、「思考の錬金術」を近代日本の哲学として実現しようとしていたのである。

＊

明治三年(一八七〇)に能登半島の付け根に位置する宇ノ気に生まれた西田幾多郎は、四〇歳を超えた明治四四年(一九一一)になってようやく、はじめての著作である『善の研究』を刊行することができた。この間、実父との凄絶な確執、金沢の第四高等中学校の中退、東京帝国大学哲学科の選科生としての差別的待遇、第四高等中学校の講師を免職される等々、想像を絶する苦難の道を歩んだ果てでの、独創的な哲学体系の樹立であった。

その『善の研究』が成る前後、西田は自身の思索の軌跡を記した無数の断章群を残していた。今日では、「純粋経験に関する断章」という名を与えられ、一括して全集に収録されている断章群である。その多くは、当然のことながら、これまでの伝統的な世界観とはまったく異なった、

「西洋哲学という教え」を悪戦苦闘しながら独力で学び続けた西田の内面的な成長を知るための第一級の資料となっている。西田の成長は、アジアではじめて近代国民国家としての体制を整えなければならなかった大日本帝国の成長と完全に並行していた。つまりそのとき、専門的な哲学教育のための制度もその内容も、いまだ十全に整備されていなかった。それゆえ、西田は哲学の概念もその体系も、そのすべてを自分の手で創り上げていかなければならなかった。小林秀雄が的確にまとめているように、西田は、近代日本哲学における「デッド・ロックの発明も征服も、全く自分一人の手でやらねばならなかったのである」。

その断章群のなかに、ボードレールの名と、西田がこだわり続けたボードレールの詩篇、『悪の華』に収録された「人間と海」(「人と海」)が姿をあらわす(「断片30」末尾)——西田とボードレールの関係については、飯島孝良の「西田哲学における〈統一〉概念とボードレールの影響関係——その覚書」(『東京大学宗教学年報』、二〇一六年)が詳しい。本章でも大いに参照している。というよりも、そもそも本章自体が、飯島との直接、間接の対話にその一つの起源をもつことをここに明記しておきたい。

西田は、限りのない述懐をこめて、その「断片」のなかに、こう記している。自分は、これまでも、ただなんとなく海を眺めることが好きであった。だから、金沢にあったとき、そこから少し離れた海岸に出かけてみた。取り立ててなにもない殺風景な浜であった。しかし自分には、その無名の海が生み出す「無限」そのものを象徴化したかのように思われる波濤のうねりや大空をゆく雲のかたち、さらには遠く能登の山々から発する靄のなかで「無限」に変化していく幽微なる日の光を見ることが、なによりも楽しみであった。あるときには、砂浜の上に積み重ねられた材木の上に腰を下ろして、半日ほどなにもせずに、ただ海だけを見て過ごしたこともあった。

そして、こう続けていく。「海をながめるのも無限に深い意味のあるものである。余は唯無限に遠い海のうねりを眺めるだけにて飽くことを知らない」。自分のこうした想いと交響し、それを詩のかたちにしてくれたのがボードレールであった。特に、その「人と海」の前半部こそ、自分が抱いた海に対する想いそのものを作品化してくれている。西田は、自らの手で、この詩を構成する全四連のうちの最初の二連を翻訳する。すなわち――。

自由なる人よ、汝は常に海を愛するであらう。海は汝の鏡である。海の涙の無限のうねりの中に汝は汝の心を見る。汝の心は海の渦よりも苦い。

汝は好んで汝の面影の底にもぐり眼と腕とにて海を抱く。そして汝の心は時に海のひゞきの為に己が心の騒ぎを忘れる。

無限の海は有限の人間に豊穣さだけでなく、恐怖や苦痛をももたらす。そういった意味で、海は「無限」である――ボードレールがここにいう海の「無限」から、ランボーの「永遠」の海が生み落とされたこともまた、文学史の常識である。

西田によるボードレール受容に戻る。西田は続けていく。ボードレールの「人間と海」の後半部は、あまりに暗く、またあまりに悪意的である、と。しかしそう記す西田は、この断章に先立って、すでに第三連をも、自らの意に合うように、つまり一部は省略し、一部は意訳しながら、自らの手で日本語にしていたのである──「汝等［人間と海］は二人の底の知れない友達である。人よ誰も汝の心の深底をはかつたものはない。海よ誰も深き富を知らない。汝等はかくまでに汝等の秘密を守る」。

有限の人間が、無限の海と一つに融け合う。「神秘なる無限は外に形《あらは》れては不可思議なる雲の行衛（海の深さ）と無限なる海のうねりとなり、内に現れては記憶の深さとなり意志の神秘となる」。そうした不可能な事態を表現するものこそが詩の言葉、「象徴」としての「詩語」だった。西田は、この断章の欄外で、「象徴」をこう定義している──「象徴は内のものが外を組織す。形以上の世界である。水に入つて湿はず、火に入つて焼けず。そこに形を超て象徴の世界がある。内外の合一がある、感覚以上である」。

「象徴」は、内の世界と外の世界を、有限の世界と無限の世界を、一つにむすび合わせる。つまりは「合一」させる。その「合一」のための条件と、「合一」の諸相を、哲学的に明らかにしようとしたものが『善の研究』であった。つまり、『善の研究』とは、文学における「象徴主義」を、哲学として思考したものであった。「言葉の錬金術」を「思考の錬金術」として読み替えたものであった。

もちろん、ただそのことだけで『善の研究』の可能性が尽きてしまうわけではない。「合一」とは、なによりも、小林秀雄が言うところの「日本の或は東洋の伝統的思想」である仏教の根本的な主題でもあったからだ。ただし、西田の仏教理解（大乗仏教理解）は、通常のものからはかなり逸脱している。その特異な仏教理解の核心もまた、同じ「純粋経験に関する断章」のなかに過不足なく記されていた。

西田が理解する大乗仏教の核心は、次のような点にあった（「断片22」仏教の大綱）――。

> 仏教は派に由りて種々に変じ居れども元来無神論であつて万有神教である。万物の本は一であつて之を真如と名づく、即一元論である。而して其一元とは一心であつて即ち唯心的一元論である。併し此の一心とは固より個人の心を指すのではなくて絶対的精神をいふのである。唯識には之を頼耶識といふ。起信論には之を一心と名づけ真如、生滅の両方面を具するものとなす。

これが西田の大乗仏教理解の核心であり、『善の研究』の基本構造ともなっていく思考である。西田のいう仏教は、その根本に、「真如」という真の実在にして絶対の「一」なるものを据える。森羅万象ありとあらゆるものは真如という「一」なるものから産出されてくる。しかも、その「一」なるものは、個人の「心」を超えた、宇宙の絶対精神ともいうべき「心」（「一心」）そのもののことを指す。そういった意味で、西田の哲学は「唯心論的一元論」、すなわち「意識」の根底に真なる実在を探っていく、意識の形而上学であった。

そこ、この宇宙的な絶対精神たる「心」から、真如、すなわちすべてが覚《さと》りに目覚めた永遠の世界（「覚」の世界＝如来の世界）と、生滅、すなわちすべてが覚りに目覚めていない瞬間の世界

(「不覚」の世界＝衆生の世界)の両者がともに生み出されてくる。人間は「心」をもつことによって、その「心」の奥底に、真如と生滅、如来(仏)と衆生が互いに転換してやまない「阿頼耶識」(アラヤ識)をもつことができる。「阿頼耶識」は仏教の唯識哲学に固有の術語であるが、唯識哲学でいう「阿頼耶識」は、生滅の世界、迷いの世界の源泉とのみ考えられていた。それが、真如と生滅、如来と衆生という相矛盾する二つの世界の媒介として考えられるようになるのは、西田がここで言及している「起信論」、つまり『大乗起信論』に代表される如来蔵哲学が成立してから後のことである——西田の時代には、如来蔵哲学こそがすべての大乗仏教思想の源泉と考えられていた。現在においては、その逆で、如来蔵哲学は大乗仏教思想の一つの帰結として位置づけられている。

人間をはじめ森羅万象あらゆるものは「心」をもっている。さらに、その「心」の奥底には「阿頼耶識」、すなわち如来となる可能性(覚りをひらく可能性)を、あたかも胎児のように、種子のように、孕んでいる。もちろんその裏面には衆生へと堕ちる可能性(「不覚」へと堕ちる可能性)もまた同様に存在する。「阿頼耶識」は「如来蔵」である。如来となる「意識」(「識」)の可能性にして、如来を胎児のように孕んでいる「子宮」(「蔵」)そのものである。それが『大乗起信論』に代表される如来蔵哲学を貫徹する原理であった。有限の人間は、自らのなかに無限の仏となる可能性を秘めている。「如来蔵」としての「阿頼耶識」を「心」のなかにもつことによって、有限の存在は、そのまま無限の存在となることができる。つまり、そこ、「心」において、有限の存在と無限の存在は「合一」することが可能になる。一つに融け合うことが可能になる。

西田は、さらに「海」の比喩を用いて、「真如」と「生滅」の関係を説明する（『大乗起信論』のなかですでに説かれている比喩である）――「大乗仏教は現象即実在論なり。具体的一元論なり。真如と生滅とは水と波の如くに同一なり」、差別則無差別にして無差別則差別である、とも。無限の実在である「海」から、有限の現象である「波」が生まれ、しかも海と波、無差別なる「一」と差別なる「多」は別のものではない。人間の内なる「心」と、人間の外なる「海」は、その底知れぬ深みにおいて、互いに通底するものだった。ボードレールの「人間と海」の主題が、大乗仏教の教義の根本として語られている。西田にとっての「象徴」とは、「阿頼耶識」であり、「如来蔵」でもあった。

しかしながら、そもそも仏教とは、無限なる「一」も有限なる「多」も、ともに徹底的に否定した「空」なる地点に打ち立てられた教えではなかったのか。如来蔵哲学は、正統的な仏教思想から逸脱する教えである。逸脱するどころか、「空」の哲学たる仏教が否定したはずの「有」の哲学たるヒンドゥーの教義を、仏教の仮面をつけて再興しようとする異端の教えである。ヨーロッパの仏教学者は当時から、日本の仏教学者は特に近年において、ともに声高に主張する争点である。実際、大乗仏教の如来蔵哲学と、ヒンドゥーの不二一元論哲学の教義がもつ基本構造は、互いに著しく類似している。

あらゆるものに神が宿るヒンドゥーの世界において、それら「多」なる神々を産出し、それら「多」なる神々の源泉となっている「一」なる宇宙原理、「一」なる根源神を探究する運動が生起してくる。やがて、その運動は、一つの基本的な教義に収斂されていく。あらゆる汚れ（迷い）

を取り去った「真なる自我」（アートマン）こそが宇宙を統べる根本的な原理（ブラフマン）そのものなのだ。有限の人間の心のなかにこそ、無限の神が宿っている。アートマンを「心」に、ブラフマンを「如来」に置き換えてみれば、ヒンドゥーの不二一元論哲学がそのまま仏教の如来蔵哲学に変貌してしまう。現在の文献学的な知見によれば、不二一元論哲学も如来蔵哲学も、インドにおいてほぼ同時期に、相互に影響を与え合いながら、成立していったことが跡づけられている。

西田もまた、不二一元論哲学も如来蔵哲学もほぼ同様な教え、つまりは広義の大乗仏教思想の一つの展開として捉えていた。そのことがよくわかるのが、「純粋経験に関する断章」の「断片26」である。西田は、そこで、仏教では、この現象世界を「仮想の世界」とすると述べ、こう続けていく。この「仮想の世界」の根源には唯一の本体、真の実在たる「ブラマ」（ブラフマン）が存在する。「世界の根本はブラマと云ふ唯一本体であつて万象は皆之より起る仮現である」。さらには、「仏教に於ては之の本体たるブラマが直に又大我即ちアートマン」である、と。西田は、ここで明らかにヒンドゥーの不二一元論哲学と仏教の如来蔵哲学を一つに重ね合わせている。

真の自我、絶対的な実在であるブラフマンと等しいアートマンに還るために、人間的な自我、相対的な自我はことごとく滅せられなければならない。それが、仏教にいう「無我」の教えである。「無我」とは、相対的な我を滅ぼし、絶対的な我に到達すべきことを説く教えなのだ。アートマン＝ブラフマンこそが「真如」、つまりは真なる実在である。それが、西田にとっての大乗仏教の根本義だった。

西田自身は、こう説いていた――「元来清浄寂滅なる真如の本体が汚され種々の万象を生ずるのは欲望である。而して欲望の本は自我である、相対的の我である。それだから仏教では此の仮現の世を去りて絶対的本体に帰るには之の我を滅せねばならぬ。これが仏教に於て無我を説く所以である。仏教は此の我を滅するのが目的である」。さらには――「大乗仏教に至ると真如なる絶対の考が一歩進んで深遠となる。絶対は相対を離れた絶対でない。本体はこの仮現の現象界を離れて別に存するのではない。絶対即相対となる」。

現象即実在にして相対即絶対、一即多にして多即一。その絶対的に矛盾する事態を成り立たせる、アートマンはブラフマンである、「心」はそのまま「真如」であるという原理。それが『善の研究』全体を貫く西田の哲学のもつ基本構造にして、西田の盟友・鈴木大拙によって近代的に解釈し直された仏教思想のもつ基本構造でもあった。

西田幾多郎は独力で『善の研究』に結晶する思索を練り上げられたわけではない――もちろんそうした事実は、決して西田の独創性を否定したり、低く見積もったりする理由とはならない。そこには西田の分身にして鏡像のような存在、同年に生まれ、ともに金沢の第四高等中学校に入学するも、やはりともにそこを中退し、当時、日本を捨ててアメリカに渡っていた生涯の友たる鈴木大拙がいた。大拙は、さまざまな物と情報が一つに入り混じる新大陸アメリカで、英語を用いて、極東の列島において変容を遂げるとともに定着した仏教思想のエッセンスをまとめようとしていた。大拙は、「北方仏教」（仏教の大乗的な展開）でも「南方仏教」（仏教の小乗的な展開）でもなく、両者を一つに総合した「東方仏教」（仏教の列島的な展開）の根幹に、如来蔵哲学を見出す。

西田が『善の研究』に取りかかるはるか以前、明治三三年（一九〇〇）に、アメリカの大拙は『大乗起信論』を英語に翻訳し、刊行する。さらには、その成果にもとづいて、「東方仏教」の核心を、理論的な側面と実践的な側面から論じた大著、『大乗仏教概論』をやはり英語で書き上げ、明治四〇年（一九〇七）、英語圏の読者に向けて公にする。大拙は、その過程を、逐一、アメリカから西田に向けて手紙で知らせていた。無限の存在と有限の存在を「合一」の観点から詳述したウィリアム・ジェイムズの著作、『宗教的経験の諸相』のもつ可能性を、西田にいち早く知らせたのも大拙である。

西田幾多郎の『善の研究』は、鈴木大拙の献身的なサポート、大拙との共同作業によって、いまある形を整えた。それは疑問の余地のない事実である。

『善の研究』は、第一編の「純粋経験」、第二編の「実在」、第三編の「善」、そして第四編の「宗教」から構成されている。西田自身の証言に従えば、この四編のなかで最も早くその結構が整ったのが第二編の「実在」である。西田は、その第二編の「実在」をはじめるにあたっても、終えるにあたっても、同様の注記を付している。

そのはじまり――「哲学と宗教と最も能く一致したのは印度の哲学、宗教である。印度の哲学、宗教では知即善で迷即悪である。宇宙の本体はブラハマンBrahmanでブラハマンは吾人の心即アートマンAtmanである。此ブラハマン即アートマンなることを知るのが、哲学及宗教の奥義であつた」。その終わり――「実在の根柢には精神的原理があつて、此原理が即ち神である。印度宗教の根本義である様にアートマンとブラハマンとは同一である。神は宇宙の大精神である」。

つまり、『善の研究』とは、インドに生まれた伝統的な宗教的環境のなかで育まれたヒンドゥーの不二一元論哲学および大乗仏教の如来蔵哲学の近代的な読み直しとして成立したわけである。だからこそ、第一編で論じられる「純粋経験」によって可能になる「主客合一」は、つねに、第四編の主題となる「宗教」における「神人合一」と、一つに重ね合わせて論じられなければならなかったのだ。「主客合一」にして「神人合一」の瞬間、そこには「一なると共に多、多なると共に一、平等の中に差別を具し、差別の中に平等を具す」（第二編「実在」第五章「真実在の根本的方式」）という未曾有の事態が生起することになる。

しかしながら、宗教的な「合一」の体験を、本当に、厳密な哲学として語ることは可能なのだろうか。そこから西田幾多郎による前人未踏の苦闘の軌跡がはじまることになる。

## 2　無の大海

アルチュール・ランボーは、その破格の作品を可能にした「言葉の錬金術」を、「詩語」の発生を独自の理論として提示した「見者の手紙」をもとにして、練り上げていった。ランボーが「見者の手紙」を書き上げられるためには、それに先だって、シャルル・ボードレールが「類似《アナロジー》と照応《コレスポンダンス》の詩法」を公にしていなければならなかった。ボードレールやランボーなど、文学の象徴主義を推し進めた詩人たちは、まずはじめに独創的な詩の理論家となり、次いで、その理論を土台として、詩の実践者となっていった。つまりは詩の批評から詩の創作へと向かっていった。

詩人たちは、なによりもまず批評家である必要があったのだ。

ランボーの源泉たるボードレールは、自身の独創的な詩法を成り立たせる二つの柱、「類似」(アナロジー)と「照応」(コレスポンダンス)を、それぞれまったく異なった背景をもった二人の特異な思想家たちの営為から導き出していた。「類似」はフランスに生まれた性愛の革命家にして空想社会主義者たるシャルル・フーリエから、「照応」はスウェーデンに生まれたキリスト教神秘主義者たるエマヌエル・スウェーデンボルグから。

フーリエは、森羅万象あらゆるものの間に、不可視の力が働いていることを理解していた。あらゆるものは互いに引き合い、反発し合っている。フーリエは、ニュートンの万有引力の法則を独自の方向に読み替えていく。見えない力は無味乾燥なものではない。そこには「情念」、つまり恋愛の力こそが働いているのだ。微細な物質から、人間、さらには惑星にいたるまで、すべてのものは「情念引力」によって互いに惹かれ合い、反撥し合っている。物質も発情し、人間も発情し、宇宙も発情している。「情念引力」による関係が多種多様にむすばれ合えば合うほど、世界は豊かになる。性愛でむすばれている人間たちの関係がより豊穣になるならば、つまりはあらゆる性愛の関係が許されるならば、それに応じて、この宇宙もまた豊穣になる。一夫一婦に固定された性愛の関係が根本から変革されるならば、それに応じて、この宇宙の秩序もまた根本から変革される。フーリエが幻視していた恋愛宇宙においては、極小のものから極大のものまで、見えない力でむすばれたすべての運動が、「類似」の関係から類推された。だからこそ、小宇宙(ミクロコスモス)と大宇宙(マクロコスモス)は「類似」する。

スウェーデンボルグは、仮死状態となっている間に、自らの内的世界を遍歴する。そこには霊的な光が満ちあふれるもう一つ別の世界、超現実的な世界、すなわち霊界にして「天界」が存在していた。『聖書』に描き出された天界は、自らの外にあるのではなく、自らの内にあったのだ。しかも外なる現実の世界と、内なる超現実の世界はまったく無関係に存在しているわけではなかった。否、それどころか互いに密接な関係をもっていた。外なる世界に現実の太陽が光り輝いているとしたなら、内なる世界には超現実の、霊的な太陽が光り輝いている。外の世界と内の世界は、互いに「照応」している。しかも、霊的な太陽が光り輝く内なる霊界においては、そこに存在するあらゆるものが、その霊的な太陽から発出する光によって形づくられていた。「一」なる太陽の主と、そこから産出された無数の「多」なる光の天使たちと……。しかも主から発する光の天使たちは、それぞれが男性性と女性性を兼ね備えた「二」にして「一」なる存在、つまりは両性具有の存在だった。「一」なる太陽の主から「多」なる光の天使たちが産出され、それゆえ、「多」なる光の天使たちは「一」なる太陽の主へと帰還する。「一」が「多」であり、「多」が「一」である。太陽の主は同時に世界そのもの、「天界」そのものだった。だからこそ、内宇宙(インナー・スペース)と外宇宙(アウター・スペース)は「照応」する。

小宇宙と大宇宙は「類似」し、内宇宙と外宇宙は「照応」する。

ボードレールは、その交点に「象徴」を据える。「象徴」によって、小宇宙と大宇宙、内宇宙と外宇宙は一つにむすばれ合う。ボードレールが、自らを実験台として探究したのは、そうした「象徴」が生まれ出てくる場所だった。それは外なる現実の世界ではなく、内なる超現実の世界、つまりは内なる「無限」の意識――内なる「無限」の海――の奥深くにあった。なぜ、外なる現実ではなく、内なる意識の奥底でなければならなかったのか。ボードレールは、美術の批評家であり、文学の批評家であり、音楽の批評家であった。詩人となるのは批評家としてのキャリアの最後の最後において、である。「近代」という時代において、表現の真の新しさ（「モデルニテ」）は、外なる現実の世界には存在しない。人類が発明した、写真をはじめとする諸機械によって、外なる現実の世界は正確に記録され、正確に再現されるようになってしまったからだ。

芸術家は、外なる現実の世界を、リアルに写し取る必要はなくなった。芸術家が探究しなければならないのは、色彩が生まれ、音響が生まれ、さまざまな感覚が生まれ出てくる内なる「無限」の場所であった。その内なる「無限」の場所で、色彩と音響は、さまざまな諸感覚は、互いに交響し合う。現代的な画家は、そうした内なる諸感覚の総合をこそ、画布の上に定着しなければならない。印象派以降のアヴァンギャルド芸術が真にはじまる地点である。批評こそが創作に先行していたのだ。ボードレールは続ける。そうした内なる「無限」の世界に到達するためには、外なる現実の世界と固くむすび合わされた意識そのものを根本から変容させていかなければならない。

ボードレールの文芸批評において最大の対象であったエドガー・アラン・ポーは、まさにそうした内的な意識の世界の根底において発動される、諸感覚を一つに束ねる想像力の構造を、厳密な科学的方法に従って明らかにしようとした作家だった。ボードレールの批評は「翻訳」と分かちがたくむすびついていた。ボードレールはポーの短編小説を次々と翻訳していく。そのはじまりとしてボードレールが選んだのが、「催眠術の啓示」であった。ポーは、この作品で、一つの思考実験を行う。死に瀕した男に催眠術をかけ、死の瞬間にその目に映る光景を、言葉によって、しかもできうる限り明晰判明に、つまりは科学的に、定着させようとするのである。死の瞬間、男は、宇宙のはじまりの光景を目にする。宇宙の中心には神がいる。しかし、その神は、『聖書』に描き出されているような人間的な神ではなく、非人間的な、根源的な物質として存在する神であった。しかも、その神、根源的な物質とは、「もの」ではなく力、外に押し広げようとする力と内に縮まり行こうとする力の均衡として成り立ったものであった。物質の根底には、不定形に蠢く諸力が存在していたのだ。

ボードレールはいう。ポーにとって「想像力」とは、人間がもつ諸能力を統べる女王だった(ポーはカントを読み込んでいた)。ポーが探究し、駆使した「想像力」とは、「なによりもまず哲学的な諸方法の外部にあって、物質のなかに秘められた内的関係、すなわちもろもろの照応(コレスポンダンス)と類似(アナロジー)を感知する神聖な能力なのだ」(「エドガー・ポーに関する新たな覚書」より)。ボードレールは、物質の根底に諸力の拮抗関係を見出す「類似と照応」の能力を、他者——ポーをはじめとする現代的な芸術家たち——のなかに探るだけでなく、なによりも自己のなかに探ろうとしていた。そのためには、人間的な自我を破壊し、人間的な意識を変容させなければならない。ボードレールはハシッシュを吸引し、自らの意識に起こる変容状態そのものを文章として記録していこうとする。

そこでは、まず感覚が異様に研ぎ澄まされていく。それに応じて、通常の時間意識と空間意識が跡形もなく消滅してしまう。一瞬が永遠のように感じられ、永遠が一瞬のように感じられる。極小が極大のように見え、極大が極小のように見える。また主観的な精神と客観的な物質との差異も見失われてしまう。外界にある「もの」（オブジェ）が怪物じみた相貌をもつようになり、果てにはその「もの」のもつ形態が歪み、変身していく。いつのまにか「もの」が「私」のなかに浸透するとともに、「私」もまた「もの」のなかに浸透していく。内界と外界の区別がなくなると同時に、音楽は色彩をもち、色彩は音楽をもつようになる。「私」は「私」のなかに存在する無数の「私」を生き、「私」は「もの」そのものになる（以上、『人工楽園』の「葡萄酒とハシッシュ」四より抽出）。

ボードレールは、自身の体験を、こう整理している――「そこでは、最初に眼に入る「もの」（オブジェ）が、何かを語りかけてくる象徴となる。フーリエとスウェーデンボルグが、前者はそのもろもろの類似によって、後者はそのもろもろの照応によって、あなたの視線のなかに入り込んでくる動物や植物に受肉して、人間的な声による教育の代わりに、形態と色彩によってあなたに教育を施す」（同、「ハシッシュの詩」四）。このような体験を経て、人間は人間を超えた存在、すなわち「神」になる。

ボードレールが他者の体験と自己の体験、つまりは批評と実践から導き出した「類似と照応の詩法」にもとづき、ランボーは、ボードレール的な主体の変容に焦点を絞った「見者の詩法」（「見者の手紙」）をまとめ上げるであろう。さらに、そこにステファヌ・マラルメがあらわれ（マラルメはランボーよりも年長ではあるが）、主体の変容を極限まで突き詰め、「無の詩法」として完成する。それは、文学における象徴主義の完成であるとともに、文学の消滅ともいえる事態を引き起こした。『善の研究』からはじまり、『自覚に於ける直観と反省』を経て、『働くものから見るものへ』の後編に収められた「場所」にいたる西田幾多郎の歩みは、ボードレール、ランボー、マラルメの歩みと完全に並行している。類似と照応を可能にする「純粋経験」からはじまり、「純粋経験」を成り立たせる「自覚」(「見者」としての主体)の立場へ、さらには「自覚」を極限まで突き詰めることで「無の場所」へ。それは、哲学における象徴主義の完成であるとともに、哲学の消滅ですらあった。

「無限」の海を例にとるならば、「無限」の海を客観的に表現したボードレール(『悪の華』の「人間と海」や巻末の「旅」)から、主観的に生きたランボー(「酩酊船」および「錯乱II」)を経て、さらには、もはや客観や主観という区別もつかない地点、「無の大海」にまで到達してしまったマラルメ(「イジチュール」および「賽の一振り」)へといたる歩みを、西田幾多郎は、たった一人で成し遂げなければならなかった。「純粋経験」という「無限」との合一を客観的に提示し(『善の研究』)、その合一を主観的に突き詰め(『自覚に於ける直観と反省』)、さらには合一そのもの、つまりは合一を可能にする二つの極である主観と客観を同時に成り立たせる場所なき場所、「無の場所」へと(「場所」)。

「純粋経験」から「無の場所」へ。「類似と照応」から「無の大海」へ。

象徴主義の文学と完全に並行する西田の歩みは、まったく偶然のものだったのであろうか。決して、そうではあるまい。そこには一つの必然が、出会いの必然があったように思われる。西田はボードレールを愛読していた。そして、その西田に如来蔵哲学のもつ可能性を示唆した鈴木大拙は、『大乗起信論』を英語に翻訳し、『大乗仏教概論』を英語で書き進めている間に、ボードレールの「照応」の真の源泉たるスウェーデンボルグのキリスト教神秘主義神学と出会う。『大乗起信論』が説く真如を中核に据えた如来蔵の哲学と、スウェーデンボルグが説く、内的な霊界を中核に据えた「照応」の神学は、その構造が著しく類似している。

『大乗起信論』は、有限の人間のなかに無限の如来蔵（如来となるための可能性にして如来となるための種子）が孕まれていると説いていた。同様に、スウェーデンボルグもまた、有限の人間のなかに無限の霊界（一即多にして多即一である光の神にして光の世界）が存在すると説いていた。「一」なる真如からは「多」なる森羅万象が産出され、「一」なる太陽の主からは「多」なる光の天使たちが産出される。「一」は「多」を産出し、「多」は「一」へと帰還する。「一」と「多」の関係は、海とそこから生じる波、太陽とそこから発出される光の関係と等しい。大拙は、如来蔵哲学にスウェーデンボルグ神学を重ね合わせるようにして、『大乗仏教概論』としてまとまる自身の「東方仏教」を構成する諸概念を練り上げていったように思われる。

十年以上に及ぶアメリカ滞在を切り上げ、日本に帰国した大拙が、まずはじめに世に問うたのが、スウェーデンボルグの主著にしてボードレールの「照応」の真の起源、内的な霊界を遍歴した記録である『天界と地獄』の邦訳であった。明治四三年（一九一〇）三月一〇日のことである。この後、大拙は矢継ぎ早にスウェーデンボルグの著作の邦訳を世に問うていくことになる。日本に帰国した直後、明治の末年から大正のはじめにかけて、大拙は仏教研究者というよりはスウェーデンボルグ研究者である。さらにこの年、西田も大拙も、ともに学習院につとめる同僚となっていた（西田は前年七月よりこの年の三月まで教授の後、京都帝国大学に転出、大拙は前年八月より英語科講師、この年の四月から英語科教授）。

そして西田と大拙の二人は、『天界と地獄』刊行の直後、一人の異邦人の旧宅を訪れる。小泉八雲ことラフカディオ・ハーンである（ハーンの教え子で西田と第四高等中学校での同僚であった田部隆次の案内による）――さらにそこに二人の第四高等中学校以来の親友である山本良吉も同行していた。西田の日記には、こうある（明治四三年三月一九日）――「午後三時より山本、鈴木二君と田部君の案内にて小泉八雲氏の旧宅を見る　夜敬義塾に行く　鈴木君スウェデンボルクの話あり　山本君宿す」。

ラフカディオ・ハーン、西田幾多郎、鈴木大拙、エマヌエル・スウェーデンボルグ。これらの出会いは、まったくの偶然である。しかし、一つの必然に導かれての出会いであった。なぜなら、ハーンもまた如来蔵哲学に大きな関心を寄せ、それをもとにダーウィン（あるいはスペンサー）の生物的進化の世界にして社会的進化の世界を読み替えた、「霊的進化の世界」――西田幾多郎が田部の書物の「序」としてハーンの営為を評した言葉――をまざまざと幻視していたからだ。だからこそ、西田も大拙も、この訪問以前から、それぞれいくぶんかは批判的であったとはいえ、ハーンの著作を継続的に読み込んでいたのであろう（その痕跡は、西田の日記、アメリカ時代の大拙が自身もそこで働いていた出版社から刊行されていた雑誌『オープン・コート』に載せた短い二篇の書評などに追っていくことが可能である）。

森羅万象あらゆるものは、仏（如来）となる種子を孕んでいる。ということは、森羅万象あらゆるものは、その仏（如来）となる種子から分化し、発展してきたと読み替えることも充分に可能であるだろう。ハーンにとって、「如来蔵」こそ、生命のもつ原初的な形態、生命を発生させ、生命の進化とともに、その進化の根源にいまだにあり続けている始原の物質そのものであった。アンリ・ベルクソンの『創造的進化』とは、ハーンが確実に見ていた「霊的進化の世界」を、より厳密に哲学化したものである。西田もまたハーンが見ていたヴィジョンと、ベルクソンが見ていたヴィジョンは、ある部分までは完全に重なり合うところがある、と述べていた（前出の「序」より）。ただし西田がより高い評価を与えるのは、ハーンのあまりにも文学的過ぎる思索ではなく、ベルクソンの哲学的な思索の方ではあるが……。そうした理解は、大拙にも共有されていたはずだ。「如来蔵」とは、西田幾多郎と鈴木大拙にとって、表現の原形質であり思考の原形質であるのみならず、生命の原形質と考えることも可能なものであった。

だからこそ、西田の哲学は表現の学となり、思考の学となり、同時に生命の学ともなっていったのだ。表現を孕み、思考を孕み、生命を孕む母なる「無限」の海――すなわち「如来蔵」――が、そうした事態を可能にしたのである。

＊

ボードレールの「類似と照応の詩法」から、ランボーの「見者の詩法」が生まれ、それがマラルメの「無の詩法」へと展開していった。その軌跡をあらためて検討し直してみることは、西田の「純粋経験」から「自覚」へ、そして「場所」（「無の場所」）へという歩みに、これまでとは異なった光をあててくれるであろう。

そのとき、いまだ一六歳であったアルチュール・ランボーは、「見者の手紙」を二通書いている。一通目は、一八七一年五月（一三日）の日付をもち、高等中学校時代に教えを受けた若き教師であったジョルジュ・イザンバールに宛てて、二通目は、同年五月一五日の日付をもち、イザンバールの友人であったポール・ドメニーに宛てて、投函されている。一通目から二通目にかけて、「見者の詩法」はより具体性を増し、より深度を増していった。しかし、ランボーが、「見者」（「見る者《ヴォワイヤン》」――イヴ・ボヌフォアはその源泉にミシュレが「魔女」を形容するために用いた「千里眼をもつ人間」を位置づけている）という言葉を使って、一体どのような主体の在り方を浮き彫りにしようとしていたのかを明らかにするためには、書かれた順序に沿いながら、この二通の手紙を読み進めていかなければならない。

イザンバールに宛てた一通目の手紙で、ランボーは、端的に、「見者」にいたる道を、こう記してくれている。「重要なのは、あらゆる感覚の錯乱［より正確には「あらゆる感覚の調和を狂わせること」］によって未知なるものに到達することなのです」。そのとき、どのような事態が生起してくるのか。ランボーは、こう続けている。「私は考える」と言うのは誤りであるということが分かるのです。「私」ではなく、「非人称の人」（on）が「私」を考えていると、その「非人称の人」（on）が言うべきなのです（on devrait dire on me pense ――この重要な一節が二通目の書簡では抜け落ちてしまう）。つまり、「私とは一つの他者［他なるもの］なのです」（Je est un autre ―― 一人称をあらわす主語が三人称をあらわす補語と、文法構造を意識的に逸脱させられながら、直接接続されている）。この一節は、二通目の書簡でもそのまま使われることになる。

通常では調和している諸感覚の協働を破壊し、諸感覚のそれぞれを猛り狂わせる。そのことによって、そこに「未知なるもの」があらわれる。それは「私」ではない。「私」は、そこでは、もはや考えることができない。自己同一性を保つことができない。しかし、それでも思考そのものは存在するのだ。そのような場で考えているのは、「私」ではない。「私」が破壊されることで出現した、「私」とは異なるもの、「他なるもの」、人称をもたないもの、あるいは人称以前のものが、「私」を考えているのである。詩人とは、「見者」とは、そうした非人称の場、「私」が跡形もなく消滅してしまうような場に立つことができるもののことである。

二通目の手紙になると、「見者」にいたる道が、より具体的に示されることになる。「詩人は、あらゆる感覚の、長期間にわたる、広大な、理性にかなった錯乱を通して、自らを見者となすのである。あらゆる形態をもった愛情、苦痛、狂気を通して」。ただし、一通目のように、明確に、非人称の場が指し示されることはない。それは「魂」を全的に認識することだと言い換えられている。しかも、その「魂」は怪物的なものへと変容させられなければならないのだ、とも。怪物的な「魂」をもった詩人は、人間たちばかりではなく、動物たちをも担う存在にならなければならない。男性たちばかりでなく、男性にはとうていうかがい知ることすらできない秘密の世界を生きている女性たちを担う存在にならなければならない。「見者」は、非人称の場で、動物になり、女性になる。偉大な病者になり、偉大な罪人になるとともに、至高の医者に、至高の哲学者になる。

二通目の手紙で重要なのは、非人称の場に立った、怪物としての「見者」が行わなければならないこと、語らなければならないこと、がより明確に示されている点である。ランボーはいう。詩人は、もし、彼方の世界――この世界の外――から持ち帰ったものが形態（フォルム）をもっているのであれば、それに形態を、無形態（アンフォルム）のものであるならば、それに無形態を与えなければならない。詩人は、外の世界に存在する、ありとあらゆるものの形態ばかりでなく、無形態――形態以前の形態にして形態以降の形態――をも認識することができる存在なのだ。このように、外の世界、形態の世界と無形態の世界にともに認識能力がひらかれた「見者」が語るのは、来たるべき一つの「普遍言語」であるはずだ。その言語は、「すべてのもの、匂いや響きや色彩をそのなかに集約しながら、魂から魂へと向かうものであり、思考を引き寄せ、思考を摑む、思考そのものでさえあるだろう」。

あらゆる感覚を一つに集約しながら、思考そのものの発動を促す言語。

ボードレールが実現を願った諸感覚の「類似と照応」――小宇宙と大宇宙の「合一」にして内宇宙と外宇宙の「合一」――を可能にするのは、「私」以前にして「私」以降でもある非人称の場に立ち、あらゆる感覚を猛り狂わせることで、形態と無形態をともに生み出すことを可能にする外の世界を見るとともに外の世界を生きることができる、ランボーがいうところの「見者」のような存在だった。ランボーは、「象徴」の主体を明確に示したのだ。

ボードレールからランボーへ。「類似と照応」から「見者」へ。そのような展開は、主客の「合一」にして神人の「合一」でもある「純粋経験」からすべてをはじめなければならなかった西田幾多郎が、『善の研究』を書き上げたのちに、『自覚に於ける直観と反省』において必然的に赴かなければならなかった道そのものを指し示している。西田は、「純粋経験」が成り立つ場、主観と客観をともに、しかも同時に成り立たせる場を求めた。そのとき、西田の導きの糸になったのは、フィヒテの「事行」とベルクソンの「エラン・ヴィタール」(生命の躍動、生命の跳躍)であった。

フィヒテの「事行」を、西田は、まさしく、ランボーの「見者」のように理解していた。真の自我、人間的な自我以前の先験的——アプリオリ——な自我とは、活動するもの(「行」)であると同時にその活動によって生み出されたもの(「事」)でなければならなかった(「事=行」)。二つに分裂しつつも、一なるものである。『自覚に於ける直観と反省』に記された西田自身の言葉を借りれば、「一なる我は反省に於て分裂する我であり、反省に於て分裂する我は即ち一なる我である」、あるいは、「我が我の同一を知る、知る我と知られる我と同一である」、とも。

生み出された自我、すなわち「私」の背後には、生み出す自我、すなわち「非人称の人」、より正確には、人間的な形象すらまったく消滅してしまった「非人称の場」が存在している。ただし、「非人称の場」という言葉は、『自覚に於ける直観と反省』で、西田自身が使っているものではなく、この私がランボーの「見者の詩法」をもとに、西田がフィヒテから創造的に借用した、「事」(所産)としての自我に対する「行」(活動)としての自我を読み替えたものである。このもう一つの「自我」、つまりは「非人称の場」を文字通り「無の場所」と定位したとき、西田の哲学は完成を迎えることになる。

真の自我、先験的な自我は「非人称の場」として存在すると同時に、自らを「私」として定立する。つまり、「非人称の場」がもつ能動性そのものでありながら、その能動性によって「私」として産出されるものである。「非人称の場」に立って、「私」そのものの産出を体験することを、西田は「自覚」と呼ぶ。

西田は、フィヒテが提示した「事行」という在り方を、ベルクソンのいう「エラン・ヴィタール」によって、より動的《ダイナミック》に理解していこうとする。「非人称の場」からの「私」の定立――それは主観としての「私」の定立のみならず客観としての「物質」の定立をも同時に意味している――を、「エラン・ヴィタール」による生命の形成と重ね合わせる。生命は、外的環境と内的環境の交点に、その身体を形成するとともに精神をも形成する。引き合い反発し合う力、外に展開しようとする力と内に縮約しようとする力の拮抗が、原初の生命を形づくる。原初の生命を形づくるそのような力の在り方に、ベルクソンは「エラン・ヴィタール」、生命の躍動にして生命の跳躍という名を与える。「エラン・ヴィタール」によって、外的環境と内的環境、空間と時間、物質と精神は一つにむすばれ合う。フィヒテの「事行」とベルクソンの「エラン・ヴィタール」の総合、その不可能な結合を通して、西田は、「非人称の場」からの主観（「私」）と客観（「物質」）との同時生成を定義づけようとする。

しかし、そのようなことは本当に可能なのか？　西田の苦闘は続くことになる。

西田は、『自覚に於ける直観と反省』がはじめて書物にまとめられた際（大正六年）、改版されて新たに出版された際（昭和一六年）、そこに付されたいずれの「序」においても、四年近くにわたって続けられたこの試みは、自身の思索における「悪戦苦闘のドキュメント」であったと記すであろう。しかも、「幾多の紆余曲折の後、余は遂に何等の新らしい思想も解決も得なかつたと言はなければならない」、とさえ（単行本初版の「序」）。『自覚に於ける直観と反省』は、西田の壮絶な失敗の記録である。しかし、その失敗にこそ、西田の哲学がもつ可能性も、不可能性も、ともに孕まれていた。

西田が逢着した困難は、一体どのような点にあったのか。端的に言ってしまえば、如来蔵哲学を近代的に読み替えた『善の研究』は、その基本構造（第二編の「実在」）として、どうしても「唯心論的一元論」、つまりは「意識」の根底に「意識」の発生を探る内在的な形而上学とならざるを得ない。真に実在するのは「意識」なのである。しかし、西田は、それだけでは満足しないのだ。真に実在するのは、「主客未分」にして「主客合一」の「純粋経験」である、とするのだ（第一編の「純粋経験」）。内在的な意識と外在的な物質の差異が消失してしまう地点である。これを両立させることは、通常の思考では不可能である。つまり、西田哲学の起源に位置する『善の研究』は第二編と第一編で大きな矛盾を抱え込んでしまっているのである。その矛盾を徹底的に思考し、解消していくことが西田の次なる課題となる。

つまり、意識の内在的な起源の探究が、そのまま物質の外在的な起源の探究ともならなければならなかった。内在の極が、同時に、外在の極——つまりは「超越」の極、絶対の外に立つ絶対の存在たる「物自体」にして神——と一つに重なり合わなければならなかった。それを哲学の体系として、あらためて構築し直さなければならなかったのだ。しかも、自らの「体験」の事実として。「私」が「物」となり、「物」が「私」となる。同時に、「私」が「神」となり、「神」が「私」となる。宗教者であれば、言葉を超え出てしまった、言葉では決して表現することのできない「神秘」の体験と一言でまとめてしまうであろう。しかし、西田は、哲学者として、そうした「神秘」の体験を、厳密かつ徹底的に考察していこうとする。内在的な唯心論を突き詰め、それを超越的な唯物論として突破していこうとする。ランボーもまた、二通目の「見者の手紙」において、「見者」が用いる「象徴」としての言葉によって描き出された未来は「唯物論的なもの」にならなければならないと説いていた。

『自覚に於ける直観と反省』は、そうした西田の不可能な軌跡そのものが記された、まさに「悪戦苦闘のドキュメント」であった。西田は、『自覚に於ける直観と反省』のはじまり、「序論」の冒頭で、自らの探究の主題を簡潔に、こうまとめている。「直観といふのは、主客の未だ分れない、知るものと知られるものと一つである、現実その儘な、不断進行の意識である。反省といふのは、この進行の外に立つて、翻つて之を見た意識である」。この二つのもの——直観と反省——の内的な関連を明らかにするのが「自覚」である。

「直観」「反省」「自覚」——いずれも「意識」の側から捉えられた術語である。そういった意味で、西田は、徹頭徹尾、内在的な哲学を志向している。しかし、その内在の極に、超越への回路がひらかれるのだ。西田にとって、意識は、直観と反省という二つの極に分裂したものであり、その分裂した二つの極をつなぎ合わせるのが「自覚」という作用、「自覚」という働きであった。先述したように、西田はその「自覚」を、フィヒテの「事行」とベルクソンの「エラン・ヴィタール」の総合として考えていこうとする。「非人称の場」から「私」へ、内的な純粋持続から外的な同時存在へ、あらゆる記憶が一つに融け合った純粋な時間から物質が個物として把握される純粋な空間へ、「我が我に働くこと」によって「自覚」(「事行」にして「エラン・ヴィタール」)が可能になる。

『自覚に於ける直観と反省』が進行していくにつれ、西田が重視するようになるのは、「自覚」によって一つにつなぎ合わされる意識の二つの極のうちの一方、「反省」を可能にする「直観」、「私」を可能にする「非人称の場」の方である。「反省」によって生み落とされる「私」から「直観」にさかのぼることによって、「私」のなかに「非人称の場」がひらかれる。西田は、「反省」と「直観」の関係、「私」と「非人称の場」の関係を、有限と無限の関係、内在的な有限の極にひらかれる超越的な無限として思考していく。無限とは、有限のなかに、その「極限」として出現する。有限のなかに出現する無限という「極限」は、具体的に表現され、抽象的に思考される。内在が超越へと転換する「極限」を具体的に表現したものこそが文学的な「無限」(象徴)であり、抽象的に思考したものこそが数学的な「無限」(集合)であった。

西田のいう「自覚に於ける直観と反省」とは、文学的な象徴論を数学的な集合論から考え、数学的な集合論を文学的な象徴論から考えていくことに他ならなかった。その焦点は、有限の場に立って、文学的な象徴と数学的な集合、すなわち具体的な無限と抽象的な無限を思考していくことに絞られる。だからこそ、『自覚に於ける直観と反省』の最後、つまり「結論」がはじまる直前に置かれた本論（経験体系の聯結「三十九」）を閉じるための最後の一文には、こう記されなければならなかったのである――「自覚は無限の積極的体験である」。「直観」によって「反省」を可能にし、「非人称の場」から「私」を産出する「自覚」とは、有限のものがその内在の「極限」において無限を、あらゆるものを外に超越するとともにあらゆるものを内に含む無限を、直接かつ純粋に、能動的かつ積極的に、経験することであった。西田は文学者としてだけではなく数学者として、無限を厳密かつ徹底的に思考していこうとしたのだ。西田の哲学は、無限の相のもとで、文学とともに数学を、数学とともに文学を思考する、表現の学であった。それこそが、西田が自ら創り上げ、自ら乗り越えていかなければならなかった最初にして最大のデッド・ロック（暗礁）であった。

この後、西田は、内在の極限にひらかれる無限を「無の場所」として、有限のものが無限のものを「自覚」する体験を「絶対矛盾的自己同一」の体験として、整理していく。いくつかの思想上の危機をともなったデッド・ロックを乗り越えていく度ごとに、その哲学の体系は洗練されていく。しかし、それは、観念の上に観念を重ね、一つの観念をさらなる別の観念の連鎖によって置き換えて説明し続けていくという、まさに無限の悪循環に陥っていくことでもあった。おそらく、そこに出口はなくなる。解釈の失敗が孕んでいた豊かさは、解釈の成功が体現する貧しさに姿を変える。そういった意味で、『自覚に於ける直観と反省』は、西田が遭遇した最初にして最大の危機、その「悪戦苦闘のドキュメント」であったがゆえに、以降の著作では、徐々にその姿を消していってしまう思索の豊かさと表現の豊かさを兼ね備えたものになっている。

特に、そのことは、『自覚に於ける直観と反省』の「結論」と「跋」(「種々の世界」)に明確に刻み込まれている、文学における象徴主義に関する積極的な言及に顕著である。数学的な無限を探究する哲学者の裏面には、文学的な無限を探究する表現者が存在していた。

ただし、西田が探究した無限の一方の極、数学的な無限の詳細を論じることは、現在の私の能力では不可能である。西田が用いている「直線」の比喩を、さらに単純化して、その要点だけをまとめてみれば、以下の通りとなろう。一本の無限に続く直線を考えてみる。その直線を構成する点の集合は、最も単純な自然数(一、二、三、四……)の集合からはじまり、その濃度を増しながら思考していくこと、つまり数と数のあいだを無限に分割し、集合化していくことが可能である。対象が無限である場合、その無限を構成する数の集合は、定義上、無限に濃度を高め、しかもその「極限」に到達することは、これもまた定義上、不可能である。無限のなかに無限が映り、無限のなかに無限が重なる。

西田は、そうした重合する無限を、意識の起源にして、物質の起源に据える。重合する無限は、意識の起源にして物質の起源ともなる純粋な性質を形成する。物質の基盤となる数学的な点であり、意識の基盤となる知覚以前の知覚、極微な知覚(ライプニッツのいう微小表象)である。数学的な点は、直線から三次元の立体、さらにはより高次元の立体を形成していくことで「物質」となり、「身体」を形づくる。極微な知覚は、感覚となり、感情となり、人格的な「意識」となり、「精神」を形づくる。西田はその「精神」の世界の極限、すなわち精神的な無限として「意志」を位置づける。すなわち、「意志は精神界の身体であり、身体は物質界の意志である、我々の身体は心と物との合一として一つの芸術品である」（経験体系の聯結「三十七」）。「我々の身体」を物質の側から、知識の側から理解するためには数学が必要になり、精神の側から、意志の側から理解するためには芸術——文学——が必要になる。知識の立場は「消極的無限の立場」であり、意志の立場は「積極的無限の立場」である。そうであるがゆえに、「意志は知識の極限」であり、「意志は知識に対しては創造的」である（経験体系の聯結「三十九」）。だからこそ、西田において、「意志」の総体を実践的に表現してくれる芸術の新たなジャンル、文学の象徴主義が求められたのである。

西田は、『自覚に於ける直観と反省』の「結論」と「跋」で、象徴主義の文学がひらいてくれた「類似と照応」の世界こそ、「絶対自由の意志」が貫徹された世界、そこから物質も精神も産出されてくる純粋性質にして純粋活動の世界であると、最大の賛辞を捧げるのだ。「結論」には、こう記されていた——「神はすべての範疇を超越すると云つた様に、何等の意味に於ても反省のできない絶対自由の意志と云ふ如きものが、最も直接な最も具体的な第一次的真実在であつて、此の如き絶対意志の対象として意志的関係の世界、即ち作用其者の純粋活動の世界ができる、余は之を象徴 Symbol の世界と名けてみたいと思ふ。此世界に於ては空間も時間も因果もない、象徴派の詩人の歌ふ如く視るもの聴くもの尽く一種の象徴である、「青き花」の里の宴に於ては科学も数学もコーラスとなる」。

科学も、数学も、すべて無限を表現する「象徴」である。「象徴」は、有限の世界を、高次元にひらかれた超現実の世界、無限の世界に変貌させることを可能にする。「跋」(「種々の世界」)においては、象徴一元論と名づけることも可能な無限の世界がもつ相貌が描き出され、「結論」で描き出された世界が創造的に反復されている。すなわち――。

ヘラクライトスが我々は日の中に於ては共通の世界を有つが、夢に於ては各人が各人の世界を有つと云つた如くに、絶対意志が否定を否定し、一たび此実在界を超越した時には、そこに無限なる可能の世界、想像の世界の展望が開かれるのである。此の世界に於ては夢の如き空想も一々事実である。向に種々の立場、種々のアプリオリに依つて、種々の世界が出来ると云つたが、種々なる立場の統一、アプリオリのアプリオリとも云ふべき絶対意志の立場に対する直接の対象界は、すべての物が一々独立の作用たる自由意志の世界である。この世界に於ては時間も空間も因果もない、万物はすべて象徴である、我々が唯一の実在界と考へる所謂自然界も単に一種の象徴に過ぎない。

あらゆるものが「象徴」となる世界。そこでは、意志とその対象、精神と物質、想像と現実との間に明確な区別をつけることができない。そこから客観と主観がともに立ち上がってくる。西田は、この段階では、自らをこのような世界へと導いてくれた「象徴派の詩人」の名前を記してくれてはいない。しかし、『自覚に於ける直観と反省』に続いて刊行された『意識の問題』に収録された「感情」では、ランボーの名前と「母音」の詩を原文で記載し、ボードレールの名前と

「照応」の詩を原文で記載してくれている。それぞれの母音はそれぞれの色彩をもち、香りと色彩と音響は互いに照応し合う。ボードレールとランボーの総合にこそ、象徴主義の文学の真髄がある。

さらに、同じ『意識の問題』という書物のなかで、「感情」に続いて収められた「象徴の真意義」においては、かつて自身で翻訳して「断章」として後世に残されたボードレールの「人間と海」(「人と海」)を構成する最初の二連が原文で示され、こう書かれていた。詩人がこのように歌うとき、「我々の心と海とは先験的世界に於て抱き合つて居る、水に入つて溺れず火に入つて焼けざる境に於て我々の心と海とは結合して居ると思はれる」。そうして、こう続けられていく――「最も深い意味の象徴は此の如き結合でなければならぬ。真の象徴的結合は先験的世界に於ての結合でなければならぬ」、そのとき、この世界のすべて、宇宙のすべては、一種の精神の表現として「一つの象徴となる」。

だがしかし、それでもまだ、西田幾多郎の象徴主義の哲学は完結しないのだ。ランボーの「見者」は、形態の世界と同時に無形態の世界もその眼で見て、形態には形態を、無形態には無形態を与えなければならなかった。西田の「自覚者」もまた、形態(フォルム)の世界の根源にあり、形態の世界を生み出す無形態(アンフォルム)の世界を見ると同時に、それに表現を与えなければならなかった。ボードレールとランボーの後にマラルメが出現し、象徴主義の文学を成り立たせる「象徴」を突き詰めることで「象徴」自体を消滅させ、「無」を現出させたように、象徴主義の哲学である『自覚に於ける直観と反省』を完成させた西田もまた、その「結論」として描き出された「象徴」を突き詰めることで「象徴」自体を消滅させ、「無」を現出させなければならなかった。それは象徴主義の文学の否定にして消滅、象徴主義の哲学の否定にして消滅ですらあった。

西田は、ランボーの「母音」とボードレールの「照応」をともに取り上げた「感情」のなかで、すでに、「真実在の形は無形の形であり、その声は無声の声である」と記していた。西田は「象徴」となった事物が燦めき合う世界からさらに外へ出て、無限に無限が重なり合い、無限に無限が映り合う場所、形なきものの形を見、声なきものの声を聴く「無の場所」へと到達しなければならなかった。西田の歩まなければならなかったそうした行程は、ボードレールの「類似と照応の詩法」を「無の詩法」にまで推し進めたマラルメの軌跡と完全に並行し、重なり合っている。マラルメが、「無の大海」に果敢に船出して、「無の大海」で遭難するとともに「無の大海」と一体化する少年にして老船長を主人公とした詩劇、「イジチュール」と「賽の一振り」を書かなければならなかったように、西田もまた、あらゆる「象徴」を発生させるとともにあらゆる「象徴」を消滅させる「無の場所」を主題とした論考、「場所」を書き上げなければならなかった。

それが西田哲学の完成となり、ある意味において、西田哲学の終焉となった。

## 3　光り輝く暗黒

ステファヌ・マラルメもまた、ボードレールとランボーの問題意識を引き継ぎ、現実から生まれるのではなく、現実そのものを生み出すような「普遍言語」、「象徴」のもつ可能性の極をきわめようとしていた。マラルメは、ボードレールに対して抱いていた終始変わらぬ敬愛とは異なり、自身より年少のランボーに対してはきわめて両義的な感情を抱いており、それを公に表明してもいた（「アルチュール・ランボー」）。

ランボーは精神的なアナキストであり、未来をもたない子どもであり、象徴主義の文学運動においては「重要」ではあるが一介の「通行人」に過ぎない、と。しかしながら、マラルメは、批判的にではあれ「酩酊船」を評価し、「見者の詩法」を評価し、ランボーと密接な関係――同性愛の関係――でむすばれていたヴェルレーヌに宛てて、自らの目指すところを、「錬金術」に関する語彙を用いて、〈大いなる仕事〉（石塊を黄金に変える「化金石」）を用いて、〈地上〉が秘めている謎をオルフェウスのように解き明かすことだ、とさえ述べていた（一八八五年一一月一六日付）。

マラルメもまた、「言葉の錬金術」を用いて、「類似と照応」によって成り立つ世界の謎を解き明かし、そこに「宇宙」そのものとして存在する一つの作品、一冊の巨大な「書物」を打ち立てることを夢想していた。その探究の果てで、「象徴」は「無限」そのものを表現するとともに、さらには「無」のなかへと消え去っていく。以上、さまざまな意味において、ランボーの「見者」を突き詰めたところに、マラルメの「無」が発見できると思われるのである。それは、西田哲学の最後の展開が孕みもっていた可能性をも、逆に照射してくれるであろう。

文学の象徴主義をきわめようとしていた詩人たちは皆、海が体現する「無限」に取り憑かれていた。マラルメは、その海の「無限」を、あらゆる「象徴」を生み出すとともにあらゆる「象徴」を消滅させる「無」の海として定着しようとしていたのである。そうした、マラルメによる前代未聞の試みは、定義不可能な散文、批評＝詩にして哲学＝詩を集大成した、これもまた定義不可能な一冊の「宇宙」そのものを体現した究極の書物、『ディヴァガシオン』(*Divagations*)――狂人のように彷徨することと狂人のように話された支離滅裂な言葉の双方を意味する――と、二つの詩篇、一つは若き日に完成を放棄した「イジチュール」、もう一つは、『ディヴァガシオン』同様、死の前年にようやく発表にこぎ着けた「賽の一振り」によって、果たされていった。

マラルメは、『ディヴァガシオン』に収められた、自身の詩語論の総括である「詩の危機」のなかで、「象徴」としての詩語の究極の在り方と、その「象徴」としての詩語を行使することによって引き起こされる「作者」の変容について、こうまとめていた。

まずは、「象徴」としての詩語について――「私は、こう言う、花！と。すると、私の声がいかなる輪郭をも追いやってしまう忘却とは異なったところに、現実に知られる萼をもった花とはまったく別の何ものかとして、あらゆる花束のなかに不在のもの、馥郁たる観念《イデー》そのものとしての花が、音楽的に立ち上がってくる」。

詩人が生み出す象徴としての「花」は、現実の萼をもった具体的な花ではない。対象の不在としてしか成り立つことのない花、純粋な観念そのものとして存在する花なのだ。そうした純粋な観念そのものとして立ち上がってくる花こそが、音楽のもつ抽象性のような豊穣さをもち、あるいは数学のもつ抽象性のような豊穣さをもち、馥郁たる形なき形、音なき音を、「私」の忘却によって成り立つ消極的な「無」とは異なったもう一つの「無」の場所、「私」の意識的な消滅によって出現する積極的な「無」の場所に、もたらしてくれる。

このような「象徴」としての詩語を生み出してしまったとき、「作者」は、一体どのような変貌を遂げてしまうのか。純粋な象徴による純粋な作品の完成。マラルメは、こう述べている——。

純粋な著作の成立は、詩人の語り手としての消滅を意味する。詩人は、主導権（イニシアティブ）を詩語の群れに、それらが相互にもつ不平等性が衝突するが故に一つの場所に動員される詩語の群れに、譲るのである。それら詩語の群れは、宝石の連なりの上を走りゆく潜在的な一条の炎の線のように、相互の反射のうちに、相互に火がつけられる。

マラルメが残してくれた文章の後半部分は省略している。大意としては、「象徴」としての詩語による新たな作品生成は、伝統的な韻律にもとづいた形式的——客観的——な詩法とも異なり、ロマン主義的な感情の表出にもとづいた主観的な詩法とも異なり、両者に取って代わるものである、ということである。

純粋な「象徴」によって創り上げられた純粋な「作品」においては、もはや「作者」は消滅する。「無」となるしかない。「無」の上に生まれ出てくる「象徴」とは、その差異によって激しくぶつかり合うが、一つの場所へと集まってくる。そのとき、「衝突」も「浸透」に変わる。「象徴」とは、それぞれ、自ら光を発しながら、しかも他の光をも反射させる宝石、透明な光の珠のようなものなのだ。光および光の源泉としての火を、「意味」および「意味」の源泉として考えてみれば、マラルメが「象徴」としての詩語に抱いていたヴィジョンはより分かりやすくなるであろう。

光り輝く宝石、光り輝く透明な珠の連なりを想像してみればよい。光り輝く宝石が連ねられたとき、現実には決して存在せず、ただ潜在的にしか存在していなかった光の線が、それらを貫いて走るであろう。そこにこそ、意味を可能にする「火」が発する。意味という光を発し続けている「象徴」の一つ一つには、他の「象徴」が発し続けている意味という光が映り込み、無数の旧い意味の重合にして新たな意味の発生、すなわち新たな光を生む「火」が発生する。光り輝く宝石、光り輝く透明な珠として存在する「象徴」は、自ら「一」なる光を発しながら、他の無数の「象徴」から発する「多」なる光をそのなかに映し込む。光が光のなかに融け合う。

マラルメは、このような光り輝く宝石が無数に連ねられた首飾り、「象徴」という詩語で織り上げられた「作品」が可能になるためには、「作者」は「無」のなかに消滅しなければならない、と説いていた。しかも、いまだ何者でもなかった若きマラルメは、自身の「無の詩法」の骨格を、ランボーと同様、友人への手紙のなかで、すでに過不足なく語ってしまっていたのだ。それは一年という長い期間をかけての戦い、「虚無」（Néant）との戦いの果てにつかみ取られたものだった。

二四歳となったばかりのマラルメが、友人のアンリ・カザリスに宛てて出した、一八六六年四月二八日付と推定される書簡の一節。マラルメはそこに、こう記している。自分はいま二つの深淵に直面している。一つは健康上の問題であり、もう一つは、「〈虚無〉という問題であり、その問題に、自分は仏教を知ることなしに到達したのだ」、と。マラルメ自身が「仏教」と記してくれている。竹内信夫による一連の調査と研究によれば、マラルメの書簡の相手であるカザリスこそ、「ラホール」（当時のインド、現在はパキスタンの都市名）という筆名をもち、近代のフランスに生まれ、インドを主題として詩作を続けていった唯一にして最大の詩人となった人物である。つまり、マラルメの「無」は、仏教と完全に無関係に生じたものではなかったのである。マラルメは、カザリスを通して、「無」の故郷たるインドに多大な関心を抱いていたのだ。

さらに、それから一年と少々の後、マラルメは、あらためて「虚無」と戦い抜いた果てに自らが手にしたものを、カザリスに宛てた書簡のなかに記す（一八六七年五月一四日もしくは一七日——ヴェルレーヌに宛てた書簡を先取りするように、この書簡の後半でも自身の詩作と「錬金術師」の営為が一つに重ね合わせられている）。この書簡にこそ、マラルメによる「無の書法」の全貌が、過不足なく記されている。マラルメはカザリスに告げる。自分は、ひどく恐ろしい一年を過ごした。私の〈思考〉は、思考それ自体を思考し、ついには一つの〈純粋概念〉にまで行き着いた。そのことによって私は、いったんは死んでしまったのだ。すなわち——。

私は、ただあなただけに告白する。自らの勝利が引き起こした損害がそれほどまでに甚大であったので、私はいまだに必要としているのだ、思考することを続けるために、目の前のこの鏡のなかに映った自身の姿を、自分で見ることを。もし鏡が、私がこの手紙を書いているテーブルの前からなくなってしまったとしたら、私はふたたび〈虚無〉そのものとなってしまうだろう。つまり、あなたに伝えたいのは、こういうことだ。いまや、私は、非人称の存在であり、もはやあなたが知っていたステファヌではない――そうではなく、一つの力なのだ、かつて私であったものを通して、自己自身を見て、自己自身を発展させる〈精神的な宇宙〉［〈霊的な宇宙〉］がもつ一つの力なのだ。

「私」が消滅し、ただ〈虚無〉と呼ばれるような非人称の存在、非人称の場に変じてしまったとき、そこに自己自身を見ることによって自己自身を展開させていくような〈霊的な宇宙〉が広がり出す。「一」にして無限でもある「象徴」が生まれ出てくるのは、そのような場からなのだ。大海から無数に泡立つ波が生まれる。「無」（虚無）と「象徴」との関係は、海と波の関係、あるいは、無数の宝石によって増幅されていく炎の光との関係に等しい。ボードレールが「類似と照応」という概念を用いて「象徴」そのものがもつ性質を論じたとしたのなら、ランボーは「見者」という概念を用いて「象徴」を生む主体を論じ、いまマラルメは「無」という概念を用いて「象徴」とそれを生む主体をともに成り立たせている場、場なき場そのものを論じようとしていた。

マラルメがカザリスに送った、この「無の詩法」の詳細が記された書簡には、続けて、今後、詩人として取り組むべき課題もまた記されていた。その最後には、こうある。「〈虚無〉を構成する精神的な概念［霊的な概念］を主題とした、四篇の散文詩」。そこからまずは「イジチュール」の草稿群が生まれ、さらにマラルメは、文字通り生涯をかけて、その主題を一冊の書物と一つの作品、『ディヴァガシオン』と「賽の一振り」として磨き上げていったのだ。

＊

ランボーの「見者の詩法」からマラルメの「無の詩法」へといたる歩みは、ちょうど、西田幾多郎の『自覚に於ける直観と反省』から「場所」へといたる歩みと並行している。「見者」がその目で見なければならないのは、「無」そのものなのだ。

すでに『自覚に於ける直観と反省』の段階で、西田は、「自覚」とは、自己のなかに自己を「映す」(「写す」)ことなのだ、と述べていた。「無限の真意義は自己の中に自己を写すといふことだ(経験体系の聯結「三十八」)。「自覚」は「反省」と「直観」を一つにむすび合わせ、「私」(「事」として産出された自己)と「非人称の場」(「行」として産出する自己)を一つにむすび合わせる。それは同時に、「非人称の場」のなかに「私」を映すことでもあった。論考「場所」になると、より正確に「自覚」が定義されることになる。「私は自己の中に自己を映すといふ自覚の考から出立して見たいと思ふ」(「一」、以下同)、あるいは「知るといふことは、自己の中に自己を映すといふことでなければならぬ」と。映される「私」と、その「私」を映す「非人称の場」と。西田は、論考「場所」において、「私」を映す「非人称の場」を「鏡」(「自己自身を照らす鏡」)として、また「無」(「全き無の立場」)として定位していく。

「無の鏡」に映し出された「私」――マラルメのカザリスに宛てた書簡、その「無の詩法」を参照してもらえれば、両者がほとんど同じ事態を述べていることが分かるであろう。「無の鏡」に「私」が映されることから、意識（精神）がはじまる。同時にそれが物質のはじまりでもなければならなかったところに、西田哲学における大いなる矛盾が形成される。しかしながら、実は『自覚に於ける直観と反省』の段階においても、さらにさかのぼって『善の研究』の段階においても、西田はすでに、ヤーコブ・ベーメの名前を出し「無底」という概念をともに参照しながら、「無の鏡」という、いわば「場所」へといたる原−論理とでも称すべき境地に到達していた。

たとえば、『善の研究』には、こうある——「氏［ベーメ］は対象なき意志ともいふべき発現以前の神が己自身を省みること即ち己自身を鏡となすことに由つて主観と客観とが分れ、之より神及世界が発展するといつて居る」（第四編「宗教」第四章「神と世界」）。ベーメについて、ほぼ同じ部分を参照した『自覚に於ける直観と反省』では、こうなる——「ベーメの云つた如く対象なき意志が己自身を顧みた時、この世界が成立するのである」（結論「四十一」）、さらには、「現実は達することのできない海の底である、ベーメの所謂無底 Ungrund である」（経験体系の聯結「三十九」）とも。ベーメ自身、「無底」とは一つの鏡のようなもの、そのなかに自己の姿が映し出される鏡によく似ている、と述べていた。海の無限の深みにして「無の鏡」。それをプラトンが『ティマイオス』で述べている「コーラ」と同定したとき、西田の「場所」の論理は完成したのである。

論考「場所」の冒頭（「一」）において、西田は、自分が何をもって「場所」を定義しようとしているのか、明らかにしてくれている。すなわち——「作用の方について考へて見ても、純なる作用の統一として我といふ如きものが考へられると共に、我は非我に対して考へられる以上、我と非我との対立を内に包み、所謂意識現象を内に成立せしめるものがなければならぬ。此の如きイデヤを受取るものとも云ふべきものを、プラトンのティマイオスの語に倣うて場所と名づけて置く」。

プラトンが、『ティマイオス』のなかで使っている「語」とは、「コーラ」という謎を秘めた概念である。「コーラ」すなわち「場所」、「無」の場所、無限の深みをもった「無底」の場所。そのようなものを設定しなければ、「事」（産出された「私」）と「行」（産出する「非人称の場」）を一つに統合する「我」、自らのなかに否定（「非我」）を孕みつつそのことによってつねに「私」を更新してゆく「我」を考えることができない。「私」というイデアを受肉して、それを具体的な形に定立していくような「我」（「非人称の場」）、そうした両者をともに成り立たせている場に定義を与えなければならない。そうした場、「コーラ」とは、同時に「象徴」というイデア、「意味」というイデアに形を与える場そのもののことでもあった。

もちろん、こうした定義づけの後にすぐ続けて、西田自身が強調しているように、プラトンの「コーラ」と自分が「場所」として意図しているものは、まったく同じものではない。しかしながら、「コーラ」を「場所」と読み替えることによって、西田の哲学は完成を迎える。それだけではない。さらには、西田の教えに逆らうことで逆説的に西田の哲学のもつ可能性を未来にひらいていった、西田の愛弟子にして後に西田の最大のライバルとなる田辺元の「種」の論理もまた、そこ、すなわち「コーラ」解釈の地点、その解釈の相違から生み落とされたものだったからだ。

プラトンの「コーラ」は、たとえば「空間」とも「場所」とも、さらには「質料」とさえ解釈することが可能な、特異な概念だった。

師である西田幾多郎は、「コーラ」をより抽象的かつ精神的に読み込み、「形相」（イデアに起源としての「形」を与える）の観点から「場所」の論理を打ち立てた。弟子である田辺元は、「コーラ」をより具体的かつ物質的に読み込み、「質料」（イデアに「物質」としての基盤を与える）の観点から「種」の論理を打ち立てた。より厳密に考えれば、田辺によって「種」の論理が確立されるにあたっては、さらに複雑な、いくつもの源泉が相互に絡み合う過程を考慮に入れなければならないが、ここでは、西田の「場所」の論理と田辺の「種」の論理がもつ同一性と差異性を際立たせることを意図しているので、議論をより単純に進めていく（あえて強調するまでもないが、西田の哲学に関しても同様である）。

なぜなら、西田の死の後も生き長らえ、西田哲学に根本から異議を唱え続けることによって自身の哲学を完成した田辺が、その生涯の最後に論じた主題こそがマラルメだったからだ。マラルメの「イジチュール」と「賽の一振り」を徹底的に読み込み、「場所」としての無ではなく「媒介」としての無を論じようとしたからだ。田辺元の最後の著作を介して、西田幾多郎の哲学とマラルメの文学は、最も創造的に接合される。その鍵となるのが、「コーラ」であった。

それでは、ある場合には「空間」（「場所」）と解釈され、ある場合には「質料」（「種」）とも解釈されうる「コーラ」とは、一体どのようなものだったのか。まずは、西田の「場所」と田辺の「種」をともに可能にしたプラトンの著作、『ティマイオス』に沿いながら、プラトンが「コーラ」に与えた定義を概観し、次いで、西田による「場所」の論理の完成、「無の鏡」の上に燦めきわたる「光り輝く暗黒」という、西田が到達した表現不可能な地点にまで、その解釈の軌跡を追っていってみたい。

プラトンは、『ティマイオス』において、「コーラ」を、こう説明している――以下、『プラトン全集12』（岩波書店、一九七五年）に収録された種山恭子訳を参照し、引用する（ただし訳語を一部変更した箇所もある）。まず、「コーラ」（「場」）という名前が与えられる前に、プラトンは、こう語っている。あらゆるものが生成される際、その養い親となるような「受容者」が存在していることを認めなければならない。たとえば「水」のような……。「水」は、凝固すると固体（石や土）の性質を示し、融解したり分解したりすると気体（風や空気）の性質を示し、それが燃え上がると火になり、濃密になると雲や霧となり、さらにそれが圧縮されると水が生じる。「水」は世界を循環しつつ、さまざまなものに変身し、さまざまなものが生み出されてくる母胎となる。

プラトンは、こうまとめている。この世界には三つの「種族」が存在している。「生成するもの」、「生成するものが、それのなかで生成するところの、当のもの」、「生成するものが、それに似せられて生じる、そのもとのもの」（すなわち「モデル」）。二番目に言及された「受け容れるもの」が母、最後に言及された「似せられるもとのもの」が父、最初に言及された「生成するもの」こそが子であり、それは父と母の結合から生まれる。これらのなかで、「母であるとともに受容者であるもの」を「コーラ」と呼ぶ。「コーラ」とは「場」の種族である。「場」は、形をもたなくて形を与えるものであり、生成されたあらゆるものを受け入れるとともにそこであらゆるものを生成して現実に生み落とすものである。「イデア」（「あるもの」「もとのもの」）と「コーラ」（「場」）と「生成」、すなわち、父と母と子。父（イデア）と母（コーラ）が結合することで、子（事物、生成された具体的な個）が生み落とされる。宇宙は、そうした三つの「種族」からなっている。

西田幾多郎の哲学が近代的に解釈し直された如来蔵哲学であったとしたのなら、その帰結である「場所」を、あらためて「コーラ」という術語を用いて定義し直すことは、これ以上はない、最も創造的な「概念」創出の試みであったはずだ。「如来蔵」とは、宇宙の「子宮」を意味していた。「コーラ」もまた、森羅万象あらゆるものに形（「形相」）を与え、物質の基盤（「質料」）を与え、「具体的な事物」（個）としていまここに生み落とす生成の「母胎」そのものであった。「如来蔵」は「コーラ」である。ありとあらゆる波の形を孕んだ「海」であり、ありとあらゆるものを胎児として孕み、産出する「母」である。形のなかの形であり、物質のなかの物質であり、無限のなかの無限である。

理念（イデア）が「もの」（個物）となるためには、その媒介となり母胎となるもの、イデアに形を与え、同時に物質としての基盤を与えるものが必要であった。それが、「コーラ」であった。西田幾多郎は、その「コーラ」を、「形相としての精神」を産出する「場所」として、田辺元は、「質料としての物質」を産出する「種」として、それぞれの哲学を成り立たせる根本的な概念として、考え抜いていった。「場所」はより精神性をたかめ、自由の方向へと展開し、「種」はより物質性を高め、拘束の方向へと展開した。西田の「場所」と田辺の「種」は、「コーラ」という概念を共有しながら、それを正反対の方向、「形相」の方向と「質料」の方向へと、それぞれ突き詰めていったものなのである。だからこそ、弟子である田辺は、師である西田の哲学を激烈に批判しなければならなかったのだ。

西田は、論考「場所」の冒頭（「一」）で、「純粋経験」からはじまり「自覚」を経て、いまようやく到達した、自身の哲学を成り立たせている基本構造を、こう説明してくれている。「斯く自己の中に無限に自己を映し行くもの、自己自身は無にして無限の有を含むものが、真の我として之に於て所謂主客の対立が成立するのである」。「映す」という概念が、哲学の中核に据えられている限り、西田のいう「無」は「鏡」としての性格をもたなければならないし、その学は「形」（形相）の生成を探究する哲学とならなければならない、つまり、どうしても、「物質」（質料）の生成を探究する哲学とは相容れない。

このように「無」を「鏡」として定義していった結果、論考「場所」の冒頭（「一」）に続く次の章（「二」）で、西田は、こう述べなければならなかった――「唯一般的なるものは特殊なるものを含み、後者は前者に於てあるのみである。恰も形あるものは形なきものの影であると云ふ如く、形なき空間其者の内に無限の形が成立する如き関係であらう」、すなわち、「真の場所は自己の中に自己の影を映すもの、自己自身を照らす鏡といふ如きものとなる」。

「真の無の場所」とは、自己のなかに自己の影を映すもの、自己自身を照らす「鏡」のようなものとなる。それが、西田幾多郎の「場所」の哲学の帰結である。しかも、「真の無の場所」、「真の無の鏡」は無限に深い。そこでは、鏡に鏡が重なり合い、無限に無限が重なり合う――「真の無の場所」では「鏡と鏡とが限なく重り合ふのである」(「四」)。それでは、「場所」そのものが「無の鏡」に変じてしまったとき、そこには一体、どのような光景が広がり出すのか。西田はいう。そこに見出されるのは、すべてが自己の「影」、自己の「影像」――すなわちイメージ――となってしまった世界である。西田自身の言葉を借りれば、こうなる――「判断の主語となるものが場所である時、性質を有する物といふ如きものは消失して基体なき作用となる、更に場所其者も無となる時、作用といふ如きものも消え失せて、すべてが影像となる。主語となつて述語となることなき基体が無となるが故に、判断の立場から云へば本体なき影像といふの外はない」(「三」)。

鏡に鏡が重なり合い、無限に無限が重なり合い、イメージにイメージが重なり合う。音は音に重なり合い、一つの音のなかに無限の音の可能性が孕まれ、無限の音の可能性は一つの音の響き、その質として現実化される。色彩は色彩に重なり合い、一つの色彩のなかに無限の色彩の可能性が孕まれ、無限の色彩の可能性は一つの色彩の色、その質として現実化される。しかも、音も色彩も、あらゆる感覚も、すべてが「無」のイメージ、「無」の「影像」なのである。すべてがイメージである限り、音は色彩となり、色彩は音となる。あらゆる感覚は、「影像」、すなわち「無」のイメージのなかで一つに融け合う。

これが、西田幾多郎が打ち立てた「場所」の哲学の帰結であり、象徴主義の哲学の帰結である。おそらく、西田のいう「場所」の在り方を端的に示すものは「映画」であろう。しかも、その「映画」とは、たとえば最も意識的な映画監督、ジャン゠リュック・ゴダールが、『映画史』という破天荒な試みを通じて、ただ映像のみでその可能性も不可能性も表現してしまったような原理的な映画、原型としての映像である。ゴダールの『映画史』では、映像のなかに映像が融け込んでゆく。映像に映像が重なり、音響に音響が重なる。映像と音響は不協和な協和、協和な不協和を形作り、映画は世界の「投影」であると繰り返し強調される。『映画史』を構成する一篇で、ゴダールは一人の女優（ジュリー・デルピー）にただひたすら、ボードレールが『悪の華』の巻末に収めた詩篇、「旅」を朗読させてゆく。映画もまた、一九世紀にその十全なかたちが整えられた象徴主義の芸術を引き継ぎ、それを総合し、完結させたものなのだ。ゴダールは、あたかも、そう宣言しているかのようだ。

西田は、『自覚に於ける直観と反省』のなかで（経験体系の聯結「二十六」）、ベルクソンの『創造的進化』から、人間の認識と「映画」の類似を批判的に論じた箇所を引き、ベルクソンに逆らって、肯定的に解釈していこうとする（西田は「写真」の連続という比喩を用いている）。ゴダールに深く共感するフランスの哲学者ジル・ドゥルーズが、二冊からなる大著『シネマ』を西田と同じ観点からはじめているのは偶然ではないはずだ。

それでは究極の映画、原初の映画にして終末の映画とは、一体どのようなものなのか。純粋な暗闇のなかに存在する「無」（純白）のスクリーンに、さまざまなイメージをそのなかに含んだ――そのなかに融かし込んだ――純粋な光が投射され、「投影」される。「無」（純白）のスクリーンを介して、純粋な闇と純粋な光が拮抗し、浸透し合う。「光り輝く暗黒」。それが「映画」を生み、「映画」を消滅させる。

闇の過剰としての光、光の過剰としての闇。すなわち、「光り輝く暗黒」。西田もまた、神のもつ本質を、否定を連ねながら浮き彫りにしていく否定神学の体系を築き上げたディオニュシオス・アレオパギテスが、まさにその不可能な神の在り方そのものを表現するために用いた形容(「光り輝く暗黒」)こそ、自分が探究している「場所」そのものの在り方を示す、と記すであろう(「二」)。ディオニュシオスの名前は、『自覚に於ける直観と反省』においても、『善の研究』においても、登場していた。

すべてがイメージとなる。すべてが「光り輝く暗黒」に包み込まれる。二〇世紀芸術の一つの達成である「映画」も、さらには西田哲学も、人々にただ精神的な救いをもたらしただけではなかった。物質的な破滅をもまたもたらした。世界を破滅させる元凶そのものとなった。「映画」は戦争という暴力を増幅し(ゴダールは、そうした事態を『映画史』のなかで繰り返し強調する)、「無の場所」は皇室と同定され、その皇室が世界の中心なき中心に位置づけられることでファシズム体制を補完するものとなった。それでは、二〇世紀芸術の一つの達成である西田哲学から、表現のもつ真の力、未知なる未来の可能性を引き出すためには、一体どうすれば良いのか。「鏡」を打ち壊し、「コーラ」のもつ意味を変え、「場所」の哲学を、過去の必然ではなく未来の偶然にひらかれた唯物論として、組織し直さなければならないのだ。

*

「無」を見るためには「鏡」が必要である。しかし、「無」そのものとなり、「無」そのものを生きるためには「鏡」を粉々に破壊してしまう必要がある。若きマラルメが、カザリス宛ての書簡のなかに残してくれた「無の詩法」を貫徹するならば、そうなる。「鏡」を破壊し、「鏡」の外へと出ること。「無」を静的な「場所」ではなく、動的な「媒介」として考えること。マラルメが、未完のまま放棄した「イジチュール」から「賽の一振り」が生み出されるためには、どうしても、そうした過程を経る必要があったはずだ。田辺元は、最後の著作となった『マラルメ覚書』のなかで、そう記している。

純粋さの城郭のなかに引き籠もって生活している一人の少年イジチュールは、「時間」が終わり「時間」が始まる真夜中、部屋を出て、螺旋階段を降り、彼を生み出した「祖先」たち、「純粋な種族」たちが眠る地下の「墳墓」を訪れる。その「墳墓」のなかには、ただ「鏡」だけが、「純粋な鏡」だけが存在していた。イジチュールは、その「鏡」を前にして、これまでに自らが経験してきた生涯を語り、賽を振る。偶然と必然を、海の無限と空の無限を一つにむすび合わせ、「時間」の外、「絶対」へと出るために。しかし、そのような不可能な賭け、不可能な試みは、とうてい実現しない。イジチュールは、「祖先」たちから伝えられた毒をあおぎ、自らの命を絶つ。

田辺は問う。なぜマラルメは、「イジチュール」を完成することができなかったのか。なぜイジチュールは自ら命を絶たなければならなかったのか。そして、こう答える。イジチュールは、いまだ「純粋な鏡」に映し出された「無」を見ているだけだったからだ。その映し出された「無」に囚われてしまっているからだ。「賽の一振り」によって、未来にひらかれた偶然性を、純粋さの城郭にして純粋さの墳墓に呼び込もうとしたが、そこから自身が生み落とされてきた「種族」たちが形づくる、膨大で強固な過去の必然性の前で、偶然を必然に変え、必然を偶然に変えるという試みに挫折してしまったからだ。

田辺元は、この著作のなかでは、西田幾多郎の名前を一度も出していない。しかし、田辺が描き出すイジチュールの姿に、「場所」の哲学を完成させた西田幾多郎の姿を重ね合わせて見ることは、それほど見当違いのことではないと思われる。田辺は、明らかにイジチュールに西田を重ね合わせている。「イジチュール」の失敗、「イジチュール」の挫折があったからこそ、マラルメは、「イジチュール」という不可能な試みを構想した折に胚胎された主題、「賽の一振り」――正確には「賽の一振りは、決して、偶然を、廃棄することはない」――を、生涯をかけて追究し、ようやく死の前年に、その主題を見事に血肉化すること、つまりは作品化することに成功したのだ。

「イジチュール」があったからこそ、「賽の一振り」が可能になった。「イジチュール」で提起された諸問題を解決したものこそが「賽の一振り」であった。田辺は、この最後の著作で、ほぼ間違いなく、「イジチュール」の試みに西田幾多郎の「場所」の哲学を、「賽の一振り」の試みに自身の「種」の哲学を重ね合わせている。

「賽の一振り」は、おそらくはイジチュールが成長したのであろう船長の航海であると同時に難破の記録を、白いページの上にさまざまな大きさと種類の黒い活字を配した、絵画のような、あるいは楽譜のような、作品である。マラルメが「詩の危機」に記したような、他の意味にひらかれた「象徴」が、無時間的かつ無空間的に空中に漂うイメージとしてではなく、時間的かつ空間的な物質性をもった「語」として、白いページ、すなわち「無限」の海の上に刻み込まれている。田辺は、そのようなマラルメの詩作を、「象徴の振動的渦流螺旋を展開する」(1「詩と哲学」)と評している。表現の対象である荒れ狂う海と、それを表現する「象徴」が、深く共振している。その「象徴」の表現となっている一点一点の活字こそが、「光り輝く暗黒」、すなわち「一切の存在を照らす光の焦点であり生の尖端でありながら、即今ただちに闇の中に消え去り死にゆかねばならない非存在的存在であり、生死交徹の転換点たるのである」(4「『イジチュール』の由来と帰結」)。純白の「無」であるスクリーンに、さまざまなイメージが重なり合い、融け合い、消え去り合う様が、「書物」という物質として実現されているのだ——マラルメがこの世を去った一八九八年、「映画」はまだ生まれたばかりであった。

イジチュールは、内に閉ざされた部屋のなかで、鏡に映した「無」を見て夢想にひたるだけであったが、「賽の一振り」の船長は、外に開かれた荒れ狂う「無」の海を生き、そこに航海の——あるいは難破の——記憶を自ら刻みつけていく。田辺は、シェリングの著作の助けを借りて、「賽の一振り」としてマラルメが実現した「無」の海、その荒立ちを、プラトンの「コーラ」として、きわめて正確に位置づけている。田辺は、こう記している。マラルメにはシェリングを読んだ形跡がない。ところが——「シェリングの自由論における、非合理性の根拠、悪の根源についての、『ティマイオス』篇に基づくプラトン的思想は、波浪逆巻く大海をその比喩に用いること、あたかも『双賽一擲』における暴風と暗礁に由る難破の象徴に比すべく、詩人的哲学者と哲学者的詩人との近似は、いよいよ我々を驚かさずには措かぬのである」（8「イジチュールの転回」）。

シェリングと田辺がともに「質料」と捉えているのは、「コーラ」そのもののことである。西田が「コーラ」を「場所」と解釈したのとは対照的に、田辺は「コーラ」を「質料」（「種」）と捉え直した。「コーラ」は、イデア（普遍＝類）と個物との媒介となって、個物が個物として定立するための物質的な基盤を形づくる。「コーラ」は、形相を映す鏡ではなく、個物を質料として産出する物質なのだ。そういった意味で、「コーラ」は、類と個の媒介となる「種」である。個は「種」のなかから生み落とされ、それゆえ、「種」に拘束される。完全な自由をもつことはできない。しかしながら、偶然性にひらかれた個による予想もつかない運動、その変化によって「種」もまた変動し、変化する。「種」は、過去のもつ必然性と未来のもつ偶然性との間に、個を産出する。個と「種」は、いわば、弁証法的な関係によって相互にむすび合わされている。類とは、つまり普遍とは、あるいは「無限」とは、そうした個と「種」をつなぐ弁証法的な過程、媒介としての運動を通してしか把握されないものなのだ。映す鏡として、見ることとして「無」（すなわち「無限」）を考えるのではなく、媒介として、運動すること、働くこととして「無」（すなわち無限）を考えなければならない。無限は彼方に存在するのではなく、媒介という運動そのもののなかにこそ見出すことができる。

それが、田辺元による「種」の論理の骨格となる思考方法である。

田辺の西田哲学批判は、論考「場所」が収録された『働くものから見るものへ』がまとめられ、さらには、そこで提出された「無の場所」の理論にもとづいて『一般者の自覚的体系』がまとめられた直後からはじめられ、次第に激しさを増していった。田辺の西田哲学批判の要点は、西田の「場所」の論理では、「無の鏡」としての「場所」がなんら媒介の役割を果たすことなく、ただ「観照」（見ること）によって個と類、人間と神が無媒介に——あまりにも安易に——合一させられてしまう、という点に尽きる。しかし、ここまで確認してきたように、田辺の「種」の論理は、西田の「場所」の論理を否定するものではなく、それを完成するものとしてある。「イジチュール」に対する「賽の一振り」のように。

田辺の批判に応えるように、西田のテクストのなかにも「種」という術語が頻出するようになる。西田の哲学は、田辺との批判的な応酬を糧として、よりその豊穣さを増してゆく。つまり、「コーラ」として昇華された「如来蔵」の哲学が、生命の学として、より深められていったのだ。今西錦司の特異な生態学が生まれてくるのは、そこから、である。後に今西は、モンゴルの大草原を舞台とした動物と人間の偶然の出会いによって、人類史に新たな画期が生まれたことを示すであろう。生命は偶然性にひらかれている。そのことによってまず一群の個体が変化し、次いで「種」全体をも変化させる。

マラルメは、ただ同じこの偶然性のみを文学の主題として、生涯をかけて追究していったのだ。「賽の一振り」は、その最後の成果として形になった。だからこそ、田辺もまた、自身の最後の著作として、マラルメを論じなければならなかったのだ。「イジチュール」から「賽の一振り」へ。マラルメは、一体何を明らかにしてくれたのか。田辺は、簡潔に、こうまとめてくれている。

「主体と環境、個人と種族の相関が、革新と伝統、未来と過去の相関に対応して、時空的相対性を形造るのである」(5「『イジチュール』の構想」)。それは、「場所」の論理を真に完結させるために提出された「種」の論理がもつ構造そのものであった。

イジチュールは、記憶を絶した過去から続く「種族」の必然性に縛り付けられていた。現在では、マラルメがここに記している「種族」、イジチュールを拘束する「種族」が、家族やヨーロッパという問題に限られないのではないかと考えられている。マラルメは、生涯を通じてインド＝ヨーロッパ比較言語学に強い関心を抱いていた。インド＝ヨーロッパ比較言語学が明らかにしてくれたのは、古代ギリシアで用いられていたギリシア語と、古代インドで用いられていたサンスクリット語は、等しい文法構造をもっている、という事実である。

つまり、現在では分断されてしまったギリシアとインド、ヨーロッパとアジアは、その「祖先」の時代には一つのものだったのではないか、ということである。マラルメが、あるいはイジチュールが、乗り越えようとしていた「種族」、その「祖先」とは、西洋とともに東洋を生み出した人々である。マラルメは、イジチュールは、過去の必然を未来の偶然にひらこうとした。それは西洋とともに東洋を、東洋とともに西洋を乗り越えていくことでもある。

表現の未来は、思想の未来は、そういった西洋と東洋の分割を、過去においても未来においても、偶然性を梃子として乗り越えていってしまった新たな次元でしか可能にならない。マラルメは文学としてそうした未来を示そうとし、西田幾多郎は哲学としてそうした未来を示そうとした。

田辺元は、『マラルメ覚書』の冒頭で、詩と哲学は接近し、哲学者は詩人となり、詩人は哲学者となると記している。その典型としてマラルメがいる、とも。マラルメの名前の代わりに、西田幾多郎と書くことも充分に可能であったはずだ。西田幾多郎が、その生涯をかけて実現したのは、哲学の基礎論にして文学の基礎論だった。

哲学によって文学を基礎づけ、文学によって哲学を基礎づけることだった。

※田辺元は、『マラルメ覚書』とともに、鈴木大拙による華厳の理解を、ライプニッツのモナドロジーの観点から論じた「禅源私解」を公にしている（この二つの著作が、田辺哲学の帰結である）。西田に如来蔵哲学のもつ可能性をはじめて伝えた大拙は、大東亜共栄圏構想をモナドロジー的なヴィジョンによって裏づけるとともにこの世を去った西田の意志を引き継ぎ、第二次世界大戦後、西田のモナドロジーを自らの華厳によって、いわば「脱構築」する意志をもっていたと推察される。モナドロジー的な大東亜を、華厳的な世界へと止揚していくのである。最後の田辺は、マラルメの「偶然」を論じ、大拙の「華厳」を論じているが、それは同時に、西田哲学を未来にひらく試みであった。そう捉えることも充分に可能であろう。マラルメが「象徴」を論じるために用いた「宝石」の比喩は、華厳的な世界観そのものである。

なお、鈴木大拙の側から、はじまりの西田と最後の西田を論じたものに前掲拙著『大拙』——特にその第四章「ビアトリスと西田幾多郎」および第五章「戦争と霊性」——がある。また、本文中の西田の著作からの引用は新版の全集から、田辺の引用は岩波文庫版から行い、ボードレール、ランボー、マラルメからの引用は、それぞれ先行者の貴重な訳業を参照しながら、プレイヤード版の全集にもとづいた拙訳による。

# 縄文論

## 1　縄文とラスコー

一九五二年、日本の芸術家である岡本太郎（一九一一－一九九六）は「四次元との対話」とサブタイトルが付されたエッセイ、「縄文土器論」を発表した。

一九五五年、フランスの思想家であるジョルジュ・バタイユ（一八九七－一九六二）は単行本、『ラスコー』を上梓した。正確なタイトルを記せば、スイスの出版社アルベール・スキラから刊行されたシリーズ「絵画の偉大な諸世紀」の第一巻にあたる『先史時代の絵画　ラスコーあるいは芸術の誕生』である――邦訳として出口裕弘による『ラスコーの壁画』（二見書房、一九七五年）がある。ただし、原著はラスコーを主題とした美術書を意図しているが、邦訳の単行本ではその構成が伝わりにくく、以下、邦訳を参照しながら原著から直接訳出する。

縄文とラスコー、歴史以前（先史）に位置づけられる造型表現と絵画表現は、なぜ二人によって選ばれたのか。そのことにはどのような連関があるのか。またなぜそのことを、いまこのときあらためて取り上げ直さなければならないのか。

　岡本太郎とジョルジュ・バタイユ。二人は、第二次世界大戦がはじまる以前、パリで出逢っていた（バタイユが編集していた雑誌『ドキュマン』には、太郎に先駆けて、将来を嘱望されながら夭折した考古学者、中谷治宇二郎による縄文土偶論も掲載されていた）。ともに民族学や人類学に関心を抱き、呪術論や贈与論で知られるマルセル・モース（一八七二—一九五〇）の講義に出席し、芸術表現の新たな可能性をヨーロッパの外、当時「未開」や「野蛮」と称されていた世界に探ろうとしていた。それは同時に、高度に発達した資本主義とは異なった、もう一つ別の社会の可能性を探ることに他ならなかった。芸術表現の変革は、社会構造の変革と並行しなければならなかった。

　資本主義は植民地の確保と産業の技術革新を両輪として発展していた。原材料と人件費を安く抑えられる植民地を確保し、廉価でありながら品質を落とさない商品をつくり、本国で売り捌く。そこであがった利益を今度は国内の技術革新にまわし、大量生産を可能にする。「空間的な差異」（植民地における生産）を「時間的な差異」（本国における技術革新）に変換する。余剰として生み落とされた資本は、絶えず「空間的な差異」を「時間的な差異」に変換し続け、また同様に「時間的な差異」を「空間的な差異」に変換し続けることで、果てしなく増大してゆく。しかし、その運動は、一度始めてしまったら終えることはできない。成長を止めることはライバルに敗北することを意味する。決してやめることのできないレースが始められてしまった。ここまでが、マルクスが生前に刊行することができた『資本論』第一巻の主旨である。

社会の生産力をあげることを目標とするという点で、資本主義の揚棄を掲げた社会主義も全体主義も、資本主義の内部から生まれ、それを内部から食い破ろうとしたものだった。資本主義を成り立たせている「生産と蓄積」の論理をより純化していくものであった。社会主義は、はじめて国家と国家が争った世界大戦から生まれ、全体主義は、次なる世界大戦を準備しようとしていた。資本主義も社会主義も全体主義も、近代的な国家を内側から乗り越えて拡大する、超近代的な帝国を目指していた。世界に覇を唱える帝国を目指す国家同士の闘いは必然的に全面化し、同時にその帰結としての破滅もまた全面化することになる。その危機は現在でもまったく薄らいではいない。

帝国に抗うためには、なによりもまず帝国を生み出した「生産と蓄積」の論理そのものを再検討しなければならない。それとともに、「生産と蓄積」の論理によって成り立ち、帝国の基盤となった国家という在り方そのものをも再検討しなければならない。「生産と蓄積」の論理とは異なった、つまりは「国家」の論理とは異なった、もう一つ別の論理、もう一つ別の社会体制の在り方を探らなければならない（マルクス亡き後のエンゲルスが共産主義の可能性を探ろうとした方向でもある）。「未開」や「野蛮」と称された社会は、国家の形成に抗う社会であった。その内実が、このとき、ようやく正確に理解され始めたのだ。国家に抗う社会とは、「生産と蓄積」の論理に抗う、「消費と蕩尽」が貫徹された社会であった。「価値」の置かれ方がまったく異なっていたのである。「未開」の社会、「野蛮」な社会では、社会の規模を拡大していく要因となる「蓄積」が、一年に一度、その多くは時間と空間の境界——季節が移り変わる瞬間にして内と外を区別する場所――で行われる祝祭によって、ほとんど跡形もなくすべてが「蕩尽」されていた。生産に対して消費、蓄積に対して蕩尽という論理が貫かれていた。

岡本太郎もジョルジュ・バタイユも、そのような国家に抗する社会、そうした社会で執り行われていた祝祭のなかに新たな芸術表現の可能性を探ろうとしていた。国家に抗する社会は、ヨーロッパの空間的な外に存在するだけでなく、時間的な外にも存在していたはずだ。当時積み重ねられていた考古学的な知見によって、国家に抗する社会とは、国家に帰結する「生産と蓄積」の起源である新石器革命、灌漑という技術を利用した大規模な水田稲作（灌漑水田稲作）を現在まで受け容れなかった人々の共同体であったことが分かってきた。農耕を採用せず狩猟採集という生活手段を守り続けた人々の共同体であったことが……。極東の列島たる日本を対象とした考古学の現状においても、縄文と弥生を区別する最大の指標として「灌漑水田稲作」の有無をあげることが現在においても最大公約数的な理解となっている。それを「農耕」一般と置き換えることについては種々の問題を孕むが（安定した狩猟採集社会では「採集」が発展した、初期農耕と称することも可能な「雑穀」栽培は行われている場合が多い）、本章では対立項をあえて強調するためにそうする。以下、現在の縄文理解のスタンダードとして、山田康弘『縄文時代の歴史』（講談社現代新書、二〇一九年）を参照している（そこに展開された歴史観をもとに国立歴史民俗博物館の「先史・古代」の展示がリニューアルされた）。また、縄文の「農耕」については小畑弘己『タネをまく縄文人　最新科学が覆す農耕の起源』（吉川弘文館、二〇一六年）が先鋭的な問題提起を行っている。

直立二足歩行によって狩猟採集という生活手段を宿命づけられたことこそが人間を人間とした。

頭脳の拡大の前提として、継続的な二足歩行、「走行」を可能にする直立二足歩行があったのである。人類は頭脳からではなく足から進化したのだ。バタイユと太郎が人類学を学んでいた当時としては、その遥かな起源は数十万年前（いわゆる北京原人およびジャワ原人の時代）、現在では数百万年前に位置づけられる。新石器革命の成果を現在に至るまで受け入れなかった社会（「未開」にして「野蛮」）の可能性を問うことは、新石器革命以前の社会（旧石器時代の狩猟採集社会）の可能性を問うことと等しい。だからこそ縄文であり、ラスコーであったのだ。数十万年（数百万年）の持続をもつ「旧石器」（打製石器）の狩猟採集社会か（ただし後期旧石器時代の石器作成技術の達成は「新石器」とほとんど見分けがつかない）、一万年に満たない持続しかもたない「新石器」（磨製石器）の農耕社会か。そのどちらを探究していくかに新たな芸術の可能性の有無も、また新たな社会の可能性の有無も秘められている。

芸術の起源にして社会の起源、「旧石器」の狩猟採集社会に立ち還ることによって現在の芸術と社会の在り方を相対化し、新たな道を切り拓いていく。それが岡本太郎とジョルジュ・バタイユが意図していたことだった。当然のことながら現代においては、また当時においても、両者の「先史芸術」の理解について多くの疑問点や問題点が指摘されている。しかし、「旧石器」の狩猟採集社会にまでさかのぼって芸術の起源、社会の起源を考えるという方向性は間違っていないと私は強く思っている。太郎とバタイユ以降、縄文土器が体現する縄文時代（「新石器」の時代にまで生き延びた狩猟採集社会）の理解についても、ラスコーが体現する洞窟壁画（「旧石器」の狩猟採集社会の芸術表現）の理解についても、調査と研究は格段に深まった。しかし、それを芸術の問題として徹底的に考える表現者は、残念ながら二人以降あらわれていない。そう思われる。太郎とバタイユの試みをアップデートしてリニューアルする。私がこの「縄文論」で試みたいのは、ただそのことだけである。

二度目の世界大戦がはじまった直後の一九四〇年、数人の少年たちによって、ほとんど偶然の機会にラスコーの洞窟、そこに描かれた無数の壁画が発見された。もちろん前世紀からフランスとスペインの国境地帯に存在する数々の洞窟のなかに古代人たちが残した芸術表現である壁画、動物を主題として描かれた見事な絵画があることは知られており、その研究も進んでいた。しかし、そのなかでもラスコーは量的にも質的にも格段に優れたものだった。絵画表現の起源に位置づけられる作品群が、同時にある種の絵画表現の完成をも指し示していたからである。日常とはかけ離れた非日常の場所、それまでまったく知られていなかった地下の迷宮（前に進むことさえ困難な箇所もあった）、自然が形成した「大聖堂」に残されていたという点においても衝撃的であった。研究者たちはごく自然に、壁画が残されていた巨大な地下の洞窟を、教会建築の術語を用いて説明していた。

しかも、その壁画を残した人々は、磨き上げられた石器（磨製石器）を使っておらず、ただ打ち割られた石器（打製石器）しか使っていなかった。つまり、新石器革命が可能にした農耕以前の社会、狩猟採集社会に位置づけられる人々、旧石器時代の最後（後期旧石器時代）を生きた人々であった。氷河期（現在からみれば「最終氷期」、つまりは最後の氷河期）を生き抜いた狩人たちであった。絵画の起源にして絵画の完成、すなわち芸術の起源にして芸術の完成は、歴史以前にして国家以前に位置づけられるのである。ヨーロッパの空間的な外（「未開」にして「野蛮」な社会）と時間的な外（「氷河期」の狩猟採集社会）はリンクする。芸術の起源にしてその完成は、「生産と蓄積」の論理以前、「消費と蕩尽」の理論が貫徹された狩猟採集社会に位置づけられる。太郎が縄文に向かい、バタイユがラスコーに向かわなければならなかったのは必然であった。

世界の大部分に新石器革命の波が押し寄せてきた直中で、その革命を受け容れなかった人々が極東の列島にも存在していた。土器をはじめとする日常（通常）の道具に非日常（異常）な装飾を刻み続けていた縄文の人々である。縄文時代のはじまりをどこに置くかによって、その文化のもつ性質の理解は変わってくる（旧石器時代にまで起源をさかのぼることができる狩猟採集社会の末裔であるのか、新石器時代の一つのヴァリアント、農耕社会の分身であるのか否か）。しかしながら、現在の発掘状況、その成果を一瞥しただけで、縄文時代の大部分がいわゆる新石器時代に属する、ということは疑うことができない常識である。縄文の人々も磨製石器を使い、定住し、安定した社会を築いていた（「農耕」にまで到達していたかどうかは議論の余地があるが、広範囲におよぶ「栽培」を行っていたことはもはや否定できない）。しかし、大規模な「灌漑水田稲作」は、その一万年以上にも及ぶ時間の持続のなかで、結局のところ採用されなかったのである。新石器（農耕および牧畜）の時代に属しながらも、旧石器（狩猟採集）の生活を捨てていなかったのだ。世界史の上で縄文のもつ特異性があるとすれば、その点に尽きる。それに付随してもう一点、土器が造り上げられる方法および焼成温度も縄文と弥生では著しい対照をなす。縄文は自然のままでの野焼きという「低温」で造られるが、弥生は、同じく野焼きではあるが、それらをさらに土でドーム状に覆い、いわば人工の窯を形成し、そのなかの「高温」で造られる。
岡本太郎が「縄文土器論」のなかで縄文の人々を称揚するのもまた、なによりもその土器にあらわされた表現、あるいは土器が体現する造形芸術そのものが自然と密着した狩猟採集社会に特有のものであったから、そう信じられたからである。縄文は、国家として結実し、現在にまで至る「灌漑水田稲作」による社会、弥生とは断絶している。太郎自身の言葉を借りれば、「確かに文化史的に見ても、また形態学上からも、縄文式とそれ以後の文化との間には一応の断層があり、次の弥生式と現代日本は一つの系統として連っている」となる。すなわち（以下、ちくま学芸文庫版岡本太郎の宇宙3『伝統との対決』より引用）――。

縄文式時代は狩猟期であり、弥生式時代には人々は定住して農耕生活を行った。この生産様式が各々の世界観を決定的に彩る。狩猟期に於ては糧《かて》は闘い取らなければならない。追跡、躍進、闘争はその根本にある気分である。それは極りなく激しく、動的である。殆《ほとん》ど残忍の相を呈する。猟では常にのぞみのままの獲物をかち獲《と》ることは出来ない。不猟は生命の危機であり、大猟は歓喜であり、祭である。そこに絶えず動揺と神秘がひそむ。猟場は一定ではない。獲物を求めて常に移動しなければ種族は永らえられない。移動は未知の世界への探検であり、それは無限に続く。弱者は斃《たお》れ、強者のみが生の権利を持つ。孤独と偶然がその世界観の土台になっている。

太郎は、火焔土器などが生み出された縄文の中期（紀元前三五〇〇年頃から約一〇〇〇年間）に縄文の画期を見出す。この頃の列島ではすでに、多くの住居からなる大型の集落が形成されていた。そういった意味においては、縄文の中期は、太郎が述べているような純粋な狩猟採集社会ではもはやなかった。縄文では、すでに早期（紀元前九五〇〇年頃から約四五〇〇年間）の段階から、狩人たちは定住する生活を選んでいる（最後の氷河期が終わったからである）。しかし縄文の中期と同時期の世界を見渡してみれば、西アジアの各地で大規模な都市が築かれ、いわゆる「文明」がはじまった時代でもあった。新石器の農業革命が都市と「文明」に帰着する頃、都市も「文明」も残さなかった列島に定住した狩人たちは、その代わりとして、最も複雑かつ華麗な造形作品を残していたのである。文明の「都市」と野生の「土器」と。耕作化=文化化（カルチュラリゼーション）によって可能になった「都市」と、それを拒むことによって可能になった「土器」と。複雑さにおいても、華麗さにおいても、両者はきわめて対照的な位置を占めている。

都市として、「文明」として、果てしなく外へと溢れ出していく「生産と蓄積」の力を、極東の狩人たちは無償の土器制作、「消費と蕩尽」の力が内的に結晶化した芸術作品の造型にささげていたのだ。土器自体は日常品であるが、縄文中期の土器はその目的を大きく逸脱した過剰な装飾品、宗教的な価値と経済的な価値を切り離すことのできない「神器」にして「宝器」でもあったと推定されている。しかもこれまでに積み重ねられてきた膨大な民族誌の事例の大部分において、土器づくりを担当するのは、狩猟ではなく採集を分担していた女性たちである。土器は母胎を造形化したものでもあった。特にそれは火焔土器とはまた別に縄文中期を代表する中部高地の土器、母胎から生み落とされた胎児そのものを造形化した土器に最もあてはまる。もはやそこでは土器と土偶の間に区別をつけることすらできない。

　氷河期の狩人たちが壁画を残した洞窟もまた母胎そのものであった。動物たちとともにそこに描かれた抽象的な徴《しるし》（バタイユもいち早く「理解不可能な記号群《シーニュ》」として関心を抱いていたその抽象的な徴が女性性をあらわすことは後述する）、あるいは洞窟の床面に残された子どもたちの足跡、さらには洞窟壁画とともに後期旧石器時代を代表する宗教＝芸術作品である、岩や獣牙や獣骨などから造型された（刻み出された）臀部が異様に肥大した異形の女人像、いわゆる「ヴィーナス」像（これにもバタイユは深い関心を抱いていた）などから、後期旧石器時代の宗教＝芸術も、縄文と同様、濃厚に女性性の強いものであったことが分かる。縄文のすべての時期（草創期から晩期に至るまで）から見出される土偶もまた、そのほとんどすべてが女性を象徴的にあらわしたものであり、その存在を通じて縄文は後期旧石器時代に連続することになる。非日常の絵画（洞窟壁画）と日常の彫刻（小型の女人像から土偶が生まれ、その紋様が土器に共有されている）と。「新石器」の時代の到来を待たず、「旧石器」の時代の最後に、絵画と彫刻という、現代においても純粋な芸術表現（ファイン・アート）を規定する二つの方法、二つのスタイルが整えられたのである。

　ラスコーに残された洞窟壁画とともに、狩猟採集社会を生きた人々の世界観の集大成として、縄文土器が体現する造型と紋様の装飾性を考えていくこと、そのような視点から岡本太郎がやろうとしたことを捉え直していくのはきわめて正当なことなのである（その証明を次節から現代的な知見をもとにして行う）。

岡本太郎は、「縄文土器論」全体を通して、中期の縄文土器の見事な記述（ディスクリプション）を続けていく――「縄文土器の最も大きな特徴である隆線紋は、激しく、鈍く、縦横に奔放《ほんぽう》に躍動し展開する。その線をたどって行くと、もつれては解け、渾沌《こんとん》に沈み、忽然《こつぜん》と現れ、あらゆるアクシデントをくぐり抜けて、無限に回帰し逃れて行く。弥生式土器の紋様が穏かな均衡の中におさまっているのに対して、明らかにこれは移動する民族のアヴァンチュールである」。縄文とはまずはその奔放な線、あらゆる形態を生み出す線の造型にある。それでは、縄文の線は一体どのような形態を生み落としたのか……。太郎は詳細に描写してゆく――「そびえ立つような隆起がある。鈍く、肉太に走る隆線紋をたどりながら視線を移して行くと、それがぎりぎりっと舞上り渦巻く。突然降下し、右左にぬくぬく二度三度くねり、更に垂直に落下する。途端に、まるで思いもかけぬ角度で上向き、異様な弧を描きながら這い昇る。不均衡に高々と面をえぐり切り込んで、また平然ともとのコースに戻る」。

線は渦を巻き、螺旋を描く。それは具象ではなく抽象である。しかも平面の処理ではなく立体、すなわち「空間」の処理であり、さらにそのことによって人間的な三次元の「空間」の認識は研ぎ澄まされ、現実である「三次元」を超えた超現実、「四次元」の認識がひらかれ、「四次元」の表現が可能になる。太郎は、縄文に三次元芸術（空間芸術）の起源のみならず、来たるべき四次元芸術（超空間芸術）、現代の空間芸術（彫刻および建築）ではいまだ到達されていない未知なる表現へと到達していく道を見出す。太郎は、こう記している――。

芸術史に於て彫刻は常に一定の空間を占める塊として扱われて来た。ところが、その外部であった空間を内に取り入れ、造型要素に転化せしめ、遂には空間そのものを彫刻化したのは二十世紀のアヴァンギャルド、抽象主義彫刻家達の偉大な功績である。リプシッツ、ゴンザレス、ジャコメッティ等が見事に空間を構成して彫刻を新しい次元に飛躍させた。ところで縄文土器に於ける空間処理はこれらのアヴァンギャルド芸術に比して毫も劣らないばかりではなく、むしろ、より激しいのである。

芸術の起源に還ることによって芸術の未来をひらく。芸術の新たな次元、芸術の「四次元」をひらくのは、起源の芸術を創り上げた氷河期の狩人たち、彼ら彼女らが磨き上げ、そこから一歩を踏み出そうとした極限の空間認識（「極めて鋭敏な三次元的感覚」）からなのだ。太郎は、こう記している――「狩猟期に於ける感覚は極めて空間的に構成されている筈だ。獲物の気配を察知し、適確にその位置を摑《つか》むには極めて鋭敏な三次元的感覚を要するに違いない。更に捕える時は全身全霊が空間に躍動しなければならないのである。それによって生活する狩猟期の民族が、我々の想像を絶する鋭敏な空間感覚をそなえていたことは当然であり、それなしにはあのように適確、精緻な捉え方が出来る筈はない」。太郎は、そうした狩猟期に特有の芸術表現の一つの起源として、まさに的確にも「ヨーロッパ旧石器時代」の洞窟壁画、「アルタミラの岩絵」をあげている。縄文土器はラスコーの洞窟壁画へと通じているのだ。

後期旧石器時代の狩人たちは洞窟のなかに「四次元」をひらいた。太郎の誘いに導かれるようにして、後期旧石器時代の狩人たちがその痕跡を残した洞窟のなかに実際に分け入ったバタイユは、一体そこに何を見出したのだろうか。

バタイユは言う。氷河期の狩人たちが洞窟のなかに描き出し、刻み込んだ、踊るような線によって、人間たちがいったんはその世界から追放してしまった動物たちの世界があらためて解放されたのである、と。また、洞窟を舞台とした祝祭のなかで、遊びとしての芸術が真に開花したのである、とも。『ラスコー』を構成するはじめの二章（「ラスコーの奇蹟」および「ラスコーの人間」）でそのような理論的な考察をすませた後、バタイユは一歩一歩、現実の洞窟のなかに入り、自然が創り上げた大聖堂（洞窟を構成する広場や通路の一つ一つが教会建築の術語で説明されてゆく）のなかを歩むように、目の前に展開される光景を文章として記録し、そこに描かれた原初の壁画の数々を見事に紹介してゆく。『ラスコー』の第三の章、「洞窟の記述（ディスクリプション）」である――岡本太郎が「縄文土器論」で成し遂げた縄文土器の記述となによりもまず比較しなければならない章でもある。

洞窟に入った者の目の前にまず広がるのが、牡牛たちの「主洞」である。その主洞の入口には一頭の不思議な「獣」（二本の角が長く垂直《まつすぐ》に伸びた、現実にはとうてい存在することのない想像の獣）が描かれており、その「想像の獣」という意味での「一角獣《ユニコーン》」が、牡牛と馬と鹿からなるラスコーの記念碑的（モニュメンタル）な動物たちの輪舞を始めてくれる。バタイユにとってラスコーとは、写実的に描き出された動物たちの図像（フィギュール）が無数にちりばめられながらも、ただそれだけではなく、狩人たちの想像（イマジネーション）にはじまり狩人たちの想像に終わる場所でもあった。自然の大聖堂は同時に夢幻の大聖堂でもあった。現実の世界と想像の世界が一つに融け合う場所でもあった。その始まりに位置するのが「一角獣」であるならば、その終わりに位置するのは、鳥の頭をした四本指の男である。バタイユのラスコーは「一角獣」に始まり「鳥の頭をした男」に終わるのである。

「主洞」に立ったバタイユは感嘆する。ここでは、数万年の時を超えて（現在では紀元前一万五〇〇〇年から三〇〇〇年ほどの期間――ちょうど縄文時代のはじまり、草創期のはじまりにあたる――に描き重ねられてきたと推定されている）、その色彩もデッサンもまるでいま描かれたように生き生きと保たれている。あたかも、そこでは時間そのものが廃棄されてしまっているかのようだ。時間と空間の制約から解き放たれた表現の次元が広がっている。バタイユは牡牛たちの「主洞」を去り、さらにそこから軸のように延びている奥まった部屋、「奥洞」に入る。「奥洞」は出口のない、長い回廊状の部屋であり、「すべての壁面には生命が群がりひしめいている」。具象的な獣たちが駆けまわり、さらにそこに抽象的な記号たちが重なり合っていた。バタイユはこう述べている。「奥洞」に入ると、むしろそこに見出される図像の無秩序の重なり合いという幸運が、あらゆる時代の芸術のなかでも最も心を打つ構図（コンポジション）の一つを組織しているように思われる、と。

獣たちはさまざまな方向に向けて駆け出し、一つに融け合うかと思えば分離し、天井では四つ裂に、つまりは四方へと拡散していく。ダイナミックで多様な獣たちの群像が、ダイナミックで多様なスタイルで表現され尽くしているのである。そのなかでもバタイユは特にこの「奥洞」と、もう一つ、「主洞」から右に続いていく通路によって導かれる「身廊」に、動物たちと同様に、あるいはそれ以上に、多くの解読不可能で抽象的な徴、「理解不可能な記号群《シーニュ》」が描き出されていることに注意を促す（こうした正体不明の「記号」は「主洞」にも描かれていたのだが、最も顕著にあらわれ出でるのがこの「奥洞」であり、「身廊」であった）。それら解読不可能で抽象的な「記号」のうちで最も目立つのは長方形をしたものであり、一種の格子状の紋様として描かれ、さらにその格子の一つ一つの内部にさまざまに色彩が施されていた。そうした「記号」は部族の徴、「紋章」のようなものとして用いられたと考える研究者たちもいた。バタイユは、そう記している。

　バタイユは、歴史以前の洞窟のなかに残されたこうした読解不可能で抽象的な「記号」にこだわり続ける。わざわざそのようなタイトルを立てて論じているのである。スペイン北部にあるエル・カスティーヨの洞窟に残された壁画では、このような記号たちからなるより巨大な構図（コンポジション）が見出される。記号たちは、複雑で幾何学的な図像と点描（「句読点」をも意味する）からなり、疑いもなくかつては読解可能で理解可能なひとつの全体、記号《シーニュ》の体系を形づくっていたはずだ。バタイユは続ける。これらの記号を「いまだ未発達のものではあるが、書き文字（エクリチュール）に類似した、思考を表現する方法として考えることもできるであろう」、と。ラスコーの洞窟壁画は、具象的な動物の図像と抽象的な思考の記号、それら二つの像《イメージ》が互いに重なり合う地点に成立していたのである。いまだ文字《エクリチュール》と図像《フィギュール》を分けて考えることのできない原初のイメージが発生してくる場所、われわれの原初の思考にして原初の表現が産出されてくる場所、それが「旧石器」の洞窟であった。「原《アルシ》‐エクリチュール」の場、バタイユの考察を引き継いだジャック・デリダであれば、そう名づけたであろう。デリダのグラマトロジー論の基盤には考古学が、洞窟壁画論が存在していた（デリダはグラマトロジー論の冒頭に、後述するアンドレ・ルロワ＝グーランの業績への謝辞を記している）。

バタイユが、ラスコーの洞窟壁画の一つの到達点（「最も驚くべき部分の一つ」）として最後に見出すのが「鳥の頭をした男」の図、「身廊」に向かう手前、「主洞」から通路の出口に位置する広場の右手にある「後陣」、そこに続く「井戸」のなかに描かれた壁画であった。今日では、その「井戸」を降りていくのはきわめて容易になった。しかし、後期旧石器時代の狩人たちは、暗闇のなか、綱を伝って降りていったと推定されている。それは、まったくもって命がけの、アクロバット（軽業）に近い行為であったはずだ。「井戸」の途中には、狭くて平らな場所（プラットホーム）があり、そこに立つと、目の前に広がる壁面には、一つの奇怪な情景が描き出されていた（以下、引用中の図版指示の表記は省略する）――。

壁面のこちら側にはサイが描かれ、むこう側には野牛（ビゾン）が描かれている。その二頭の獣の間、上には、なかば倒れたかたちで鳥の頭をした一人の男がおり、下には、やはり一本の棒の先端に象られた一羽の鳥がいる。野牛は、文字通り恐怖で毛が逆立っており、尾は高く立てられ、内臓が両脚の間で重い渦を巻くように自らの外にあふれ出ている。その動物の前景には、一本の投槍が、動物につけられた傷口の上部を貫いて右から左へと、線で引かれるようにして描かれている。男は裸であり、勃起した男根をもっている。両腕はひろげられ、手はひらかれている（しかしその指は四本しかない）。

ここまで書き記した後、バタイユは、さまざまな事例を参照しながら、この画の「謎」、動物と一つに入り混じった人間、動物にして人間にして神の「謎」を解き明かそうと試みる（レ・トロワ・フレールの洞窟壁画にも、鹿の頭をもちながらも前屈みに二本の足で立つ半人半獣の「神」の像が描かれていた）。「洞窟の記述」に続く残りの二章（「人間の表象」と「ラスコーの動物芸術」）の中心となった主題でもある。バタイユは、シベリアに現存する狩猟採集社会を生きる人々の宗教、シャマニズムから、その「謎」に迫ろうとする。狩猟採集社会では狩る人間と狩られる動物は互いに極限まで接近する。人間は動物に変身し、動物は人間に変身する。シャマンとは自ら鳥となることで、あるいは自らの魂を鳥とすることで、不可視の霊的な世界へと旅立つ。「鳥の頭をした男」が体現するラスコーの動物たちはいずれも「王」の地位、至高なものの地位にあるように思われる。そこでは「王」と「神」は入り混じり、その「神」はまた「獣」と区別することができない。神と人と獣が一つに混じり合う。縄文中期の土偶にして土器、中部高地の土器の在り方を最も的確に表現する言葉でもある。

バタイユが、ラスコーを縄文にひらいてくれるのは、「あの動物とのハイブリッドの男」の画像を、やはりフランスの後期旧石器時代の芸術を洞窟壁画とともに代表する彫刻、奇形じみた脂肪過多の「女たちの小像」と比較してくれている点である。「人間の表象」の章を構成する最後の節、「女たちの像」の冒頭で、バタイユはこう述懐している――「あの雑種（ハイブリッド）の男、しばしばグロテスクで、同様にしばしばしば動物たちの表情の下に真の姿を隠しているあの男は、通常は守られている諸規則を超え出てしまうと私が述べた祝祭という運動の立会人であり、またそれを象徴する記号なのではないだろうか」、と。バタイユは洞窟を祝祭の場、洞窟壁画を祝祭の表現として捉えているのだ。

古代の世界を統べる神的なものとは、あの「鳥」としての男のように動物の性質と人間の性質を兼ね備えているものであった。しかし、ただそうした事実を提示するだけでは、ラスコーの「秘密」を充分に解き明かすことはできない。この男の像（絵画）を、もう一つ別のジャンルの像、女たちの像（彫刻）と比較検討しなければならない。巨大な乳房をもち、腰や尻を突き出し、ある場合には頭をもたない、すなわち「無頭」（アセファル）のヴィーナスたちに――。

彼女たちの豊満な形態を多産への欲望とむすび合わせるのはきわめて論理的である。その乳房や女陰は、ごく自然に誇張されている。私としてはただこの種の探求、彫像のもつ呪術性を明らかにするということは、それ自体、有用な行動からはかけ離れたものであることを想起しておきたい。そうした探求は、性的な世界の本質でもありその基底として保たれてもいる深い無秩序にしてほの暗さに直接触れるものであるからだ。これらの彫像がもつ意図については、曖昧なかたちで語る以上のことは難しい。ただ一つの点においてだけ、彼女たちの像は、あの男の像があらわすものと類似している。彼女たちは決して動物たちの姿をとるわけではないのだが、ある意味において、通常の人間の姿からは遠くかけ離れたものであるという点で、類似しているのだ。

ラスコーの洞窟のなかでは人間的な形態が生成されては解体されてゆく。人間以下にして人間以上のものへと変成されていく。さまざまなイメージが生成されては解体されてゆく。イメージ以下にしてイメージ以上のものへと変成されていく。それは生命のもつ性的な世界の根底、表現のもつ女性性の本質、母胎の表現にして表現の母胎と深い関わりをもつ。

バタイユは、『ラスコー』でさまざまな問題を提起した。しかし、それらに納得いく解答を与えることは、自ら、つつましやかに拒絶した。確固とした解答を与えるためにはいまだ充分に資料が集められておらず、また、いまだ充分に発掘調査もなされていなかったからだ。後期旧石器時代の洞窟に秘められた「謎」を解き明かしていくことは、後代の人間たちに託された。バタイユが見出した洞窟壁画のなかの抽象的な「記号」について一つの納得いく解答を与え、洞窟壁画の解釈史に革命をもたらしたのが、デリダがグラマトロジー論の冒頭で謝辞を捧げているフランスの先史学者、アンドレ・ルロワ＝グーラン（一九一一－一九八六）である。また、「無頭」のヴィーナスたちの存在理由に一つの解答を与え、フランスの後期旧石器時代の芸術と極東の列島である日本の縄文時代の芸術の在り方に一つの総合をもたらしたのが、日本の「土俗考古学者」（エスノ・アーケオロジスト）、渡辺仁（一九一九－一九九八）である。渡辺が最後に取り組んだ縄文の女神像である土偶もまた、草創期から前期に至るまで「顔」をもっていなかった。ただ乳房だけが強調された、小さな土製の「無頭」のヴィーナスであった。

ルロワ＝グーランも渡辺仁も、狩猟採集社会のはじまり、つまりは人類の起源について深い関心を抱くとともにその帰結、旧石器時代を越え、縄文時代を越え、現在に至るまで狩猟採集社会の面影を伝えてくれる人々の社会、「野生」の社会にやはり深い関心を抱き、その直中へ跳び込んでいった。ルロワ＝グーランも渡辺仁も、ともにアイヌの人々が生きる社会にフィールドワークを行ったのだ。それが二人の狩猟採集社会論の原型となる。そして二人とも、アイヌの人々が現に生きている社会との比較検討から、過去に確実に存在した狩猟社会の実像、洞窟壁画を残した後期旧石器時代の人々の社会、土偶を祀り土器を造った縄文の人々の社会の実像を再構築していった。その詳細を明らかにし得たとき、大地の奥底にひらかれた母胎として洞窟は、母胎をそのうちに秘めた土器へと変換されるであろう（逆もまた然り）。「縄文論」が目指すのはその地点である。

## 2　石を打ち砕くヒト

ジョルジュ・バタイユの営為（洞窟壁画論）をルロワ＝グーランが、岡本太郎の営為（縄文論）を渡辺仁が、それぞれ最も創造的に引き継いだ。私はそう考えている。しかしながら、ルロワ＝グーランはバタイユに直接触れることはなく、渡辺仁もまた岡本太郎に直接触れることはなかった。ルロワ＝グーランも渡辺仁も、科学としての考古学を主張し、その主張を、生涯を通して貫徹していった。考古学を文学的に語ることを拒絶した。そうした態度はもっともであろう。今日、歴史を文学的に語り直す——それはある意味で歴史の捏造に限りなく近いものになっている——ことほど危険なことはあるまい。情報発信技術の拡大と拡散によって、誰もが日常的にそうした危険（危機）に直面するようになってきている。

しかし、それでもなお、今日、文学（芸術）はあまりにも文学的（芸術的）に語られすぎ、科学（考古学）はあまりにも科学的（考古学的）に語られすぎている。それぞれ、自らの領域に自足しすぎているように思われる。さらにその上、文学も考古学も、その実践も解釈（批評）も、あまりに細分化されすぎている。分断の壁は厚く、壁でさえぎられたきわめて狭い分野のなかで「専門家」たちだけが量産されている（ここで断るまでもないことではあるが、私は「専門」をもつこと自体を否定しているわけではないし、「専門」を深めることが「普遍」に到達する唯一の道であるとさえ思っている）。そうしたなかであえて文学と考古学を、芸術と科学を、異種交配することはできるのであろうか。また、異種交配する必要はあるのであろうか。私は、異種交配は可能であり、また同時に必要であると考えている。なぜなら、両者の目指すところは一つに重なり合っているからだ。それを一言でまとめてしまえば、人間にとって「表現」がどのように生まれ、その表現がどのように展開してきたかを探ること、となる。原型としての人間、原型としての表現を探ること、となる。

ルロワ＝グーランも渡辺仁も、自らの探究を、当時考えられる限り最大限のレンジで捉え、深めていこうとする。二人がともに見据えていたのは「人類」の誕生そのものである。それぞれの主著、ルロワ＝グーランの『身ぶりと言葉』の第一部、「技術と言語」（一九六四年）と、渡辺仁の『ヒトはなぜ立ちあがったか』(東京大学出版会、一九八五年)においてまず論じられるのが、二つの足で立ち上がり(その時点でいまだ完全な直立二足歩行は達成されていなかったとはいえ)、森林から草原にはじめて出て、自らの意志によって「石」を打ち割って原初の道具、打製石器の起源である「礫器」のもととなるような石器を創出した「猿人」の段階である——ルロワ゠グーランは『身ぶりと言葉』の第一部となる「技術と言語」を刊行した翌年、その第二部となる「記憶とリズム」を刊行し、日本語版ではその二冊をあわせて一冊とし、現在はちくま学芸文庫より荒木亨の翻訳によって刊行されている(二〇一二年)。以下、その邦訳を参照しながらも、原文に直接あたった上、一部訳語を変更した上で用いる。

第二次世界大戦後、アフリカの南部および東部の相次ぐ発掘によって人類の起源は一気に三〇〇万年前にまでさかのぼることになった。そこにすでに、動物のなかで人類を定義づける唯一の特徴である「直立二足歩行」を可能とする骨格をもった存在が確認されたのである。しかしその存在は、二本の足で立ち上がってはいたが、「手」の機能と「足」の機能はいまだ完全に分化されてはおらず、後頭部が巨大で、額は上から押さえつけられたかのようで、現在のヒトと比較するならば、「ひしゃげて」いた(脳容量はきわめて小さかった)。つまり、人間は頭からではなく、足から変化゠進化したのだ。まず立ち上がり、ついで徐々に手が解放され、それにともなって最後に頭蓋(脳)が解放されたのである。完全な直立ができるようになるとともに閉ざされていた頭蓋の「閂《かんぬき》」(ルロワ゠グーランの表現)がはずされ、額が前にせり出し、前頭葉が解放されて脳容量が増大し、「人間」となったのである。頭蓋の解放は、同時に「口」(顔面)の解放でもあった。動物性の象徴である犬歯が退化し、顔面の筋肉全体が落ち、顔が小型化した。そのことによって、「食べる」だけでなく「話す」ことが可能になったのである。人類の進化にとって、「手」による身ぶり（最も単純な道具の制作から絵画表現の誕生まで）と「口」による言葉（最も単純な叫びによる意思疎通から言語表現の誕生まで）は並行し、共振するものだった。その軌跡を明らかにすることこそが『身ぶりと言葉』というタイトル自体が示唆する、ルロワ＝グーランの生涯の課題となった。

同様に渡辺仁もまた、まず人類以前である類人猿の段階から、人類への変化＝進化を考察していく。この段階ですでに石をハンマー的に使用する行動が見られ、小動物を突発的かつ一時的に捕らえることも見受けられる。同時に、威嚇や眺望のための突発的かつ一時的な二足での歩行も、また。しかし、類人猿はそのほとんどの時間を森で過ごし、「手」の機能が「足」の機能から完全には分化されていない四足性が常習であり、なおかつ食物（栄養補給）は、そのほとんど大部分が菜食（草食）に限られている。やがて二足で立ち上がり、恒常的に歩けるようになって森から草原に出ることが可能になり、「人類」が誕生する。渡辺仁は、原初の人類が、現在の人類になるためには、質的に区別される二つの段階を経ることが必要であったと述べている。人類史には二つの画期を、連続的な推移ではなく、非連続的な飛躍を見出しているのだ。連続ではなく飛躍。それが理論としての考古学が明らかにしなければならないものだった。渡辺仁が見出した画期とは、「直立二足歩行」がはじまった「猿人」（アウストラロピセサイン）の段階と、歩くだけでなく長時間走ることが可能になった、つまりは「直立二足歩行」が完全に確立された「原人」（ホモ・

エレクトゥス＝直立したヒト）の段階である。

「猿人」の段階では、まだ身近な小動物を狩ることしかできなかった。しかし、道具のはじまりである原初の石器を創出し（「礫器」以前に位置づけられるもの）、それにともないすでに類人猿の段階でも使われていた「掘り棒」が、ある場合には食物を獲得する道具として、またある場合には臨時の武器として使用されたはずだ。そう類推する。渡辺仁はいわゆる「猿人」の段階から、現在では初期の「原人」として位置づけられるホモ・ハビリス（意図的に原初の石器である「礫器」、その発掘地にちなんだオルドヴァイ型石器を造り、用いた）までを、広義の「猿人」（アウストラロピセサイン）、人類化の第一段階と捉えている。この段階で人類の食性は菜食から雑食へと変化した。つまりは、本格的な「狩猟」の前提となり、その母胎となる「採集」が可能になった。男女の分業はいまだ認められなかったはずである。

渡辺仁は、この「アウストラロピセサイン」の段階から、「ホモ・エレクトゥス」の段階に、人類進化の飛躍を見る。完全に直立したヒトは、ただ歩くだけでなく、長時間走ることが可能になった。直立するヒトは同時に走るヒトでもあった。「採集」をベースとして基本的な生活を成り立たせていた人類にとって、この段階、人類化の第二段階ではじめて十全な意味での「狩猟」（大型哺乳類の狩猟）が可能になった。現存する狩猟採集社会で最もよく見られる猟法こそ、大型の獲物を対象とし、集団をつくって長時間つけまわす（ストーキングする）ことで弱らせた上、仕留めるという方法である。それは「走る」ことができなければ不可能であった。それとともに道具と武器を兼ねていた「掘り棒」から「投槍」が分化し、純粋な「武器」が創り出されることが必要であった。肉食が全面化し、肉食と運動（走行）によって脳の働きが活性化し、その容量もまた「アウストラロピセサイン」の段階からすれば二倍近くにまで増大した。男女の生業が分化され、作業もそれぞれの共同性が重視されたはずである。また「火」の使用もはじまり、人間は「料理」をするヒトともなった。

石器も単純に割られるだけでなく両面が加工され、水滴型（巴旦杏型）をした万能石器（長期間を通じてその原型が保たれていたがゆえにアシュール型石器と総称される）であるハンドアックス（握斧）が造られた。ただし「万能」というのは、ただ一つに定まった形式の石器しか創り出せなかったということでもある。この段階で、言語の萌芽はあったかもしれないが（「型」を重視した渡辺仁はそう考えていた）、しかし、洞窟壁画を残した後期旧石器時代人のようには自由に話すこと、多様性をもった創作（石器のもつヴァリエーションとパラレルであったはずだ）をなすことは不可能であったとも推定されている。渡辺仁は、この段階、人類化の第二段階である「ホモ・エレクトゥス」の段階に、原型としての狩猟採集社会の完成を見る。直立し、二足で走行できるようになったことで、人類に「採集」と「狩猟」という生活方法が十全に定まったのである。そうした生活形態が大きく変貌するのは新石器革命が起こってから後のことである。

ルロワ゠グーランもまた、「身ぶり」の側面から、人類史を画期づけるこの第二段階までは、渡辺とまったく同様な進化のプロセスを考えている（両者とも歴史の流れを理論的に切断しつつ接合するのだ）。「礫器」（オルドヴァイ型石器）の段階（第一段階の人類文化）では、それを創り出すのに必要なのはただ一つの「身ぶり」（垂直の打撃）のみである。「握斧《あくふ》」（アシュール型石器）の段階

（第二段階の人類文化）では、それを創り出すためには一つではなく二つ以上の「身ぶり」（垂直の打撃と接線方向の打撃、さらには加工）が必要となる。そこにこそ人類史の画期が存在する。未来の予測が確実になされていなければ、「握斧」は創り出せない。それは、道具による外的な環境（生活圏）の変化の問題だけではなく、内的な環境（精神）の変化の問題でもあった。ルロワ＝グーランは、そうした「身ぶり」の発達とともに時間意識がはじめて芽生え、ある種の言語の原型となった能力が胚胎されたと推測している。しかも、この二つの段階はそれぞれ実に一〇〇万年以上の持続をもっていたと推定されていたのである。

『身ぶりと言葉』では、この二つの段階の後、当時の発掘の状況、当時の科学としての考古学の限界にもとづいて二つの段階を設定する。「握斧」にさらに細かな調整（ルヴァロワ技法）を加えて創り出された「剝片」（ムスティエ型石器）を用いた「旧人」ネアンデルタールの段階（第三段階の人類文化）と、さらに多様な方法で多様な形態をもつ石器（「石刃」および「細石器」）が創り出された「新人」ホモ・サピエンスの段階（第四段階の人類文化）である。しかしながら、現在の科学としての考古学の常識においては、「旧人」ネアンデルタールから「新人」ホモ・サピエンスに直接進化したとは考えられていない。「旧人」と「新人」をともに生み出した原《ウル》「旧人」と称することも可能な存在に「原人」が変化＝進化し、そこから「旧人」が生み落とされ、「新人」が生み落とされたのである。その分岐は、「旧人」（原ネアンデルタール人）が六〇万年前、「新人」（原ホモ・サピエンス）が二〇万年前と推定されている（現代の人類史理解については後述する）。

六〇年代半ばに刊行された『身ぶりと言葉』では、当然のことながら、そのような視野をもつことは不可能であった。八〇年代半ばに刊行された『ヒトはなぜ立ちあがったか』の段階で、かろうじて予測されていたに過ぎない。だからこそ渡辺仁は、「旧人」の段階を論じず、「猿人」と「原人」の二段階に留めたのであろう。

ルロワ＝グーランと渡辺仁の見解を一つに総合すると、人類は、直立二足歩行をはじめた「猿人」の段階、直立二足走行が完全に可能になった「原人」の段階を経て、現生人類へといたる「新人」となった、と考えることが可能である（現在の考古学的な理解においても、その大枠は変わらない）。しかしまたこの膨大な変化＝進化の期間、「猿人」から「原人」へ、「原人」から「新人」へという一直線の変化＝進化ではなく、無数の試行錯誤（トライアル・アンド・エラー）が繰り返されていったこともまた分かってきた。『身ぶりと言葉』で取り上げられたジンジャントロプス（パラントロプス・ボイセイ）も、ネアンデルタールも、前者は「猿人」から「原人」への、後者は「原人」から「新人」への、実現されなかったもう一つの進化の可能性であった（後述）。

多様な可能性を地上に実現していきながらも、しかし巨視的な視点に立ってみれば、人類は「猿人」から「原人」へ、そして「新人」へという一つの方向をもちながら変化＝進化してきた。そこには非連続と同時に連続がある。不可逆の進展がある。ルロワ＝グーランは、『身ぶりと言葉』の時代においてすでに、「旧人」ネアンデルタールの段階に、ある種の芸術の萌芽があったことを認めている（現在ではそうした証拠がさまざまな場所から、より確実に示されつつある）。ネアンデルタールは「奇妙なかたちをしたもの」を集め、獲物であった獣の骨に何かを感じ取り（「獣骨祭祀」の存在も否定できない）、仲間の死に際しては花を手向けていた（とされるが、疑義も提出されている）。脳容量はホモ・サピエンスよりも大きかったと推定されているので（また「口」の進化もほとんど変わらないので）、なんらかの方法で歌うことも、語ることもできたはずである。つまり現生人類（「新人」）の前段階であり、その分身であった「旧人」の段階で、すでに「芸術」が生まれていたのである。「猿人」と採集、「原人」と狩猟、「新人」と芸術。それらの三要素が揃い、原型としての狩猟採集社会（後期旧石器時代の社会）が完成したのだ。洞窟壁画も縄文土器も、ともにその地点に起源を有する（北東アジアにおける土器の出現もまた、現在では後期旧石器時代、その最後にまでさかのぼっている）。

そのようなことがルロワ＝グーランと渡辺仁の狩猟採集社会論、旧石器時代論を一つに総合することで見えてくる。ここであらためて、「身ぶり」と「言葉」の観点から、後期旧石器時代へと至る狩猟採集社会の歴史を、一つの巨大な物語としてまとめ直してみたい。

＊

われわれは「口」を通して言葉を発することができ、「手」を用いてさまざまなかたちを創り上げることができる。「手」を用いて創り上げられるかたちは、「文字」だけに限らない。近代に至るまで、「文字」は少数のものが独占する権力の手段であった。ただ「文字」だけが、表現器官としての「口」のもつ可能性と、表現器官としての「手」がもつ可能性を、最も貧しいかたちで一つにむすび合わせるものだった。「口」から発せられ最も有効に区別される「音」が、「手」

で描き、やはり最も有効に区別される形とむすび合わせられる。それが「文字」なのだ（その典型がアルファベットである）。そうした「文字」の発明は、新石器革命以降、その帰結である大都市の形成、「文明」の形成と密接に結びついている。都市が求め、「文明」が求める有効性と効率性にもとづいている。

しかし、「口」は明確な意味を語るだけでなく、意味にならないさまざまな感情をそのまま発することができる。泣き、叫び、怒り、喜び、そして歌うことができる。「手」もまた明確な意味に形を与えるだけでなく、さまざまなものを――外界に存在し現実に見えるものだけでなく、内界に存在し現実には見えないものもまた――さまざまな手段を用いてあらわすことができる。打ち割り、磨き上げ、刻みつけ、描き、掘り（彫り）、そして造型することができる。「口」と「手」は連関し、しかもそれぞれが潜在的には無限の可能性を秘めている。われわれは、われわれの身体がもつ可能性をいまだ充分には認識していないのだ。

そもそも「口」は、生命体にとっては必須の、外界のものを内界に取り入れるための、つまりは食料を栄養として体内に取り入れるための入口となる最も重要な器官であった。「手」もまた然り。人間以前の動物たちすべてにとって、「手」とは（「足」とともに）「口」から栄養を取り入れるために外界に働きかける、これもまた最も重要な器官であった（その最大の機能が、栄養摂取のために移動を可能にすることであった）。生命体が環境に適応する際に――その最大の要因が栄養摂取である――移動することが容易である左右対称の身体の体勢（身体の構造）を選んだときから、つまりは原初の魚類（原初の脊椎動物）から現在の人類にいたるまで、「口」と「手」（および「足」）が互いに協力し合って移動し栄養を摂取するという、基本的な身体の体勢に変化はない。逆に、栄養摂取のために左右対称の体勢を選ばなかった生命体は、以降、身体の構造を変化（進化）させることなく、放射状である身体の体勢のまま、海を漂いながら（能動的な移動をせずに）生きることを選んだ。ヒドラやクラゲやイソギンチャクなどである――ルロワ＝グーランは、『身ぶりと言葉』の第一部「技術と言語」を、そのような地点からはじめている。普遍的な生命進化の歴史のなかで、個別的な人類進化の歴史を考えているのだ。その源泉には、北京原人の発見に携わり、原子の運動から生命へ、さらには人類の未来に位置する「神」へと特異な進化論を構想したテイヤール・ド・シャルダンからの大きな影響がある。

栄養摂取の器官である「口」と、そのための移動を可能にする器官である「手」をもっていることによって、そうした身体の体勢から逃れられないことによって、当然のことながら、人間もまた動物の一種なのである。バタイユがつねに強調するように人間は動物性を逃れることができず、ただそれを抑圧するだけなのだ。しかし、人間は動物のなかで唯一、「口」を栄養摂取の機能を果たす器官としてのみから、「手」を移動のための機能を果たす器官としてのみから、解放したのである。「口」で語り、「口」で歌い、「手」で描き、「手」で造ることを可能にしたのである。それでは、「口」が解放され、「手」が解放されるためには、一体どのような出来事が生起したのか、あるいは、生起しなければならなかったのか。霊長類のなかで現在の人類につながる種だけが（もちろんそれは複数存在したはずである）、直立し、二本の足で歩きはじめたのである。左右対称の体勢を選んだ生命体の進化の果てに人類が登場し、直立し、二足歩行することで顔

（「口」）と「手」が自由になった。そのことで言葉（「口」）と身ぶり（「手」）による表現が可能になった。それが『身ぶりと言葉』の結論であった。

基本的には菜食性（草食性）で、森のなかに住んでいた霊長類のなかで、人類だけが草原に出て、本格的な肉食を開始したのである。それとともに自由となった「手」で石を割り、原初の道具、原初の「石器」を創り出したのだ。意図的に石を割る、「石器」を創り出すということは、そこに時間（未来）という「意識」が存在しはじめたことを意味する。人間のなかに内的な世界が生まれたのである。足から進化した人類は、そのことによって手を解放し、口の筋肉をより退化させ（まず動物的な「犬歯」が退化し、「口」が徐々に解放された）、器である頭蓋とその内容である脳の拡大をはじめた。内的な機関《メカニズム》である身体と、外的な機関《メカニズム》である道具の変化は連動し、人間は人間となっていった。おそらくその変化は、現在の「人間」で終わるということはないはずだ。

ルロワ＝グーランも渡辺仁も、人間のはじまる地点、すなわち人類が類人猿から分かれ出て「猿人」となった段階、原初の「石器」を創出した段階にして原初の「意識」が芽生えた段階から、それぞれの狩猟採集社会論をはじめている。直立二足歩行が可能になった「猿人」の段階から、直立二足走行が可能になった「原人」の段階を経て、われわれの直接の起源である「新人」の段階へ。受動的な「採集」に依存する「猿人」の段階から、能動的な「狩猟」を自主的かつ共同して行う「原人」の段階を経て、身ぶりと言葉による「芸術」を生み出した「新人」の段階へ。石をただ割るだけだった段階（「猿人」＝「礫器」を用いた旧石器時代人）から、それを加工し（「原人」＝「握斧」を用いた旧石器時代人）、さらにそこからさまざまに多様な道具を生み出す段階

（「新人」＝「石刃」と「細石器」を用いた旧石器時代人）へ……。ただし、後述する現在の考古学の基準では、このような三段階の過程《プロセス》は考えられておらず、「猿人」から「原人」まで（二五〇万年前から二〇万年前）の石器（オルドヴァイ型の「礫器」とアシュール型の「握斧」）を「前期」の旧石器、「原人」から分化して進化した「旧人」と「新人」が共生していた期間（二〇万年前から三万年前）の石器（ルヴァロワ技法によるムスティエ型の「剝片」）を「中期」の旧石器、「新人」のみが用いた石器（「石刃」と「細石器」）を「後期」（五万年前から一万年前）の旧石器と分類している——以上の記述は一九八〇年代の考古学と二〇一〇年代の考古学の成果を、なかば強引に接合しているため、必ずしも正確ではないところがある。あくまでも大枠として理解していただきたい。ルロワ＝グーランも渡辺仁も、人類史を連続だけでなく非連続の歴史、正確には、「質的な変化」が連続したものと捉えている。そこに両者に共有された人類観があり、現代の考古学の常識とは異なった歴史観がある。考古学とは、人類の歴史を「理論」として再構築する学問だったのだ。二つの考古学では、人類史における最後の画期、芸術を生み出した「新人」の段階のみが一致する。

「採集」が母胎となって「狩猟」が可能となり、そこから「芸術」が生み落とされた。氷河期という苛酷な環境のなかで、世界のあらゆる場所に「新人」が広がったことによって、狩猟採集社会は一つの完成を迎えることになる。砂漠、草原、森林、寒冷地、熱帯（熱帯雨林）……。あらゆる環境に耐え得る社会体制は、人類（「新人」）による狩猟採集社会だけなのだ。「新人」は、「原人」および「旧人」と比較して顔も体格も小型化し、そのことによって逆に器用になった手先で「縫う」ことが可能になり、衣服をつくり、住居をつくることで、大型の獣たちが生息する極寒の地の開拓を進めることができた（「原人」および「旧人」ネアンデルタールはそこまで進出することができなかった）。また長くて細い手足を自由に使って、陸上のみならず海中をもその狩猟（漁撈）のテリトリーとして獲得した。ただ単に泳ぐだけでなく、独立した手足を十全に活用して海底深く潜ることができたのだ。つまりは、陸の動物だけでなく、海の動物（魚介類）をもその食料とすることが可能になった。陸の狩人であるとともに海の狩人ともなった。直立二足歩行とともに「採集」をはじめた人間が、数百万年という時間をかけてようやくたどり着いた、この地上のあらゆる場所——熱帯から寒帯まで、陸上から海中まで——で生活することを可能にする原型的な社会の体制、汎人間的な社会の体制が、ここに過不足なく確立されたのである。

　農耕社会は最も恵まれた土地でしか可能にならない。われわれのうちに「権力」が芽生えるのは、狩猟採集社会が完成した後から、であった。氷河期が終わり、安定し、拡大した狩猟採集社会のなかで「農耕」が可能となり、その「農耕」を効率的に展開していく過程で都市が形成され、「文明」が誕生した。しかし、そうした流れに抗い、原型としての狩猟採集社会を保持し続けた人々がいた。新石器革命の直中に極東の列島全体に広がっていった縄文の人々であり、列島の北に位置する巨大な島（北海道）で、縄文の時代を超えて近代に至るまで、原型としての狩猟採集社会（その最も豊かなヴァリエーション）を営んでいたアイヌの人々であった。ルロワ＝グーランと渡辺仁が、ともにアイヌの人々の生活に興味を抱き、そのなかに入っていったのは偶然ではなく、必然であった。ただし、もちろん近代になって、帝国への拡大を意図していた「日本」という国家の手によってアイヌの人々の生活は根底から激変させられた。ルロワ＝グーランや渡辺仁がフィールドワークを行ったのは、当然のことながら激変した後のアイヌの人々の社会である。しかし、その地点から二人は、原型としての狩猟採集社会、芸術を生み出した人類が組織した原初の共同体の姿を再構築しようとしたのである。

農耕社会の成立から近代国民国家の誕生までわずか一万年に満たない。狩猟採集社会は三〇〇万年の持続のなかで可能になった。縄文の人々は、アイヌの人々は、新石器革命を乗り越えて、その消息を現在にまで伝えてくれる生きた証なのだ。狩猟採集社会は農耕社会の母胎であり、「芸術」は「権力」の母胎であった（われわれがその母胎を離れてから、実はそれほど年月が経ったわけではないのだ）。それゆえ、農耕社会を、そこから生まれた「権力」を再検討するためには、もう一度その源泉に戻らなければならない。狩猟採集社会の「芸術」にまでさかのぼって、もう一つ別の道の可能性を模索しなければならない。ルロワ＝グーランや渡辺仁は、ともに、そうした狩猟採集社会のはじまり（前期旧石器時代）からその終わり（後期旧石器時代）まで、正確には「終わり」を乗り越えて現在にまで生き延びた狩猟採集社会（縄文からアイヌまで）の在り方とその可能性を考え続けた研究者である。二人の営為は共振し、交響している。バタイユや岡本太郎の「表現」（創作）にルロワ＝グーランや渡辺仁の「科学」（研究）を接ぎ木する。そこにこそ新たな時代の「縄文論」、狩猟採集社会論にして、その芸術論が可能になるであろう。

しかしながらルロワ＝グーランがこの世を去ってから三〇年以上が過ぎ、渡辺仁がこの世を去ってから二〇年以上が過ぎ去った。その間も、世界のあらゆる場所で大規模な発掘調査が次々と行われ、文字通り「歴史」を塗り替える発見が続々と報告されている。二人が残した膨大で壮大な仕事も、現在の視点から批判的に検討し直した上で用いなければ、ほとんど意味をなさないであろう。そのためには、現時点での最大公約数的な歴史観をまとめておく必要がある。「縄文」については前節に示した山田康弘『縄文時代の歴史』に依拠する。「人類」については、到底一介の素人の手に負えるものではないが、一つの参照基準として、雄山閣から発行されている雑誌『季刊　考古学』の第一一八号（二〇一二年二月）をあげておきたい。この号は特集として「古人類学・最新研究の動向」と題され、さらに「人類の進化と拡散・日本列島人の形成史」というサブタイトルが付されている。以下に述べる概観もまた、この雑誌と、さらにこの雑誌の特集で中心的な役割を果たした馬場悠男の監修になるＮＨＫスペシャル「人類誕生」（全三回放送）およびその書籍化（Gakken、二〇一八年）をもとにしてまとめたものである。現在の国立科学博物館における展示の基盤となっている歴史観でもある。

ルロワ＝グーランと渡辺仁がともに依拠していた人類進化の大きな流れ、「猿人」から「原人」へ、そして「新人」へと至るというプロセスは現在でも大枠において認められている。当時と大きく異なっているのは、一つには草原に出た「猿人」以前に、すでに森のなかの生活において二足歩行を成し遂げた「初期猿人」と総称される化石人骨が多数確認され、その起源が約七〇〇万年前にまでさかのぼったことである。森から草原に出たことが変化＝進化の原因ではなく、逆にその結果だったのだ。森に棲んでいた「初期猿人」が草原に出て、いわゆる「猿人」となったのが約三〇〇万年前、そこから一〇〇万年から一五〇万年近くの歳月をかけて完全な直立歩行

（長時間の走行が可能）を成し遂げる「原人」へと進化する。ここまでの人類進化の舞台はアフリカである。さらに「猿人」においても、「原人」においても、ただ一つの種だけが存在していたわけではない。身体をより巨大化し堅牢化したもの（ジンジャントロプス＝パラントロプス・ボイセイ）など、一〇〇万年近い単位で持続した種も確認されている。それぞれの段階において、さまざまなヴァリエーションが生み落とされ、環境との相互関係のなかで淘汰されては生き延びていった。

完全な直立二足歩行を成し遂げた「原人」の段階で、人類はアフリカを出て、ユーラシアの各地へと拡散していった（ただし、寒冷地で生きること、海を越えることはできなかったと推定されている）。その末裔たちは、たどり着いたそれら複数の場所でかなりの歳月を生き延びるが（身体を小型化させて環境に適応したとされるインドネシアの「原人」、ホモ・フロレシエンシス＝フローレス原人は、その生息の下限が「新人」の時代にまで至ると推定されている）、やがて淘汰されていった。次の段階の「旧人」あるいは「新人」とどれほど交雑したのか、その詳細は不明である。

「初期人類」とともに、当時の歴史観から大きく変化したのが「旧人」ネアンデルタールの位置づけである。現在においては「旧人」ネアンデルタールから「新人」ホモ・サピエンスが直接進化したという説は否定されている。「旧人」と「新人」がともにそこから分かれ出てきた原《ウル》「旧人」（ホモ・ハイデルベルゲンシス）と位置づけられる種へとアフリカで進化し、後にネアンデルタール人となる「旧人」はいち早くアフリカを出てヨーロッパに進出したが（六〇万年前）、「新人」（二〇万年前）へと進化したホモ・サピエンスはさらに遅れてヨーロッパへと進出した（四万年前、ヨーロッパ以外の地にはそれ以前と推定されるが詳細は不明)。極東の列島に到達したのもほぼ同時期か、それよりもやや以前であったかと推定されている。もはやほとんどの人に忘れ去られた旧石器捏造事件がショッキングだったのも、もしそれが真実だったとしたら、列島の人類の起源がアフリカとは別に、しかもアフリカ以前にさかのぼってしまうからである。

「原人」の段階、「新人」の段階と、人類は二度にわたる「出アフリカ」を経験したのである。ホモ・サピエンスのヨーロッパ進出にともなって、ネアンデルタールは淘汰されていった。「新人」と「旧人」は直接の関係はもっていなかったが確実に共存し、現生人類(サハラ以南の人々は除く)には、「旧人」ネアンデルタールと交雑した痕跡がわずかにではあるが確認されるという。「旧人」ネアンデルタールは「新人」ホモ・サピエンスにはならなかった人類のもう一つの可能性であり、そういった意味において、「新人」の前段階に位置づけることも間違いではない。つまり、ここ数年相次いで発見されている「旧人」ネアンデルタールの時代にまでさかのぼるとされる芸術の痕跡(洞窟壁画その他)も、広義の「新人」(その前段階としての「旧人」)に属するものと考えればなんの矛盾もない。そしてわれわれの兄弟姉妹であるネアンデルタールが滅び去ってしまった現在、地球上に生き延び、繁栄しているのはホモ・サピエンスという種のみである。「一」なるアフリカという母胎と、地球上のあらゆる場所に広がった「多」なるわれわれと。その直接の起源となるのが「後期旧石器時代」の狩人たちであった。

縄文の人々は、アイヌの人々は、おそらくはわれわれよりもさらに濃厚にその血を引いていたのである(そう推定されている)。しかし、その形成のプロセスも、やはりまた単純なものではなかった。

## 3　洞窟の神話文字《ミトグラム》

極東の列島を構成する北方最大の島である北海道では、後期旧石器時代から縄文時代を経て近代に至るまで、つまりは列島の他の地域のほぼすべてで縄文時代が終わって「灌漑水田稲作」が採用されたはるか後にも、大規模な農耕が行われた痕跡がなかった。農耕は一部取り入れられてはいたが（それでも採集と「雑穀」栽培が主である）、それが全面化されることはなかった。大規模な「水田稲作」を必要としなかった。新石器革命を拒絶し、近代に至るまで狩猟採集にもとづいた安定した社会（もちろんそこに部族間の激しい闘争が存在しなかったわけではない）が営まれていた奇蹟の島、最も寒冷であった後期旧石器時代の風景を現在でも彷彿とさせる原型としての島であった。

より正確に言うならば、一つの巨大な島を中心に無数の島々からなる広大な交通空間であった（近代的な国家意識つまりは国境が、そのようなひらかれた交通を、現在では不可能にしている）。千島列島を通じてカムチャツカ半島につながり、樺太＝サハリン島を通じてシベリアにつながり、そしておそらくは北極圏を通じて新大陸、南北アメリカ大陸へとつながっていく「通路」としてある島々であった。そうした巨大な島々の歴史の最後に位置するのがアイヌの人々である。アイヌの人々は無数の島々からなる広大な交通領域、北海道だけでなく樺太や千島列島そのものを生活の拠点としていた。アイヌの人々は一体どこからやって来たのか。列島の縄文の人々の直接の末裔なのか、遠くシベリアにまで広がる、バイカル湖を中心としてマンモスを狩っていた後期旧石器時代のハンターたちの血を引く者たちなのか、正確なところはいまだ分かっていない。そもそも縄文の人々の起源もまた、現在においてもいまだ、北方をはじめとする複数のルートを通じてこの極東の列島にたどり着き、混交し、定着したものであるとしか言うことができない。極東の列島の文化は、元来が混交文化、クレオール文化だったのである。

しかし、それでもなお、アイヌの文化の根底には縄文の文化があることは、現在では、ほぼ疑うことはできない事実であるとされている。「人類」について参照基準とした雑誌『季刊　考古学』においても、アイヌの人々の起源に縄文を位置づけている。問題は縄文からアイヌに至るまで、その連なりを直線的に考えることは可能なのか、そこにある種の質的な断絶を見るべきなのか否かという点にある。縄文からアイヌまで連続するのか、非連続なのか（飛躍があるのか）……。「アイヌ」に関してこれまでの議論を集大成し、そこに新たな知見を加えた最も新しい通史ともいえる著作として瀬川拓郎の『アイヌ学入門』（講談社現代新書、二〇一五年）がある（本文中で渡辺仁の縄文論にしてアイヌ論にも批判的な言及がなされている）。この書物を、「アイヌ」についての参照基準とし、後期旧石器時代からアイヌの人々に至るまでの画期をまとめてみれば、次のように整理されるであろう。

後期旧石器時代から縄文までは北海道全土である種の文化の共通性がみられる（ただし縄文の草創期にあたる遺物や遺跡はほとんど確認されていない）。本州で縄文が終焉した後も、北海道では縄文を受け継いだ「続縄文」の文化が続き、「続縄文」の前期までは道東と道南においてそれほど差異はないが、後期の道東には、おそらくはサハリンを経由して、アムール川下流域に展開されたシベリアの文化を引き継いだオホーツクの人々（「オホーツク人」）があらわれる。このオホーツク人たちの文化は、「続縄文」の文化の後、あらためて道南からまた北海道全土に広がっていった「擦文」の文化に同化されてゆく。いわゆる「アイヌ」の文化が北海道全土にわたって成立するのは、その後、一三世紀に入ってからである。

旧石器、縄文、続縄文、オホーツク（後期のトビニタイ）、擦文、そしてアイヌ。瀬川は、この変化の期間のなかでも保たれてきた「縄文」の要素を重視する。『季刊　考古学』の論考（篠田謙一「DNAによる日本人の形成――ミトコンドリアDNAとY染色体」および石田肇と増田隆一「アイヌ民族とオホーツク文化人集団」）や渡辺仁は、「アイヌ」の文化が成立するにあたっては、オホーツク人たちがより決定的な役割を果たしたとする。渡辺仁は「アイヌ」の文化を根底から規定している「熊祭」、送り儀礼としての「イオマンテ」の真の起源をそこ、オホーツク人たちとの交流と同化に見出している（さらに『季刊　考古学』の論考では、アイヌの人々は縄文の人々とオホーツクの人々の混血によって成立したとする）。熊の仔を飼育して「送る」という儀礼は、アムール川下流域から樺太、さらには北海道にかけて、ギリヤーク（ニヴフ）やアイヌといった限られた地域の、生計を安定させる定住性と豊かな自然環境を利用した食物の余剰性をもった人々に限られているからだ。縄文を重視するのか、シベリアを重視するのか。文化の連続性を重視するのか、その非連続性（飛躍）を重視するのか。最終的な結論はいまだ下されていない。ただ、後期旧石器時代から縄文を経てアイヌの人々に至るまで、そこには混交と同時に完全に一貫して、狩猟と採集に基盤が置かれた生活と文化が営まれ続けていたわけである。

ルロワ＝グーランの洞窟壁画論、渡辺仁の縄文論の起源は、ともにアイヌの人々が送っていた生活とその文化にある。そして、旧石器時代論から縄文論を経てアイヌ論へと至る（形になった著作の順からいえばアイヌ論から旧石器時代論を経て縄文論へとなる）、渡辺仁の狩猟採集社会論は、人類学におけるパラダイム（認識基盤）の大きな転換と並行し、そこに一つの独自の解答をもたらすものであった。そもそも渡辺仁とは何者だったのか、またその狩猟採集社会論によって、いかにして人類学におけるパラダイム転換に際して独自の解答を導き出すことができたのか。その点を、まずは論じなければならないだろう。独創的な理論と調査にもとづいた狩猟採集社会論によって世界的な評価を得た研究者でありながら、現在では、その学問のもつ可能性がほとんど正面から議論されておらず、またその学問が一体何を射程に入れたものであったのか、こちらもまたほとんどまったく再検討されているように思われないからである。

渡辺仁は、縄文論に生涯最後の関心を絞りつつあった時期、さかんに、自らが取り組んでいるのは、民族学と考古学の創造的な融合にして総合である「土俗考古学」（エスノ・アーケオロジー）なのだと繰り返し語っていた。それでは民族学と考古学は、どのような主題によって一つに総合されなければならないのか。人間の外なる環境と人間の内なる精神との相互作用からなる文化を、最も広い視点をもって、人類の誕生から現在へと至る歴史のなかに探らなければならないのだ。環境と人間の関わり、つまり「生態」を人類学的に探究するという点において、民族学と考古学は一つにむすび合わされるのだ。「土俗考古学」（「民族考古学」）は同時に「生態人類学」でなければならなかった。そこから渡辺仁の営為と今西錦司の営為を一つに重ね合わせる道もひらかれる。狩猟採集社会の人々は、物理的な環境と精神的な環境が一つに融け合ったような世界を生きている。そうした世界が二つに、物質的な世界と精神的な世界に分断されてしまうのは、農耕社会以降なのである。自然のなかを生きる人間が、自然を支配するようになったのである。動物や植物、さらには自然のシステム（体系）のなかで暮らしていた人間が、そこから外へと出てしまったのである。

渡辺仁による未曾有の探究の核心を明らかにしてくれる特権的な書物が存在する。雄山閣から刊行された「人類学講座」の第一二巻、渡辺自身が編集責任をつとめた「生態」と題された巻（一九七七年）である。この書物に収録された渡辺仁の論考には、以下のようなものがある。収録順に、「生態人類学序論」「霊長類のハムマー使用活動：ホミニゼーションからみたその重要性と今後の問題」「狩猟採集民のロコモーション」「北方採集民の食物の形状」「縄文時代人の生態」「アイヌの生態系」「進化と環境」である。おそらく、これらの諸論考を通読することではじめて、渡辺仁が、その独創的な学問の主題としようとしたことのすべて、単独の著作では捉えがたいその全貌を一望のもとに理解することができるであろう。

冒頭の論考と巻末の論考において、渡辺仁は、人間の進化を、内的な突然変異と外的な環境への適応が一つに総合されたものと定義する。ダーウィンの進化論にもとづいたヴィジョンである。生命のもつ主体性、つまりは生命のもつ活動性と、自然という環境のもつ客体性にして、生命を育みその可能性をさまざまに展開させていく条件は密接不離の関係にある。主体性と客体性、活動と条件、生命と環境の相互作用の結果としてさまざまな形態をもった生命体（生物）がこの地上に生み落とされてきた。そうした生命進化のなかで、霊長類から人類が生み落とされるためには、まずは直立二足歩行が、そしてそれにともなって森から草原へと生活の場を移すことが、さらには自由になった手を使って道具を作ることが、必要不可欠であった。直立二足歩行は、人類に身体をさまざまに使う自由を与えた。そのことによって、大脳の量および質が爆発的に増大した（その詳細は既述した）。

深い森から広大な草原に出て、自由になった手を使い、道具を作りはじめた人類が行ったことは他の動物を食することであり（特に骨を砕くことではじめて得られる骨髄を得ることであり）、また直立二足歩行によって退化した鋭い歯の代わりに、さまざまな肉食の方法を編み出すことであり、果ては樹皮までをも栄養として体内に取り入れられる咀嚼と消化のシステムを確立することであった。直立二足歩行は、人類に、身体のさまざまな部分を使った、あるいはそれらを一つに総合した、さまざまな移動の体勢（「ロコモーション」）を可能にした。道具を用い、肉食性が増進し、長時間草原を走行することが可能になった人類が行ったのが「狩猟」である。人類が人類となってから農耕が発明されるまでの長い間、あるいは農耕が発明されてからも、人類は「狩猟」の魅惑から逃れ出ることはなかなかできなかった。「農耕」もまた、「狩猟」とは根底から異なったものではなく、「狩猟」の前提となる「採集」のなかから生まれ、「採集」のなかで育まれたものだった。縄文の人々の社会が、アイヌの人々の社会が位置づけられるのはその地点、「農耕」を自身の内部から生み出すに至るまで、あるいは「農耕」を自身の外部から受け容れるに至るまでに成熟した狩猟採集社会の臨界《リミット》、「定住」を条件とした人類史の上で最も豊かな狩猟採集社会であった。

「採集」および「狩猟」という手段によって自然環境を知覚し、自然環境に働きかけはじめた人類は、そのはじまりの段階から、主体的な環境（活動環境にして生活環境）としての自然のもつ三つの相異なった側面を、同時に生きなければならなかったはずである。一つは自然の物（物質）からなる側面、もう一つは自然の超自然的な力からなる側面、そして最後に自然を「美」として感覚する側面である。道具を用い、言語を用いはじめた人類にとって自然環境と超自然環境は表裏一体の関係をもっていた。狩猟採集民にとって獣を狩り、草木を採集する自然の環境、すなわち森や河川は、彼ら彼女らに、それら生命のもつ根源的な力を与えてくれる、不可視の霊的な存在が支配する超自然的な環境そのものでもあった。生活のすべてにわたって、物理的な力とともに霊的な力が働いていた。陸の獣たち、海の魚たち、自分たちの獲物となるものはすべて自然からの贈与であり、同時に、人間もまた獲物たちと同様、自然から生命（霊的な本質、すなわち霊魂）を受けてはじめて生み落とされたものであった。だからこそ、自然の「物」を用いて霊的な「物」、つまりは人形や仮面や楽器が作られ、それら霊的な「物」（「呪物」あるいは「神像」）を用いることによって不可視の霊的な次元が眼前にひらかれてくるのである。自然に物理的に働きかけることは、自然に精神的（霊的）に働きかけることでもあった。人間が行使する物理的な技術と精神的な儀礼もまた分けることができなかった。それが狩猟採集民たちの生態系（「エコシステム」)、生態学的な技術と儀礼の体系を形づくる。

自然的な環境と超自然的な環境、さらにはそこに審美的な環境が重なり合った狩猟採集社会は徐々に発展し、変容していった。やがて、危険な「狩猟」にあえて挑み、物質的な力にして霊的な力を超自然界から得てくる人々と、そうした超自然の次元に位置づけられる「狩猟」を行わず、自然の次元に位置づけられる「採集」にのみ従事する人々の間で、階層が分化することになった。「階層」は分化するが、そこにはいまだ「権力」は生まれていない。それが渡辺仁のアイヌ論にして縄文論の結論である。階層が分化した上でなお、おそらくは「採集」から発展した新時代のテクノロジーにしてイデオロギーである「農耕」に最初は目もくれず、伝統的な「狩猟」にこそ最も価値がおかれたのは、自然環境のもつ豊饒さとその自然環境への適応が、身体的にも文化的にも、人類にとって最も安定したものだったからだ。「採集」と「狩猟」、正確には「採集」を条件としてはじめて成立した「狩猟」は、人類のもつ身体、内的身体にして外的身体(つまりは文化)に最も適合した「エコシステム」であったからだ。

「狩猟」を行う人々は社会の指導層になり、「採集」のみに従事する人々はその指導層に従う平民層となっていった。社会の指導層のなかで、「狩猟」から隠退した者たちによって、審美的な「宝器」にして「神器」(縄文時代であれば縄文土器)が作られ、さらには社会をより大規模に拡大するための「農耕」が準備され、あるいは「農耕」が受容された。縄文の人々の社会、アイヌの人々の社会は、「狩猟」と「農耕」の境界にしてその臨界、移行の過程そのものに位置づけられる――以上、渡辺仁が、一九九〇年に日本語で著した狩猟採集社会論の代表作『縄文式階層化社会』（現在は六一書房より新装版が刊行されている、二〇〇〇年）の概要でもある。

渡辺仁が提出した、完成された狩猟採集社会、アイヌの人々（および縄文の人々）が実現した「エコシステム」（生態系）の再検討という課題は、人類学における世界的なパラダイム転換、狩猟採集社会の再検討という課題と共振し、交響するものであった。一九六六年にシカゴ大学で開催され、渡辺仁が招かれて「アイヌを特別の参照基準とした北方の食料採集民における生態と生計」という講演を行った、「マン・ザ・ハンター」（人類の共同体の起源としての狩猟採集社会と、その社会の構成員であるすべての男性が狩猟に従事するという原型としての狩猟採集社会の双方を意味する）のシンポジウムの同じ部《パート》では、マーシャル・サーリンズ（一九三〇年生）が、「〈始原のあふれる社会〉についてのノート」という報告を行い、後に『石器時代の経済学』（一九七二年、邦訳は法政大学出版局、一九八四年）としてまとめられる、狩猟採集社会に対する大胆な価値転換が行われた。ちなみにこのシンポジウムにおいて、アイヌの社会も縄文の社会も「マン・ザ・ハンター」システムからははずれた、より豊かな、「階層化」した狩猟採集社会に位置づけられている。狩猟採集社会は農耕社会の前段階として想定された始原の「劣った」社会ではなく、農耕社会とは異なった、もう一つ別の統合原理にもとづいた始原の「豊かな」社会なのである（ただし現在においては、サーリンズが依拠した資料について種々の疑義も提出されている）。シンポジウムの記録は、二年後に書籍（報告書）としてもまとめられた。

サーリンズの報告の衝撃は、いわゆる「未開社会」の再検討を人々に強いた。狩猟採集社会は、実は、農耕社会とは異なった原理で成り立った安定した社会なのだ。このシンポジウムには、フランスの著名な人類学者、クロード・レヴィ＝ストロース（一九〇八－二〇〇九）も参加していた（刊行された報告書はレヴィ＝ストロースに捧げられている）。レヴィ＝ストロースは、人間が構築する社会を大きく二つに分類した。一つは、時間がつねに回帰し、社会の規模が一定に保たれる「冷たい社会」、もう一つは、時間がつねに前進し、それにともなって社会の規模がつねに拡大されていく「熱い社会」、である。「冷たい社会」では、生産の余剰が「祝祭」として消費されてしまい、時間がゼロに戻るとともに社会全体の蓄積もまたゼロに戻る。だから、社会はある程度の規模にとどまり、安定する。社会が時間的に変化しないという意味で、「冷たい」のだ。それに比して、「熱い社会」では、生産の余剰こそが蓄積され、その余剰を蓄えることそのものが社会の目指すところになる。社会はきわめて不安定化するとともに、時間もまたゼロに回帰せず、ただ無限の余剰にして余剰の無限を目指して進んで行く。社会は時間的に大きく変化し、しかも、その変化は次第に沸騰化していくという意味で、「熱い」のだ。

「冷たい社会」は、いわゆる「未開社会」（あるいは「野生」の社会、すなわち耕作化＝文化化に抗う社会）、「熱い社会」は、いわゆる「資本主義社会」を意味し、前者から後者への転換点に「定住と農耕」の採用が位置づけられる。「冷たい社会」は、「定住と農耕」以前の社会、すなわち遊動しながら狩猟と採集に従事する社会のことでもあった。しかも、その狩猟採集社会は、実は、「定住と農耕」を現在に至るまであえて選択しない社会でもあったのだ。そこでは余剰が、蓄積が、嫌悪される。「祝祭」によって余剰が、蓄積が、ゼロにまで蕩尽されてしまう。レヴィ＝ストロースの師であるマルセル・モースが見事に抽出したように、ただ価値（利益）を生み出すだけの水平的な「交換」ではなく、旧い価値（利益）を消滅させるとともに新たな価値（利益）を生み出す垂直的な「贈与」が貫徹された社会でもある。レヴィ＝ストロースは、サーリンズを自らのもとに招く。たとえば、そこから、『国家に抗する社会』（一九七四年）を著すとともに、不慮の事故で若くしてこの世を去るピエール・クラストル（一九三四－一九七七）の思想が生まれてくる。

定住し、農耕を採用した社会は「国家」へと変貌する。遊動し、農耕を採用しなかった狩猟採集社会は「国家」への変貌に抗う。クラストルは、その「国家に抗する社会」、遊動的な社会の条件を「戦争」に見出す。原型としての社会、一つのモナド（単位実体）として存在する社会は、他の無数のモナドとして存在する社会と絶えず「戦争」の状態にある。「戦争」の状態にあることで、モナドとして存在する社会の内部には、それぞれ平等が保たれ、その社会において余剰と蓄積は、完全に払い除けられてしまう。不平等な蓄積か、平等な戦争か。クラストルは、そうした二者択一を提起する。

サーリンズに端を発する狩猟採集社会の価値転換は、いわば未開と文明との、逆立した対立史観を導き出す。文明を破壊し、「国家に抗する社会」、未開にして野蛮な狩猟採集社会に還れ、というわけだ。しかし、本当に、そうなのか。渡辺仁の狩猟採集社会論は、そうした未開と文明の対立史観を、また別の方向へ転換し、さらに議論を深化させていく可能性を秘めている。渡辺仁がフィールドとしたアイヌの人々は、「農耕」を採用しなかった。しかし、遊動ではなく「定住」を選んだ。その結果として、その社会においては「狩猟」と「採集」が分断され、社会のなかに階層（つまりは「不平等」）が生まれる。「狩猟」を行う貴族層、「採集」に従事する平民層である（そこに男性による「狩猟」と女性による「採集」という性の分業が部分的に重なり合う）。しかし、その地点で、社会は安定を得て、均衡を保つのだ。安定を得て均衡が保たれた社会同士は、のべつまくなしの戦争には明け暮れない。もちろん「狩猟」を決して棄てることがなかった社会には「闘争」への嗜好が残されている。その「闘争」の力をこそ、「交易」に、つまりは、他の社会に開かれた、物質的かつ精神的なコミュニケーションへと変換させていったのである。もちろん、「交易」と「戦争」の間に見分けがつかない場合も多々ある（レヴィ＝ストロースが結局は最後まで展開しきれなかった主題である）。

「遊動」ではなく「定住」を選びながら、「農耕」を採用せず、「狩猟」を保持する。その結果として、「狩猟」（男性）と「採集」（女性）との間に階層と生業が分化されながらも安定した社会が築かれ、おそらくは、そこに「国家」が形成されることはない。アイヌの人々が選び、生きた社会は、そのようなものだった。あるいは、アイヌの人々をそのなかに含み、レヴィ＝ストロースに「冷たい社会」というヴィジョンを抱かせた、北方の狩猟採集民たちが選び、現在まで生き抜いてきた社会も、また。しかしながら、交易にひらかれるとともに内的な安定をもった狩猟採集社会が成立するためには、一つの条件がある。

豊かな自然環境が存在すること、である。あるいは、それとともに人々を拡散させておくための広大な領土が存在すること、である。北の人々の生活は、寒冷で厳しい。だが、そこには豊かな森と、その森に淵源し、これもまた豊かな大海へと注ぎ出る、多くの河川が存在していた（それが中央に巨大な山塊をもつ一つの島として成り立った北海道の条件でもあった）。森には、あたかも自然からの贈り物であるかのように巨大な獣たちが生活しており、その獣たちは、冬の間、長い眠りにつく。冬の巣穴のなかで深い眠りについていた獣たちがその夢から覚める間際、北の人々はその獣たちを狩る。また、大海からは、これもまた、あたかも自然からの贈り物であるかのように、故郷の河川に向かって、大型で栄養に富んだ魚たちが戻ってくる。北の人々は、ただその帰りを待っていれば良かった。森の獣を狩り、河川をさかのぼってくる魚を獲る。物理的かつ精神的に豊かな生活は、それで充分に成り立った。自然の生態に適応した物理的かつ精神的な「エコシステム」が確立された。人々は、自然からの贈り物に感謝し、盛大な「祝祭」をひらき、余剰を、蓄積を消尽し、自然に還していった。物理的な河川の源泉（同時にそれは最も奥深い森の源泉でもある）が、精神的な霊魂（霊としての神、すなわちカムイ）の故郷となる――ただし、瀬川の前掲書によれば、「カムイ」という語彙そのものは和人から借用されたものであるという。

自然の環境と精神の環境が、森と海をつなぐ川によって重なり合っていた。アイヌの人々は、自然の恵みにして精神の恵みを回帰させてくれるそのような川（川筋）を故郷とした。人々が住む「家」もまた、母なる川と向かい合うようにして建てられていた（神聖なる窓、「神窓」が川に向けて開かれるようになっていた）。母なる川に沿って、サケの産卵場の近くに一戸または数戸の「家族」が集まることで「コタン」（集落）が形成され、それらはまた、木を削って作られた神に捧げるイナウ（いわゆる「幣」）の先端に刻み込まれた、父方の祖先たちに由来する「祖印」（祖先を象徴的にあらわす紋様）にもとづいた川筋の「集団」（シネ・イトクパのグループ）として組織されていた。そしてそれ以上に大きなまとまりをつくらなかった。家族以上であり民族以下でもある集団が、それぞれの川を中心として、無数のまとまりをつくっていた。

それらの「集団」を結束させる儀礼が「熊送り」（イオマンテ）であった。熊が冬眠している巣穴のなかから、親熊は殺し、仔熊だけを生きたまま取り出し、集落で自分たちの子どものように育てる。アイヌの人々にとって森の獣たちはすべて「神」（カムイ——先述したように和人からの借用語であるというが、そこに和人とアイヌに共有されている概念を見出すこともまた可能であろう）からの贈り物であり、獣の皮をまとった「神」自身であった。成長した仔熊を、祝祭の直中で射殺し、解体し、集落の皆でともに食べ、純粋に霊的な存在となった「神」を彼方の世界へと送り返してやる。「熊送り」のクライマックスでは、神と人間と獣は一つに入り混じる。しかも、その「熊送り」は、一つの集落（コタン）のみならず、川筋全体、シネ・イトクパ・グループの全体にわたって順次行われなければならないものだったという。冬の厳しさがきわまった頃、一つの長大な川筋は、長く続く華麗で残酷な祝祭で彩られることになったのである。

北方に存在した、無数の「国家に抗する社会」は、外的な戦争をその成立の条件とはしなかった。もちろんそこには「狩猟」にもとづく闘争性が秘められている（「鏖殺戦」＝トパットゥミの記録も残されている）。しかし彼ら彼女らは闘争の方向を一八〇度転換したのである。外から内へと。外的な戦争、外的な暴力は、自然からの贈り物である獣や魚たちを消化し吸収し尽くす内的な戦争、外的な暴力の過激な発露と見まがうばかりの内的で過剰な「祝祭」によって、完全に社会に内化され、そこで消滅する。渡辺仁は、アイヌの人々の行っている「熊送り」（イオマンテ）は、カナダから北アメリカにかけての新大陸北西沿岸で行われている「ポトラッチ」に近いものだと喝破する。「ポトラッチ」、日常の等価交換が停止された「祝祭」において、互いに贈り合われる行為がより過剰となり、遂には最も貴重なものの破壊にまでいたるという現象である。マルセル・モースの講義を経由してバタイユの「蕩尽」のモデルとなった儀礼でもある。最も豊かな狩猟採集社会は、最も過剰な祝祭によって、「生産と蓄積」の論理を粉々に打ち砕いてしまうのだ――現時点での考古学の成果、中世から近世にかけてのアイヌの人々の生活の考古学的調査によれば、「送り」儀礼の中心は熊ではなく鹿だったのではないかとも考えられている。

もちろん、その社会には、「狩猟」と「採集」という厳然たる階層、男性と女性の間の厳然たる役割分担等々が存在するという点で、決して平等なユートピアなどではない。縄文時代においては新生児の死亡率もきわめて高かったと推定されている（胎児や新生児を埋葬した甕棺が集中して多数発見されている）。しかしながら、これまでたどってきた渡辺仁の旧石器時代論に明らかなように、「狩猟」を成り立たせているのは「採集」であり、「採集」による生計の安定がなければ「狩猟」は可能にならず、しかもその「採集」を担っている者たちのなかからこそ芸術が生まれてくるのだ。ただし渡辺仁は、縄文土器の作り手に女性ではなく、階層がより上位に位置づけられる男性（狩猟を退役した長老たち）を考えている。私自身の見解としては、中部高地を中心とした縄文中期の土器、亀ヶ岡（青森から東北・北海道）を中心とした縄文晩期の土器（いずれも紋様を土偶と共有している）のもつ極度の女性性を考えるとき、「採集」にもとづいて自然を詳細に観察し、自然の変成を鋭敏に見抜くことを可能にする知識に秀でた女性たちの関与を決して無視することはできないと思っている。

以上のアイヌ社会の分析は、渡辺仁が一九七二年に英語で著した代表作『アイヌのエコシステム　環境と集団の構造』（*The Ainu Ecosystem: Environment and Group Structure*）にもとづく。そのエッセンスは前述した「人類学講座」の「生態」の巻に収録された「アイヌの生態系」にまとめられている。その他、渡辺仁の次のような一連の論文を参照している（いずれも重要な知見が述べられている）――「アイヌの熊祭の社会的機能並びにその発展に関する生態的要因」（『民族学研究』第二九巻三号、一九六四年）、「アイヌ文化の成立　民族・歴史・考古諸学の合流点」（『考古学雑誌』第五八巻三号、一九七二年）、「アイヌ文化の源流　特にオホック文化との関係について」（『考古学雑誌』第六〇巻一号、一九七四年）、「アイヌの川筋間の関係　婚姻と闘争を通して」（『早稲田大学大学院文学研究科紀要』第三〇輯、一九八五年）。

アイヌの人々が住む北海道は、縄文時代以降、明治に至るまで、大規模な農耕が採用されることはなかった。そして、縄文の人々の生活は、一万年以上持続した。物質的かつ精神的に安定を保った社会が長期にわたって持続したのである。縄文の持続（「万」の年の単位）と、弥生から現在までの変化（「千」の年の単位）では桁が違うのだ。少なくとも、この極東の列島の自然史においては、「冷たい社会」の持続のなかに、「熱い社会」の発展は、呑み込まれてしまう。華麗にして過剰、しかも苛酷でもある文化にして社会がその基底にあったのだ。ただし、そのような狩猟採集社会を現代人が生き抜くことはきわめて困難でもあろう。そういった意味で、縄文に代表される狩猟採集社会、極度に装飾性に満ちた狩猟採集社会にユートピアを重ね合わせることはきわめてナンセンスである。専門の研究者たちのなかにも「縄文」を過度に美化しすぎる者たちがいることは大きな問題となろう。

縄文の人々がアイヌの人々にそのまま変化していったのか否か、つまり、アイヌの人々の起源に縄文の人々が直接に位置づけられるか否かは、いまだ判然としない。しかし、アイヌの人々がその生活を維持してきた自然環境、その環境と密接にむすびつきながら磨き上げてきた「エコシステム」から、縄文を捉え直すことには、充分な根拠がある。地理的条件、環境的条件が、ほぼ等しいからだ。もちろん、まったくの同一ではないだろう。しかし、そこに現存する狩猟採集社会と、人類が過去に間違いなく経てきた狩猟採集社会を、同一の地平から、また総合的な観点から、検討し直す道がひらかれる。現在というグローバルな空間の限界に残された社会と、やはり、過去というグローバルな時間――自然史にして人類史――の限界に残された社会の間に、橋をかけることが可能になる。自然の産物としての人間が形づくった「社会」のもつ可能性と不可能性を問い直すことが可能になる。民族学と考古学の探究する対象が一致し、生態学と人類学の探究する対象が一致する。

*

「未開」と「文明」、野生と文化（耕作）を対立させるのではなく、「文明」を準備しながらも「未開」のままにとどまることを選んだ社会、「定住」と「農耕」を切り離し、そのことによって

「狩猟」と「採集」を切り離した始原の豊かな社会、「野生」の社会、それが、狩猟採集社会の極限にして限界に位置づけられるアイヌの社会であり縄文の社会であった。アンドレ・ルロワ＝グーランが訪れ、その洞窟壁画論として結実する端緒を得たのもまた、そこであった――以下、アンドレ・ルロワ＝グーランの生涯と思想については、クロード＝アンリ・ロケを対話の相手としてまとめられ（一九八二年）、蔵持不三也の手で邦訳されたルロワ＝グーランの『世界の根源　先史絵画・神話・記号』（現在はちくま学芸文庫、二〇一九年）が詳しく、参照している。

岡本太郎とまったく同じ年（一九一一年）に生まれたアンドレ・ルロワ＝グーランは、太郎が日本からフランスに向かったのとちょうど逆に、フランスから日本へと向かった。一九三七年、妻のアルレットとともにルロワ＝グーランは東京に到着する。この後、二年におよぶ日本滞在がはじまる。ロシア語と中国語を学んでいたルロワ＝グーランは、このときまでにすでに、北方の狩猟採集民文化に関する著書をまとめ、極北の狩猟採集民の技術について、あるいは、中国における動物紋様（動物意匠）に関する論文を発表していた。もともとはテイヤール・ド・シャルダンからの刺激を受け、中国を目指していたが、日中戦争の勃発はその目的の成就を許さなかった。

東京から京都に居を移したルロワ＝グーランは、極東の列島に住み着いた人々、日本人たちが磨き上げてきた技術に驚嘆する。そのことが初期の二著作、『人間と物質』および『環境と技術』の重要な主題となる（いずれも未邦訳）。さらに、その極東の列島の北端には、近代になるまで採集と狩猟にもとづいた生活を続けていた「アイヌ」（人間）と自ら名乗る誇り高き人々が、いまでも当時の面影を残しながら存在していることを知る。ルロワ＝グーランは妻とともにその地へ向けて旅立つ。

アンドレとアルレットがその地で一体何を見たのか。その詳細が明らかになったのは、アンドレの没後、アルレットが、夫の残した草稿をもとに増補訂正を行い、夫との共著というかたちで一冊にまとめた『アイヌの人々のもとへの旅』（原著＝一九八九年、邦訳＝山中一郎訳『アイヌへの旅　北海道一九三八年』大阪文化研究会、一九九二年、以下この邦訳を参照しながらも原著から直接訳出し、引用する）が刊行されてから後のことであった。しかし、それまでにも『身ぶりと言葉』を一度でもひもといたことがある人間であれば誰もが、ルロワ＝グーランにとって日本の「漢字」とアイヌの「紋様」が、いかにその洞窟壁画解読にとって重要な意味をもつものだったのか、容易に理解できたはずである。ルロワ＝グーランは、日本の「漢字」とアイヌの「紋様」を通して、洞窟壁画の「図像」（動物の形象）と「記号」（バタイユのいう「理解不可能な記号群《シーニュ》」、つまりは抽象的な記号）が意味するものを読み解いていったのだ。

『アイヌの人々のもとへの旅』で、アンドレとアルレットが注目するのは男たちが行う「狩猟」（「獣骨祭祀」でもあった「熊送り」にもいち早く注意を向けていた）や「漁撈」だけでなく、女たちが行う豊かで多種多様な「採集」（しかし「農耕」は存在しない、と二人は強調している）、そして日常の作業にして日常品の細工であった。「採集」の充実こそがアイヌ文化の基盤をなしていたのだ。なによりも二人がアイヌの人々の集落を訪れたときに衝撃を受けたのは、女たちが自らの顔そして手先から腕にかけて直接に抽象的な紋様を彫り込んでいるということであった（いわゆる「文身《いれずみ》」である）。さらには、その「文身」と同じように衣服や帯（頭に被る帯）にもきわめて複雑かつ「象徴」としか名づけられないような紋様が表現されていたのである。アイヌの人々が「文字」（ルロワ＝グーランにとってそれは権力そのものの表現である）をもたないことによって逆に、その文化のもつ装飾性、過剰な装飾性が際立たされていたのだ。貧しい「文字」の豊かな源泉としての「紋様」。しかもそれは直接的に肉体に刻まれ、間接的に肉体にまとわれ、生活のすべてを覆い尽くしていたのである。

アンドレとアルレットは、その驚きをこう記している（一部、頁の指示など省略した箇所がある）――。

これらの紋様（デッサン）を十全に解釈することなど想像することさえできないが、それでも、その試みには多くの努力が払われた。真っ直ぐなものや曲がったものなどさまざまな線（リーニュ＝ライン）の組み合わせや、最も太い描線とともに有機的に構成された細い描線は、ある場合には完全に一種の迷路のように形づくられていて、そのヴァリエーションは数限りない。言葉（テクスト）で説明するよりも多くの図（デッサン）で示した方が、その装飾紋様のもつ豊饒さをより正確にあらわしてくれるだろう。装飾紋様はときにはシベリア、ときにはアメリカ西海岸のものを思わせるが、なおかつアイヌの人々に典型的なものである。特に二重の渦巻（螺旋）のモチーフはシベリアのギリヤーク（ニヴフ）やゴルド（ナナイ）のなかにも見出されるが、同様なものが古代ケルトのなかにも見出される。さらに不思議なことは、これらのモチーフが、数千年の時を超えて現在まで伝えられたと思われることである。

二人は、この書物の後半の章で、アイヌの人々が衣装に描き織り込んだ紋様と、「数千年の時」を隔てたその源泉、縄文の人々が土偶に刻みつけ造型した紋様を比較し、アイヌの文化の起源に縄文の文化を位置づけている（この点に関して、今日では北東アジア諸民族に共有されている紋様の起源はそれほど古くさかのぼらないという見解もある、瀬川の前掲書による）。しかし、より重要なことは、ルロワ＝グーランが、「文字」をもつことはなかったが、豊かな口承文化、リズミカルに歌われる無数の「神話」をもつ人々がおり、彼ら彼女らには同時に豊かな装飾文化もともなわれていたということに目を見開かされた点にある。人間の「口」と「手」がただ一義的に結びつけられることによって「文字」が生み出されたのは新石器革命以降、都市が生まれ、国家が生まれ、「文明」が組織されて以降のことだったのだ。書くことと語ることが一義的に結びつかない、つまり、装飾的な紋様をあらゆるものに刻み込み、同時に多声的に語られる「神話」に包み込まれて日常の生活を送っている人々が現実に存在していたのである。しかも、彼ら彼女らの生活は、国家以前にして「文明」以前に位置づけられる採集と狩猟にもとづいていた。

戦争の激化とともにフランスに帰国せざるを得なかったルロワ＝グーランは、日本での体験から導き出された重要な見解を小さなエッセイ、「日本の衣服にあらわされた象徴的なもの」（一九四六年に発表、最晩年にまとめられたエッセイ集『時の縦糸』一九八三年に収録、未邦訳）のなかに、こう記している。アイヌの人々の衣装に織り込まれた紋様と縄文の土偶の身体に刻み込まれた紋様を比較しながら――「われわれにとって言葉とは、文字として理解され、分析されるものだ。

一方、極東の人々にとっては、言葉とは完全な象徴（サンボル＝シンボル）である。その描線のなかで、理念（イデー）と形象（イマージュ）が、われわれの文字よりもより強く、より固くむすび合わされ、決して分かつことができないものとして存在している」。あたかも言葉の一つ一つが生きているかのように、一つの定まった意味をあらわすために、ありとあらゆる詩的なグラフィスム（描写法）が駆使されている。絵を描くこと（パンチュール）と文字を書きつけること（エクリチュール）が、切り離されることなく一つに融け合っている。

絵画であるとともにエクリチュール、形象であるとともに理念、具象であるとともに抽象。それが「権力」以前、「文字」以前の芸術表現なのだ。ルロワ＝グーランは、日本での経験をもとに、バタイユを驚嘆させた洞窟壁画に描き出された具象的な動物の「図像」と抽象的な思考（性）の「記号」を、アイヌの人々や縄文の人々が残してくれた「神話文字」（ミトグラム）と同様なもの、絵画であるとともにエクリチュールでもあるものとして分類し、解読してゆく。そのことによって現実の洞窟が、超現実の意味に満ちた精神的＝霊的な場所、原初の形態が産出されるイメージ生成の場所であったことを明らかにしてゆく。ルロワ＝グーランは、さらにその「神話文字」による暗号解読法を応用して、畸形にして異形とされた後期旧石器時代のヨーロッパにあらわれる女性像、「ヴィーナス」たちに共有されていた「型」をも見出していく。渡辺仁は、ルロワ＝グーランによる解釈法にもとづきながら、さらにその視野を拡大し、ルロワ＝グーランが明らかにしたヨーロッパの女神、トナカイ・ハンターたちの女神だけでなく、ルロワ＝グーランが明らかにできなかったシベリアの女神、マンモス・ハンターたちの女神の「型」を導き出していく。そのマンモス・ハンターたちの女神の像、その「型」こそ、縄文の土偶の起源として位置づけられるものだった。この地点において考古学と文学が、科学と芸術が、あらためて一つにむすび合わされる。それが「縄文論」の到達点である。

## 4 マンモス・ハンターたちの女神

後期旧石器時代の狩人たちが残してくれた洞窟壁画を前にしたアンドレ・ルロワ゠グーランは、ジョルジュ・バタイユと同様、そこに具象的な動物の「図像」だけでなく、抽象的な思考の「記号」が刻み込まれていることに深い関心を抱く。特にその「記号」は、過剰な装飾性に満ちた世界を生きていたアイヌの人々や縄文の人々が自分に示してくれた「文字」以前の「象徴」、絵を描くこと（「絵画」）と文字を書くこと（「エクリチュール」）をいまだに分けることができない野生の「表意文字」にして野生の「象形文字」なのではないのか。それは、ヨーロッパ人には当たり前となってしまった音声（聴覚的な言語）と形態（視覚的な言語）が一対一の関係で結びついたアルファベットとはまったく異なった成り立ちをした、人類の表現がもつもう一つ別の可能性だったのではないのか。音声（「口」）が発する聴覚的な言語）も形態（「手」）によって描かれる視覚的な言語）も、それぞれ一対一の対応には限られない、豊かに並行し共振する多種多様な可能性に満ちたものだったのではないのか。新石器の革命がそのことを忘れさせてしまった。そうであるならば、新石器の革命以前にいったん立ち戻り、表現の革命を新たに準備し直さなければならない。

後期旧石器時代の洞窟壁画解釈を根底から変革してしまったルロワ＝グーランの歩みはそこからはじまる。もちろん、以下に述べるルロワ・グーランの「記号」解釈には時代的な制約もあり、多くの批判も提出されている。しかし、洞窟壁画を「見る」だけのものではなく、「読む」こともできるものだと提起したその見解は、現代においても決して色あせることはないはずだ。

『身ぶりと言葉』の第一部である「技術と言語」の最終章、「言語活動における象徴群」（以下、邦訳を参照しているが、原文から直接訳出し直している）で、ルロワ＝グーランは、そのような方向、「記号」を読解してゆく方向に沿って徹底的に考察を進めて行く。アルファベットは、音声と形態がむすびついた文字を一つ一つ線状に並べていくことで「意味」を伝達していく。それはきわめて「合理的」な道具である。一方、洞窟壁画として残された記号たちは、そのなかにさまざまな意味の層を読み解くことが可能な、いわば放射状に広がる多元的かつ多極的な無数の意味を一つに包括した「神話的」な世界観を、象徴として表現しているものではないのか。線状の権力と放射状の神話、新石器の都市と旧石器の芸術……。アイヌの人々が衣服に、鉢巻に、イクパスイ（神に酒を捧げるための木製の篦《へら》）に刻み込んだ紋様は自由奔放なようでありながら、自分たちの出自、世界における自分たちの位置を神話的＝物語的＝宇宙的にあらわしたものであった。紋様はただそれだけで、一つの神話＝物語＝宇宙を語っていたのである。

ルロワ＝グーランは、洞窟壁画を構成する具象的な図像と抽象的な記号を一括して「神話文字《ミトグラム》」と名付ける。「神話文字」は線状的な表音文字ではなく、意味を放射状かつ多元的＝多極的に包括する表意文字であった。象形文字にして絵文字であった。ルロワ＝グーランがここで、アルフアベット以前、「権力」以前の思考の体制は線状的なものではなく放射状的なものであったとし、それを比喩的にあらわすものとしてウニやヒトデ、あるいはクラゲの身体をもち出してくるのはきわめて示唆的である。『身ぶりと言葉』としてまとめられた生命進化の歴史であるとともに身体進化の歴史は、その冒頭において、左右対称性（運動性）を身体の体勢として選び、始原的な魚類から人類に至るまで急激に変化＝進化していった生命体に対して、放射性（浮遊性）を身体の体勢として選ぶことで、それ以降の変化＝進化を一切やめてしまった生命体を対照させることからはじまっていた。対称性としての身体の体勢を選んだ生命体は、自らがもっていたもう一つ別の可能性、放射性としての身体の体勢をもった生命体として生きる可能性を決して忘れず、その夢を見続け、その姿を表現し続けていたのである。

洞窟壁画は「神話文字」として書かれ、描かれている。そういった視点から考えれば、「旧石器時代のすべての芸術は表意文字的（イデオグラフィック）なものである」と断言することもまた可能である。そこにルロワ＝グーランの解釈革命の核心が存在する。それでは、表意文字である「神話文字」をどのようにして読み解いていったら良いのか。ルロワ＝グーランがはじめて本格的なフィールドワークを行った狩猟採集民であるアイヌの人々は、男性性と女性性、狩猟と採集が明確に分担されながらも相補うような世界を生きていた。そうした社会の形、二項対立的な世界の形こそが、狩猟採集を基盤とした社会、後期旧石器時代を一つの原型として、現代に至るまでその構造を維持し続けてきた人々がたどり着いた最後の姿である。そのような想いが抱かれたのかもしれない。

アイヌの人々のもとでの調査と研究がどれだけその後のルロワ＝グーランに影響を与えたのか、実際のところは良く分からない（後年のルロワ＝グーラン自身による回想でも同様である）。しかし、ルロワ＝グーランは、洞窟に残された記号を二項対立的に、徹底的に分類していく。バタイユが驚嘆した「理解不可能な記号群《シーニュ》」を代表する格子状の記号、さらには円形や方形の記号は、さまざまなものを包括し産出する女性的な記号として、そしてバタイユが最後までこだわった「鳥の頭をした四本指の男」とともに描き出された「投槍」、直線状でその先端が尖っていることを表現したもの（抽象的な棒や矢印、具象的な男根状のものも含めて）は突き刺し貫く男性的な記号として、それぞれ分類されていった。前述したように、ルロワ＝グーランのこうした二項対立的な分類に対する反対意見も根強い。しかしそれは連続のなかにあえて切断を、すなわち非連続にして差異を見出す理論的な要請に由来する方法であったことを忘れてはならない。

洞窟のなかに刻み込まれた抽象的な「思考」の記号は、同時に抽象的な「性」の記号でもあった。洞窟は、二項対立的な、男性性の記号と女性性の記号が対立しつつも相補い合って形づくられた象徴的な宇宙であった。ルロワ＝グーランは、抽象的な性の記号の在り方をさらに分類していく。男性的な記号が単独であらわれてくる場合、女性的な記号が単独であらわれてくる場合、そして両者が「対」としてあらわれてくる場合、等々と。抽象的な性の記号とともに、具象的な動物の図像もまた、そこに描き出されたその種（馬および野牛）に応じて洞窟内で特徴的なあらわれ方をする。「神話文字」は図像と記号を両極とし、洞窟全体を支持体として書かれ、描き出された巨大な交響楽、「狩猟のコード」にもとづいた、絵画の体系であるとともに物語（神話）の体系を構成していたのである。そのなかでも特に、いわゆる女性性の記号は洞窟の奥まった場所に集中していた。洞窟は自然の母胎であるとともに、そこからあらゆるイメージ、あらゆる形態が生み出されてくる象徴的な母胎、文字通り「象徴」としての母胎でもあった。それがルロワ゠グーランによる洞窟壁画論の結論である。

ルロワ゠グーランは、『身ぶりと言葉』の第一部を刊行したのと同じ年（一九六四年）、それまでの旧石器時代の芸術に関する自らの探究を集約するような、小ぶりではあるが重要な書物、『先史時代の諸宗教』を出版した――蔵持不三也による邦訳、『先史時代の宗教と芸術』（日本エディタースクール出版部、一九八五年）が刊行されており、以下、参照し、ごく一部だけ語彙を調整した上で引用する。ルロワ゠グーランは、その当時までに発見された洞窟壁画のほとんどすべてを調査し、その在り方（様式）を編年として確立する。ヨーロッパの後期旧石器時代は、層序的にオーリニャック文化、グラヴェット文化、ソリュートレ文化、マドレーヌ文化と分類されている。オーリニャック文化のはじまりはヨーロッパへの「新人」の進出と重なり合う。ラスコーが属するのはマドレーヌ文化の時代である（日本では縄文の草創期にあたる）。ルロワ゠グーランは、オーリニャック文化以前には図像表現はいまだ発見し得ず、さらに原初の図像表現は「具象」ではなく「抽象」の出現が早いという衝撃的な見解を披露する。人類の絵画表現は「具象」ではなく「抽象」からはじまった、というのである。

ただし、今日では、一九九四年に発見されたショーヴェ洞窟に残された壁画によって、旧石器時代の洞窟壁画の起源はオーリニャック文化のはじまり、もしくはそれ以前（三万年前から四万年近く前）にまでさかのぼり、しかもその段階ですでに、充分に具象的な動物の図像が多く見られるという事実が判明した。ルロワ＝グーランが「神話文字」を具象的にあらわす主要な種として分類した以外の種の図像も数多く発見されている（しかもそれは地上の動物には限られず、水棲の動物の姿さえも表現されているのである）。ルロワ＝グーランによる様式と編年の分類は、現在までに明らかとなった新たな発見にもとづいて大きく変更されなければならない。しかしながら、後期旧石器時代の狩人たちが残した原初の表現のなかにすでに「具象」とともに「抽象」が見出されるという事実を明らかにしたのは、ルロワ＝グーランによる計り知れない功績である。人類の想像力はそのはじまりから現実を越える超現実の世界にひらかれていたのである。

ルロワ＝グーランは「具象」と「抽象」だけでなく、両者が分かちがたく結びついていたと推定される「ネガの手」（ネガティヴ・ハンド）をはじめて象徴的な「記号」として考えた研究者でもあった（その後、現在に至るまで、「ネガの手」は「新人」すなわち後期旧石器時代の狩人たちが残したとされる世界各地のあらゆる遺跡から相次いで発見されている）。洞窟壁画のなかに明らかに人間の「手」の跡が、しかも多量に、残されていたのだ（壁に手を押しつけてその輪郭をなぞったとも、そこに顔料を吹きかけることによってなったともいわれている）。その「ネガの手」の発見で一躍有名となったガルガスの洞窟壁画では、五本の指が揃っているものはごくわずかであり、その大部分が一本ないし数本の指の第二関節から上を欠いていた。それまで漠然と儀礼的な切断（あるいはその正反対の解釈である病理学的な切断）として理解されていた「ネガの手」の形状、それらが印されていた場所を綿密に調査したルロワ＝グーランは、その「手」が意図的に折り曲げられており、規則に沿って何らかのものを指し示すための「記号」であったことを明らかにした――以上、今日における洞窟壁画の現状とその問題点については港千尋『洞窟へ　心とイメージのアルケオロジー』（せりか書房、二〇〇一年）が詳しい。その巻末には付録として、「ネガの手」をはじめて記号の体系として考察したルロワ＝グーランの「ガルガスの手　全体的研究のための試論」が訳出されている（フランス語としては前掲『時の縦糸』に収録されている）。

後期旧石器時代の狩人たちが残した洞窟壁画には、「具象」と「抽象」のみならず、両者の性質を兼ね備えた――人間の具体的な手を用いて象徴的なサインを表現する――「図像にして記号」までもが残されていたのである。

洞窟壁画を構成する「神話文字」においては、その意味と形態を分けて考えることはできない。両者は表裏一体にして不即不離の関係にある。洞窟壁画を「神話文字」という観点から読み解いていったルロワ＝グーランは、洞窟そのものが「意味」の祝祭に満ちあふれた舞台であったことを明らかにした。同じ方法を用いて、ルロワ＝グーランは、後期旧石器時代の狩人たちが残したもう一つの芸術表現、臀部が極度に肥大した（「脂肪臀症」とも診断された）異形の女人像、いわゆる「ヴィーナス」像の形態の謎、意味の謎に迫ろうとした。後期旧石器時代の狩人たちが残したグラフィック・アート（図像表現）としての洞窟壁画、プラスティック・アート（塑像表現）としての女人像（女神像）が、現時点においても、人類が地上に意識的に残すことができた最古の芸術表現である。もちろん、ネアンデルタールの段階（「新人」の初期段階）から、人類は自然が生み出す「珍奇なもの」に対する関心と執着をもっていた。ネアンデルタールたちは、化石や貝殻など「珍奇なもの」を収集した（ルロワ＝グーランもまた、そのことを前述した『先史時代の諸宗教』や『身ぶりと言葉』の第二部などで詳しく論じている）。

球状の形態や螺旋状の形態をもった貝殻や化石（ごく最近では鍾乳石によって組み立てられた造形物も発見されている）、そこに女人像（女神像）の一つの起源があることに間違いはないであろう。しかし、獲物であった動物の牙や骨、さらには石やごくまれに土を用いて造り上げられた（彫り上げられた）後期旧石器時代の女人像の段階に、人類がたどり着いた芸術表現における一つの画期を認めることもまた正しい。そして洞窟壁画と女人像では、グラフィックとプラスティックというその造型の方法のみならず、両者が発見される場所そのものがきわめて対照的なのである。壁画が残された洞窟は生活の痕跡がまったく残されていない非日常の場所であった。それに対して女人像が発見されるのは、基本的には日常の生活空間、住居址の奥からであった。渡辺仁は、その点に、家を守る異形の精霊として造型された女人像、通常の人間がもつ形態とはかけ離れた、人類にとっての原初の「神」の姿を見出している――以下、渡辺仁の没後にまとめられた巨大な遺著、『縄文土偶と女神信仰』（同成社、二〇〇一年）にもとづく。渡辺は、この書物のなかでルロワ＝グーランによる女人像解釈の詳細もまとめてくれている（参照および引用も基本的には同書にもとづく）。

こうした女人像が発見されるのは、ヨーロッパに進出した最初の「新人」たちの文化、オーリニャック文化に続くグラヴェット文化の時期からである。ルロワ＝グーランは、グラヴェット文化からマドレーヌ文化にまで続く畸形の「ヴィーナス」たちに、共通の「型」があることを発見する。バタイユが「無頭」と表現したように、ヴィーナスたちの頭部は、その肥大した腰（胴部）に比較すると、頂に向かうにつれて狭まり細まってゆき、その先端に位置する顔はほとんどなにも表現されていない。同時に脚部もまた、頭部と同様、今度は逆にその底に向かって狭まり細まっていく。つまりは「両端の尖った紡錘型」をしているのである。ルロワ＝グーランは、女人像の比較検討を通して、ヨーロッパの畸形のヴィーナスたち、「無頭」のヴィーナスたちは、実は一つの「型」にしたがって造型されたのだと結論を下す。「ダイアモンド」（紡錘）の「型枠」（フレーム）である。その「ダイアモンド」のフレームの比率を少しずつ変えていくだけで、ヨーロッパの後期旧石器時代の遺跡から出土したヴィーナスたちのほとんどすべての姿をカバーすることができる。

ルロワ＝グーランは、ヴィーナスたちを生み出した「型」は、マドレーヌ文化の時期にはすでに「紋切り型」となってしまった、とさえ述べている。そのことによって一体何が判明したのか。「無頭」のヴィーナスを携えた狩人たちの間には、共通の「型」を受容するネットワークがひらかれていた、ということである。つまり、女神の像のもとに狩りをするヒトたちは、同時に女神の像のもとでコミュニケーション（交易にして対話）を行うヒトたちであったのだ。極東の列島を生きた後期旧石器時代の人々も、縄文の人々も、アイヌの人々も、大規模な狩猟と同時に大規模な交易（コミュニケーション）を行う人々であった（旧石器および縄文におけるその証拠は、産地が同一である黒曜石を素材として作製された石器の分布によって確かめられる）。

渡辺仁は、ルロワ＝グーランの方法に賛意を示す。しかし、ルロワ＝グーランはヨーロッパの後期旧石器時代しか考慮に入れていないとの批判をも記す。「ヴィーナス」の像を生み落としたグラヴェット文化はヨーロッパの中央部にはじまりそこから西と東へと展開していった。ヨーロッパの西では、「ダイアモンド」の型を受け継いだヴィーナスたちが、ソリュートレ文化、マドレーヌ文化と引き継がれていく。さらには旧石器時代が終わった後、新石器時代になってあらためて、そうした「型」をもった女神たちが再生してくる。狩猟の女神は農耕の女神、大地母神としてよみがえったのだ。しかし、ヨーロッパの東（その東端はシベリアにまで達する）では異なるのである。ヨーロッパの東、シベリアでは、グラヴェット文化はソリュートレ文化からマドレーヌ文化という展開を遂げず、そのまま持続されていった。

ヨーロッパの西へ向かった狩人たちがトナカイを追っていたとするならば、ヨーロッパの東、シベリアへと向かっていった狩人たちはマンモスを追っていた。マンモスの牙と骨で住居を造り、「ヴィーナス」たちを造った。マンモス・ハンターたちの女神は、「ダイアモンド」の型にはあてはまらず、顔がはっきりと表現され、肩が張り、狭められ細められた脚部へと向かう緩やかな逆三角形の姿をしていた。つまり、ヨーロッパの西と東では女神の「型」が違うのである。渡辺仁は、さらにヨーロッパの西にも東にも見出される中間の「型」が存在することをも指摘する。筒状の胴をもった――「矩形胴」の――「型」のヴィーナスたちである。

胴部のもつ特徴をもとに、渡辺仁は、ヴィーナスの原型を三つのタイプに分類する。ヨーロッパの女神は「台形」の胴（腰部に向けて広がる胴）をもつ（A型）、シベリアの女神は「逆台形」の胴（腰部に向けて狭まる胴）をもつ（C型）、両者の中間には「矩形」（筒型）の胴をもつ女神の像

（B型）が位置づけられる。ヨーロッパではA型とB型の女神しか発見されず、シベリアではB型とC型の女神しか発見されていない。後期旧石器時代の狩人たちは、ユーラシア全土に広大で統一された交易圏（コミュニケーション圏）をもつ（B型の女神が西と東をつなぐ）と同時に、西と東ではそれぞれ固有の個性（A型の女神とC型の女神）をもった文化が形成されていたのだ。

ヨーロッパの後期旧石器時代の女神、トナカイ・ハンターたちの女神が新石器時代に農耕の女神としてよみがえることと並行して、シベリアの後期旧石器時代の女神、マンモス・ハンターたちの女神がやはり極東に花開いた特異な新石器時代、縄文の女神、すなわち土偶としてよみがえったのである。土偶は縄文の草創期から造られ、しかもそれらはすべてB型とC型の女神の「型」をもっていた。マンモスの牙や骨を素材として彫り上げられていた女神はより可塑性をもった粘土で形づくられ、土器の装飾が多種多様に展開していくことに並行して、多種多様な姿形をもち、その身体に土器と同様の豊かな装飾を施されていった。

縄文の土器とラスコーの洞窟壁画からはじまった文学と考古学をめぐる旅は、この地点、後期旧石器時代のユーラシア大陸の西と東を一つにむすび合わせる狩人たちの女神像が、縄文の土偶として転生されたところでひとまず閉じられる。それでは、「土偶」とは一体何だったのか。

＊

「土偶」は縄文時代に固有の造型表現である。土偶は、草創期から晩期にまで至る縄文時代一万五〇〇〇年のすべてにわたって、各地で、それぞれの固有性をもちながら、無数に造られ続けた。ごく一部ではあるが、弥生の初期までその伝統は踏襲されている。しかし、古墳時代に出現する、やはり土製の人形（ひとがた）である「埴輪」とは、その形態も機能も大きく異なっている。「埴輪」が王者の墓を守る人間の像であるならば、「土偶」は人々の生活を守る「精霊」――人間の姿からは遠くかけ離れた異形の女神――の像である（以上は渡辺仁の結論であるが、しかし、「土偶」が実際に何のために造られ、どのように用いられたかはいまだに判然としていない）。

縄文の草創期から前期にかけて「土偶」は顔をもたなかった。「無頭」の女神であった。顔をもたないのに、なぜ土偶が「女神」を表現したものであると断言できるのか。それは、最初期の土偶はすべて「無頭」ではあるが、後期旧石器時代の畸形の「ヴィーナス」と同様、誰が見ても明らかな、特にそれだけが目立つようにして、乳房が表現されていたからである。現在まで発見されているほぼすべての「土偶」が、なんらかの意味、なんらかのかたちで女性であることを示している。しかも、縄文草創期の「無頭」の土偶は、渡辺仁が指摘するように、シベリアの旧石器時代のヴィーナスと同じように、張りだした肩が腰に向けてすぼまっていく逆三角形、逆台形（C型）をした上で、いまだ平板な身体をもっていた。

渡辺仁の『縄文土偶と女神信仰』は、それまでの土偶研究の集大成的な意味をもっている。渡辺仁の土偶論に先立つ江坂輝彌の『日本の土偶』（原著＝一九九〇年、現在は講談社学術文庫）においても、同時期（渡辺仁の土偶論の完結は一九九七年）にまとめられた藤沼邦彦の『縄文の土偶』（歴史発掘③、講談社、一九九七年）においても、草創期の土偶の起源として、ともにシベリアの

「ヴィーナス」像が位置づけられている。渡辺仁の土偶論は、それまで発見され報告された土偶（および北方狩猟採集民の仮面と神像）の網羅的な形態分析によって、形式においても、機能においても、縄文時代の土偶を、旧石器時代の「ヴィーナス」像から連続するものとして捉え直したものである。その方向性は、多かれ少なかれ（当然のことながら批判も交えながら）、渡辺仁以降の土偶論にも引き継がれている。

　土偶は、旧石器時代と縄文時代を連続させるとともに、そこに非連続の飛躍をもたらす。旧石器時代の「ヴィーナス」のほとんどが骨製（骨彫）にして石製（石彫）であるのに対して（ただし、粘土製のものも発見されてはいる）、縄文時代の土偶は、土器と同じく、精巧な「焼きもの」として造られていたからだ。渡辺仁は『縄文式階層化社会』のなかで、こう述べている。土器製作の技術とは、「錬金術」に匹敵するほどの複雑で高度な物理的かつ化学的な工芸芸術の精華である、と。自然の環境のなかから粘土を見出し、精錬し、造型し、焼成し、半永久の作品として残す。可塑性に富んだ粘土は、さまざまな形態にして装飾、さまざまな紋様にして装飾を可能にした。従来の世界史的な理解によれば、「土器」の発明によって旧石器の時代（狩猟採集社会）と新石器の時代（農耕社会）が区別された。土器の使用と農耕の開始が新石器革命を意味していた。縄文は、そのような区分を根底から無化してしまう。

　縄文時代の展開に従って、土器も異形化し、土偶も異形化する。土器の異形化と土偶の異形化は並行し、共振するものであった。そのなかでも特に中部高地の中期の土器（人面把手《とって》付き土器、そこでは土器と土偶が一体化している）、亀ヶ岡（北海道・東北）の晩期の土偶（いわゆる「遮光器」

土偶、その身体には土器と同じような複雑な渦巻き紋様が全面にわたって施されていた）はともに特筆すべきものである。中部高地の土器の把手に造型された「精霊」（妖精）の顔の裏面には、抽象的でありながらも生々しい渦巻き状の生命体（「蛇」）の姿が重ね合わされていた。人間は人間を超えた存在へと変身し、具象的であるとともに抽象的な紋様のなかで一つに融け合っている。しかもその両者、中部高地にも亀ヶ岡にも、旧石器時代から縄文時代にかけての移行期に位置づけられる、縄文時代最初期の土器とともに最も精巧に作り上げられた旧石器時代最晩期の石器（いわゆる「神子柴《みこしば》」型の石器）が併出する遺跡が発見されていた。旧石器時代の中心地と縄文時代の中心地は、しばしば重なり合う。そこには、火山列島特有の産物である「黒曜石」が無尽蔵に秘められた自然の宝庫たる「山」もまた隣接していた。

中期は縄文社会の完成期にあたり、晩期は文字通りその終焉期にあたる。列島の東で縄文（狩猟採集社会）が終焉を迎えようとしていた頃、列島の西ではすでに弥生（農耕社会）が勃興しようとしていた（近年の年代論による）。旧石器時代から狩猟採集という生活スタイル、物質的な環境と精神的（霊的）な環境が一つに重なり合う生活スタイルを引き継いだ縄文時代は、その完成期と終焉期に自らのもつ表現性の臨界にして装飾性の臨界に到達したのである。それは人類史的に考えて、芸術表現の一つの到達点ということも可能であろう。マンモス・ハンターの末裔たち、野生の錬金術師たちは、技術と儀礼が一つに融け合った手法を用い、自然の諸元素、土・水・風・火を有機的に「化合」させることによって、抽象と具象が、人間と森羅万象が、日用品と非日用品が一つにむすび合わされた道具（土器）であるとともに芸術作品（土偶）でもある「もの」

を創り上げたのだ。その「もの」たちを中心に、歌うことが踊ることであり、獲物を消化吸収することが霊魂を消化吸収することである原初の「祝祭」が執り行われていたはずである。

ラスコーの壁画は、縄文の土器は、自然にひらかれた原型的な人間たちが執り行う原型的な「祝祭」の表現であった。

# 南島論

『共同幻想論』（一九六八年）を書き上げた吉本隆明（一九二四－二〇一二）にとって、そこで提出された諸主題をあらためて総括し、その彼方へと抜け出そうと意図された書物が「南島論」であった。吉本は、繰り返し「南島論」に立ち戻り、新たな構想のもとで「南島論」を何度も書き継ごうとしていた。しかしながら、自身の思索の深まりとともに「南島論」として一つに総合されなければならない論点は広がり、複雑化する。結局のところ、吉本の生前、「南島論」というタイトルで一冊の書物がまとめられることはなかった。「南島論」は、詩人であり批評家であった吉本隆明が、そのすべての力を注ぎ込みながら――それゆえに――「幻」となった書物であった。

だが、来たるべき「南島論」の完成のために吉本が残したすべての論考、すべての対話が、吉本自身の手になる「まえがき」（二〇〇五年執筆）を付し、ここに『全南島論』として刊行されることになったのである（作品社、二〇一六年）。「幻」の書物は、「幻」のまま終わることはなかった。南島は、吉本隆明にとって、人間の表現の「原型」、人間の家族・親族・国家の「起源」を探ることが可能な場所であった。それは同時に自らの詩人としての起源、批評家としての起源が立ちあらわれてくる場所でもあった。『全南島論』は、吉本隆明の表現の「原型」、表現の「起源」を明らかにしてくれる特権的な書物になった。一冊の書物のなかに、文字通り、一つの宇宙が封じ込められているのだ。詩人にして批評家、吉本隆明のアルファにしてオメガである。

ここに一冊の書物となった『全南島論』の構成について、まず述べておきたい。

柳田國男、折口信夫、島尾敏雄、そして埴谷雄高と、この『全南島論』を構成するすべての論考と対話を眺め渡した上で、最後に、自身の内に去来する四人の特権的な表現者について述べられた「はじめに」。吉本は、そこで、自らの営為が、民俗学者にして近代日本思想史上からは異端として位置づけられ続けている二人の巨人、柳田國男と折口信夫に直結するとともに、やや年長ではあるがともに同時代を生き抜いた、これもまた近代日本文学史上から異端として位置づけられ続けている二人の卓越した表現者である島尾敏雄、埴谷雄高の思索と併走するものであったことを銘記してくれている。特に激烈な論争を経てきた埴谷の名前をあえてここに記していることが重要である。なぜ埴谷雄高であったのか。その答えは、『全南島論』のすべてを走破しない限り分からないであろう。後ほどあらためて詳しく論じることにしたい。最後の吉本隆明は埴谷雄高とともにあろうとした。その貴重な証言が残されたのだ。

「はじめに」につづく「I」では、吉本が最終的に構想していた「南島論」の素描が提示される。はじめて沖縄本島の那覇を訪れ、そこで行われた大規模なシンポジウムの記録である『琉球弧の喚起力と南島論』(シンポジウム実施＝一九八八年一二月、単行本刊行＝一九八九年)の冒頭に据えられた基調報告「南島論序説」と「覚書」、さらにはこのシンポジウムを契機に新たな意気込みとともに雑誌『文藝』に「南島論」のタイトルで連載された二篇の論考からなる（連載は残念ながらここで唐突に終わることになった）。吉本南島論の未完の到達点と称してもよい論考群である。「南島論序説」の段階で、後に『母型論』（一九九五年）と『アフリカ的段階について』（一九九八年）で一つの完成を迎える吉本後期思想の萌芽が、否、それだけでなくその彼方の世界が、すでに垣間見られていた。来たるべき「南島論」は、『母型論』と『アフリカ的段階について』をそのなかに含み、それらを乗り越えていくものだったはずである。「南島論序説」には、そのような可能性が秘められている。

「Ⅱ」においては、冒頭の詩篇（「島はみんな幻」）と島尾敏雄をめぐる末尾の三篇（「聖と俗」「島尾敏雄『琉球弧の視点から』」「島尾敏雄――遠近法」）を除き、「Ⅰ」へと至る吉本南島論のいわば骨格をなす諸論考が、編年体で収録されている。そのはじまりに据えられた二篇の論考、「母制論」と「起源論」は、ともに『共同幻想論』の後半部を成り立たせる二つの柱でもあった。「母制論」は『共同幻想論』が単行本として刊行される際に書き下ろされた最初の章であり、「起源論」は『共同幻想論』全体の最終章にあたる。『共同幻想論』が終わった地点から「南島論」がはじまるのだ。つまり、『全南島論』は、『共同幻想論』から『アフリカ的段階について』に至るまで、三〇年に及ぶ吉本隆明の生涯と思想を一つに総合する書物として存在している。「Ⅲ」に収められた四篇の対話は、その間の吉本の思索の変遷を、われわれに向けて最も平易な言葉で語りかけてくれる。

それではあらためて、吉本隆明にとって「南島論」とは一体何であったのか。そのはじまりに据えられた『共同幻想論』から、一つの帰結である「南島論序説」——つまりは『母型論』と『アフリカ的段階について』の総合と超出——に至るまで、『全南島論』に収録された諸論考に沿いながら、そのエッセンスを抽出していかなければならない。

＊

『共同幻想論』はただそれだけで孤立している書物ではない。『共同幻想論』は、その前後に刊行された『言語にとって美とはなにか』（一九六五年）および『心的現象論序説』（一九七一年）とともに三幅対をなす。吉本思想の核心が、間違いなく、そこにある。『共同幻想論』の冒頭に付された「序」が、その間の経緯を過不足なく語ってくれている（以下、引用は角川文庫版より）——。

言語の表現としての芸術という視点から文学とはなにかについて体系的なかんがえをおしすすめていく過程で、わたしはこの試みには空洞があるのをいつも感じていた。ひとつは表現された言語のこちらがわで表現した主体はいったいどんな心的な構造をもっているのかという問題である。もうひとつは、いずれにせよ、言語を表現するものは、そのつどひとりの個体であるが、このひとりの個体という位相は、人間がこの世界でとりうる態度のうちどう位置づけられるべきだろうか、人間はひとりの個体という以外にどんな態度をとりうるものか、そしてひとりの個体という態度は、それ以外の態度とのあいだにどんな関係をもつのか、といった問題である。

表現する言語、すなわち詩的言語の起源への探究（『言語にとって美とはなにか』）は、表現する主体の心的構造の起源への探究（『心的現象論序説』）と重なり合う。しかし、それだけでは充分ではない。人間は、この世界のなかで、ただ一人の個体として存在しているわけではないからだ。人間は、家族のなかに生まれ、社会（共同体）のなかで育つ。ある場合には、個と家族、家族と共同体、共同体と個の間にむすばれる諸関係は、相互に矛盾し合う。家族とは何か、共同体とは何か。あるいは、家族や共同体との軋みのなかではじめてあらわとなる個とは何か。そうした問いを無視して先に進むわけにはいかない。言語の起源を問うこと、心の起源を問うこと、人間の共同性の起源を問うこと。吉本にとって、この三つの問いは相互に切り離すことのできないものであった。

だからこそ、『共同幻想論』は、人間の共同性の起源を問いながら、言語の起源、心の起源を同時に問い直すものでなければならなかった。もちろん、吉本にとっても、吉本以外の誰にとっても、そのような巨大な問題を容易に解決することなどできはしない。『共同幻想論』は三つの複雑に絡み合う問題を提起するに留まった。来たるべき「南島論」は、『共同幻想論』が提起した問題に一つの解決を与えなければならなかったのだ。

『共同幻想論』が主題とする人間の共同性の起源の探究とは、言い換えれば、「国家」の起源を探究することに他ならない。それは人間にとって普遍的な問題である。しかし、吉本の批評は絶えず具体的な「私」、吉本自身に固有な体験から出発し、それを貫く。具体的で固有の場所からはじめなければ、抽象的で普遍的な場所に到達することなどできはしないからだ。批評が客観的な研究でもなく、主観的な創作でもない所以でもあろう。第二次世界大戦、あるいは太平洋戦争という悪夢のなかで、自らの敬愛する詩人たちも、また自らも、国家という共同の幻想によって容易に、なおかつ徹底的に犯され、浸蝕されてしまった。個人的な幻想領域に生まれるはずの文学表現は、国家という共同の幻想によって根こそぎにされ、無残に変容する。それは一体なぜだったのか。

『共同幻想論』の「序」では、こうまとめられている――「人間はしばしばじぶんの存在を圧殺するために、圧殺されることをしりながら、どうすることもできない必然性にうながされてさまざまな負担をつくりだすことができる存在である。共同幻想もまたこの種の負担のひとつである。だから人間にとって共同幻想は個体の幻想と逆立する構造をもっている」。自己幻想と共同幻想は逆立する、つまり、相互に相容れない。文学的想像力すなわち個体の幻想は、国家の統制すなわち共同の幻想とは逆立するはずだったのに、なぜ、容易に融解してしまったのか。吉本は、そこに〈性〉の関係を軸とした対なる幻想の領域を見出す。アジアにおいて、この列島において、自己幻想と共同幻想を、対幻想が一つにむすび合わせてしまうのだ。

アジアにおいて、列島において、その役割――対なる幻想を媒介として個体の幻想と共同の幻想を一つに溶解させてしまうこと――を果たすのは〈女〉である。吉本自身、『共同幻想論』のなかで何度も注意を促しているが、この場合、〈性〉といい〈女〉といっても、自然（生理）として存在する性（具体的な肉体を用いた「性交」）、自然（生理）として存在する女（具体的な性器の形状によって弁別される「性」）を指しているわけではない。あくまでも観念としての〈性〉、観念としての〈女〉を意味している。だから、吉本による〈女性〉の定義は、こうなる――「あらゆる排除をほどこしたあとで〈性〉的な対象を自己幻想にえらぶか、共同幻想にえらぶものをさして〈女性〉の本質とよぶ」と。

自然であるとともに観念としても立ちあらわれる〈女〉は、家族の起源であり、同時に国家の起源でもある。家族とは人間が〈性〉としてあらわれざるを得ない場所であり、国家とはその〈性〉の関係が家族を乗り越えて共同の幻想にまでひらかれたときに出現する。そのとき、女性は家族のなかの「母」や「妻」ではなく、共同社会を生み落とす呪術的な宗教者たる〈巫女〉となる――「わたしのかんがえでは〈巫女〉は、共同幻想をじぶんの対なる幻想の対象にできるものを意味している」（以上、いずれも「巫女論」より）。

『全南島論』の「II」に収録された「南島論――家族・親族・国家の論理」では、こうした議論を土台にした上で、家族と国家はより端的に、こう定義されている。家族とは何か。「それは人間の個体が性として現れざるを得ない場所である」。国家とは何か。「家族または家族の集団の共同性の次元を、ある共同体がいささかでも離脱したときに、それを国家と呼ぶ」。家族を成り立たせるのも、家族を解体して国家を出現させるのも、〈性〉として立ちあらわれる〈女〉、観念としての〈女〉である。自然の家族は〈性〉としては閉じようとする。それでは、自然の家族を観念として〈性〉に、観念としての共同性に開くものは何か。それが、家族という共同性の次元を乗り越えてさえ持続する〈性〉の関係性、自己幻想でも共同幻想でもない「対なる幻想」である。原初の国家にまで到達する「対なる幻想」は、夫と妻の間でも、父と息子、母と娘の間でも可能にならない。ただ、兄弟と姉妹の間でだけ可能となる（何度も繰り返すが、「対なる幻想」、その〈性〉の関係とは実際の性交だけを意味するのではない）。

自らの対なる幻想を共同の幻想と一致させることのできる呪術的な宗教者たる〈巫女〉——すなわち原初の天皇——とは、家族を超え出た氏族のレベルで、兄弟に対する姉妹の関係性のなかでしか出現することはない。そして、同時にそこには、すでに原初の国家が出現している。逆に言えば、呪術的な宗教者たる〈巫女〉の出現が家族を解体して国家をもたらす。それが『共同幻想論』の結論である。『共同幻想論』はその前半ほとんどすべてを費やして柳田國男の『遠野物語』を論じ、後半ほとんどすべてを費やして『古事記』を論じている。柳田國男は、「対なる幻想」を通して、家族から原初の共同体が生み出される過程をその目にしていた。それは『遠野物語』という、時間と空間が限定された民話のレベルで表現されている。『古事記』では、すでに「対なる幻想」は原初の共同体を離脱した国家のなかに保存された過去の遺制として、時間と空間を限定されない神話のレベルで表現されている。この民話のレベルと神話のレベルにおける「対なる幻想」の連続と非連続という観点は、『全南島論』の「I」に収録された吉本が最後に残した「南島論」でも、南島の「民話的な自然な神話」と『古事記』および『日本書紀』に記録された「制度的で過剰な神話」との対比として反復され、新たな生命を吹き込まれている。

それでは柳田國男は、『遠野物語』を通じて、一体どのような光景を見ていたのか。ここではいったん『共同幻想論』を離れ、『遠野物語』の一つの帰結として柳田の残したもう一つのテクスト「妹の力」をもとに説明してみたい。そのはじまりに描き出されるのは、柳田が東北の片田舎を歩いていて「遭遇」した、つまりは実際に聞き知った一つの出来事＝事件である。東北の山深くの村の富裕な旧家で、数年前に「六人の兄弟が、一時に発狂して土地の人を震駭せしめたこと」があった。六人のうち、末の妹が一三歳で、他の五人はすべてその兄だった。しかも、「不思議なことには六人の狂者は心が一つで、しかも十三の妹が其首脳であつた」。村の向こうから来る旅人を、妹が「鬼」だというと、兄たちの眼にもその旅人が「鬼」そのものに見えた。妹が打ち殺してしまえと一言いうと、兄たちは何ものかに取り憑かれたかのようにその旅人に襲いかかっていった……。

妹は、可視の地上世界とは異なった不可視の別世界の光景を見ることができる。その別世界の光景をもとにして兄弟たちの心――心身――を自在に操ることができる。家族は「対なる幻想」を通して狂気のなかに自閉する。しかし、このとき妹が見たものが「神」であったとしたら、そして妹と「心が一つ」であった兄弟たちが、周囲の人々に、自分たちの共同の幻想として可能になった「神」の姿を説得的に伝えることができたとしたら、どうであろうか。そこには強烈な宗教的紐帯《ちゅうたい》でむすび合わされた一つの強固な共同体が成立するであろう。「対なる幻想」は、家族を狂気として閉じるばかりでなく、家族を宗教的な共同体へと開くのだ。原初の国家は、自己幻想と共同幻想の間に、狂者と宗教者の間に、家族と共同体の間に孕まれる（なお、家族という「狂気」について吉本は、自身の持つカフカ的な「自閉」性向とともに、『心的現象論序説』で原理的に論じなければならなかった）。

姉妹と兄弟という関係の「母型」から、「母型」としての共同社会がはじまるのだ。来たるべき「南島論」がはじめられるのも、その地点からだった。『共同幻想論』のいわば結論である「母制論」と「起源論」が、同時に『全南島論』全体の序論、来たるべき「南島論」を真にはじめるものとなる。吉本は、そこに、アジア的共同体の起源に存在する〈母系〉制の社会（「母系」の関係にして国家の「母型」）を位置づける。吉本は、原初の国家である〈母系〉制の社会を、こう定義する。「〈母系〉制の社会とは家族の〈対なる幻想〉が部落の〈共同幻想〉と同致している社会を意味する」。あるいは逆に、共同体内で同母の兄弟と姉妹の婚姻が禁止され（「起源論」ではそこに国家の起源が位置づけられる）、「兄弟と姉妹の〈対なる幻想〉が部落の〈共同幻想〉と同致するまでに拡大」したときに〈母系〉制社会の真の基盤が築かれる。

『古事記』に残されたアマテラス（姉）とスサノオ（弟）による象徴的な性交、姉と弟の「誓約」（ウケイ）の挿話は、典型的にこの原初の国家、〈母系〉制社会の創設をあらわしたものなのだ。吉本は、こう記している――「アマテラスとスサノオのあいだにかわされた行為は、自然的な〈性〉行為、いいかえれば姉弟相姦の象徴的な行為を意味していない。姉妹と兄弟のあいだの〈対なる幻想〉の幻想的な〈性〉行為が、そのまま共同的な〈約定〉の祭儀的な行為であることを象徴している。べつのいい方をすれば、姉妹と兄弟のあいだの性的な〈対幻想〉が、部族の〈共同幻想〉に同致されていることを象徴している」。
つまり、列島における国家の起源には〈母系〉制の社会が位置づけられ、その最も古くまた最も典型的な構造は、「〈姉妹〉が神権を掌握したときは〈兄弟〉が政権を掌握する」というものであった。『古事記』ではアマテラスとスサノオの神話として残され、『魏志倭人伝』では霊的な宗教権力をつかさどる女王の卑弥呼と現実的な政治権力を掌握するその男弟の関係性として残された構造である。しかし、列島の中心部では、いつしかその構造に変化がおとずれる。姉妹と兄弟の「対」が天皇という「一」に変貌を遂げてしまうのだ。その変化は、〈母系〉の社会から〈父系〉の社会への変貌とパラレルである。「呪術宗教的で絶対的な権力」が世襲されていくという点のみは保存されながらも……。

吉本隆明は、列島に生まれた国家が変容を重ねながら、この現代に至っても、古来以来の、いまだ呪術宗教的な共同の幻想であることを明らかにした。それでは、なぜ『共同幻想論』に引き続いて、来たるべき「南島論」が書き上げられなければならなかったのか。列島の中心部で形となった天皇制国家は、歴史以前から長く続く〈母系〉制社会に「接ぎ木」され、その構造を収奪した新しい体制に過ぎなかったからだ。南島には、その「接ぎ木」された天皇制国家を容易に相対化してしまえるほど古層の、アジア的な原初の共同性を保った体制が維持されていた。

たとえば、〈母系〉制社会の一つの起源と、南島で神話的に位置づけられている久高島。そこでは、いまだに姉妹と兄弟の間に特別の意味が与えられた祭儀（「イザイホー」）が残され、本土の室町期以降に再編されたものとはいえ、琉球王国では、現実の政治的世界をつかさどる王の即位よりも盛大かつ華麗な即位式（「御新下り《おあらお》」）が、超現実の霊的世界をつかさどる王の姉妹である聞得大君《きこえおおきみ》の即位に際して行われていた。兄弟が現実の政権を掌握し、しかしそれ以上の権威である超現実神権をその姉妹が掌握していたのである。つまり、南島では、天皇制国家への変容を経ることなく、姉妹と兄弟の「対なる幻想」にもとづいた原初の共同体の痕跡が、いまだにその生命を保ったまま、残されていたのである。

だからこそ、吉本隆明は、『全南島論』で、「母制論」「起源論」に引き続いて収められた「異族の論理」のなかに、こう記す――「弥生式文化を背景として成立した大和王権は、琉球・沖縄にだけ遺制をとどめている統治形態を、最古の古典である『古事記』や『日本書紀』のなかで、〈神話時代〉として保存するほかなかった。そして同時にこれを大和王権の統治的な祖形とみなして、〈アマテラス〉という女神と、その弟であり、またわが列島の農耕社会を統治する最初の人物としての〈スサノオ〉という男神に、役割をふりあてて描いたのである」。だから南島をより掘り進めて行けば共同幻想として成立した「国家」の起源に到達でき、さらにはそれを、より普遍的な人間の営みの方向、人類史への方向へと乗り越えていくことができるのだ。吉本は、高らかに宣言する――。

わたしたちは、琉球・沖縄の存在理由を、弥生式文化の成立以前の縄文的、あるいはそれ以前の古層をあらゆる意味で保存しているところにもとめたいとかんがえてきた。そしてこれが可能なことが立証されれば、弥生式文化＝稲作農耕社会＝その支配者としての天皇

（制）勢力＝その支配する〈国家〉としての統一部族国家、といった本土の天皇制国家の優位性を誇示するのに役立ってきた連鎖的な等式を、寸断することができるとみなしてきたのである。いうまでもなく、このことは弥生式文化の成立期から古墳時代にかけて、統一的な部族国家を成立させた大和王権を中心とした本土の歴史を、琉球・沖縄の存在の重みによって相対化することを意味している。

来たるべき「南島論」が書かれなければならなかった理由がここに過不足なく述べられている。しかもこのとき――一九七〇年――沖縄はアメリカの占領統治から独立し、本土へ、列島日本へ「復帰」しようとしていた。吉本は、その「復帰」が、経済的な援助を求めるためになされるのではなく、また、本土を構成する一つの都道県レベルの扱いを求めるためになされるのでもなく、あくまでも、「琉球・沖縄が本土や中国大陸や東南アジアや太平洋の島々にたいしてもっている重要な、多角的な意味あい」を自分たちで原理的に深めて行く方向で求められるべきだと、激烈に主張する。

吉本が、こう主張してから五〇年以上が過ぎた。問題は解決されず先送りされ、「復帰」が真の独立ではなかったことがあらためて明らかになりつつある今、吉本南島論のもつアクチュアリティは決して衰えていない。

*

「異族の論理」以降、吉本は「イザイホー」の儀礼をさらに分析し、「南島の継承祭儀」である聞得大君の「御新下り」を精緻に論じ、柳田國男の方法論をあらためて検討し直していった。その成果は、『全南島論』の「II」に集大成された諸論考に詳しい。そのなかでも特に、南島に残る〈野生の思考〉を論じた「色の重層」から、新時代の柳田國男論である「縦断する「白」」へと連なっていく箇所は、『全南島論』全体の一つの白眉であり、詩人にして批評家である吉本隆明自身の〈野生の思考〉と深く交響している。

しかしながら、吉本は、次第に、国家の起源を探るという制度論的な探究だけで「南島論」を展開していくことに困難を覚えてきたはずだ。制度論的な探究だけでは、どうしても、『共同幻想論』の反復になってしまう。「国家」という在り方を乗り越えなければならないはずなのに、どうしても、その「起源」までしかたどり着くことができない。さらには、南島の姉妹と兄弟の間にむすばれる「対なる幻想」による即位とは異なった、兄と弟によって分担され、王の代理の少年が無残に殺戮されることで真の即位が成り立つ「諏訪地方のミシャグジ祭政体」——おそらくその起源は「北方」のシャマニズムにあり、縄文的な古層に直結しているとされた——の発見などで、「南島論」の骨格が揺るがされた。

そうした袋小路を打破するために、吉本が救いを求めたのは、「南島論」とは正反対の「世界都市論」であり、おそらくはもう一つ、「創造的進化論」であった。「都市論」は吉本に〈世界視線〉というヴィジョンをもたらし、「進化論」は制度論的な〈母系〉ではなく、より身体的な原初の「母型」、すなわち人類の母胎としての「母型」というヴィジョンを吉本にもたらしたはずである。この「都市論」と「進化論」を一つに組み込んだ形で「南島論」の再生がはかられることになった。具体的な著作としては『母型論』と『アフリカ的段階について』が挙げられるが、この二つの著作が刊行される以前に、この二つの著作のエッセンスを集約した形でまとめられたのが、『全南島論』全体の巻頭に据えられた「南島論序説」であった。

「南島論序説」の冒頭で、吉本は「都市論」と「南島論」を鮮烈に対比させる。

国家という軛《くびき》を脱して人間の「普遍相」に到達するために、現在においては、まったく異なった二つの方法を採用しなければならない。一つは人間の生活の「基層的」なイメージを過去の発生の時点、つまりは人間以前にまで掘り下げて行くことであり、もう一つは、世界都市として実現されつつある「重層的」なイメージを、空間的には遥か彼方の上方からの視点、時間的には限りのない未来からの視点、すなわち人間を乗り越えたテクノロジーが可能にした〈世界視線〉によって逆照射することである。七〇年代の「南島論」を、『ハイ・イメージ論』連作に代表される八〇年代の「世界都市論」によって、空間的にも時間的にも拡張していかなければならないのだ。「南島論」と「世界都市論」は、過去と未来から、人間以前の世界と人間以降の世界から、基層を深めることと上層から俯瞰することから、ともに人間的な「国家」を超える。〈世界視線〉の在り方と比較しながら、吉本は、来たるべき「南島論」の課題を、こうまとめている——。

この都市論の課題とおなじ課題を南島論に求めるとすれば、南島論とは何なのか。いまとおなじ言い方をすれば、ひとつは、基層を映像化することです。つまり国家の根拠よりもっと基層の方に掘り下げたところを映像化できるかどうかということです。つまりイメージ化できるかどうかということです。イメージ化することで、いってみれば人類の普遍的な母胎のところに到達できるかどうかというのが南島論のひとつの課題だとおもいます。基層をどんどん掘り下げていって、日本国家の成立の基礎よりももっと奥まで掘り下げてしまう。それをイメージ化することができれば、それはやはり人類の文明と文化の普遍的な起源、つまり母胎といいましょうか、そこにつながる可能性がみえてくるかもしれません。それは南島論のひとつの課題だと僕はおもいます。

ここで宣言されたことを実践したものが『母型論』であり、その核となる内容については、『全南島論』の末尾に収録された山本哲士と高橋順一を聞き手とした吉本自身による解説、「母型論と大洋論」が最も詳しい。人間の言語、人間の心、人間の共同性が発生してくる「母型」は、母親と胎児との間の「絶対的な関係」(「母型」の関係にして関係の「母型」)、さまざまな意味の萌芽を内包し、言語化される以前の重層的なイメージがたゆたう「大洋」の世界として描き出された。そこでは栄養を摂取する行為と、原初的な〈性〉行為の区別さえない。「母」との関係を媒介として、あらゆる個体は、世界そのものが発するさまざまなイメージを受け取る。それは「個人言語」の起源(母語)であるとともに「種族言語」の起源(語母)であった。『初期歌謡論』(一九七七年）を一つのメルクマールとして、吉本が南島という表現の原型に追い求めてきた、反復と逆語順を特色とする神話化される以前の「詩」の起源、あるいは、「詩」としてはじめて可能になった原－日本語の起源の探究もまた、ここに合流することとなる。「母」は「大洋」というイメージの源泉であった。その世界は、吉本が愛し続けた宮澤賢治の童話的世界のように、擬音語や擬態語で満ち溢れ、「感覚と感情の織物」として創り上げられていた。なお、吉本がいう「イメージ」の世界を最もクリアかつ最も美しく描き出した著作は『言葉からの触手』（一九八九年）であろう、そこには胎児として孕まれる「概念《コンセプト》」等々といった驚嘆すべき見解がさりげなく記されている。

だがしかし、「南島論序説」は『母型論』を先取りしているばかりではない。吉本は〈世界視線〉によって、イメージの母胎たる「大洋」を、さらに人類の変化の可能性そのものとしての「草原」に接合する。そして、その「草原」にアジア的段階に先行するアフリカ的段階を位置づける――「これは世界視線からみたばあいですが、何をもってアフリカ的というかを申し上げますと、それは草原だということがわかります」。来たるべき人類のためにユートピアを築く可能性があるとすれば、それはもはや「草原」にしか存在しない。人類の母型たる「大洋」を人類の変化の可能性そのものである「草原」に接合し、「大洋」と「草原」を一つに重ね合わせること。それが「南島論」の最後の課題であった。吉本は、「南島論序説」の段階ですでに「南島」を「南島」だけに自足させない。「南島」を「北方」に、あるいは世界に開いている。南島の人々の世界観と北方アイヌの人々の世界観、「おもろさうし」と「ユーカラ」を一つに重ね合わせている。

その地点にこそ「人類の原型的な内容」が立ちあらわれるのだ。

『アフリカ的段階について』の(Ⅳ)の末尾に、吉本はこう記している。「わたしたちは現在の歴史についてのすべての考察をアフリカ的な段階を原型として組み直すことが必須とおもえる」。アフリカ的な段階で問題となるすべての主題を、自らのうちに内在化して精神的に生きるとともに、さらにそれを未来の文明史として外在化して客観的な表現――論理――としてまとめなければならない。吉本が『アフリカ的段階について』の「序」に記した言葉を借りれば、「アフリカ的段階」を人類史の最も多様な可能性をもつ母型(母胎)として掘り下げ、同時に、その掘り下げの方法を歴史の未来に向かって最大の射程を持つものとみなさなければならない。アフリカ的段階は、世界のあらゆる場所にその痕跡を残している。「固有アフリカの現在のさまざまな問題は、南北アメリカの固有史にもあるし、日本列島の原型的な固有性をのこしているアイヌや琉球や本土の固有の古典史にも存在している」。

ここが「南島論」の到達点である。そしてまた、吉本隆明という巨大な批評家にして思想家を、未来に向けて乗り超えていかなければならない、新たな出発点でもある。

＊

来たるべき「南島論」の帰結である『母型論』と『アフリカ的段階について』を書き上げるためには、「世界都市論」とともに人類の「原型」、すなわち人類の起源を探究するベルクソン的な

「創造的進化論」を消化吸収することが、吉本にとって必要不可欠であった。『母型論』で特権的に参照されているのは、宮澤賢治にも甚大な影響を与えた進化論者エルンスト・ヘッケルの「個体発生は系統発生を繰り返す」というテーゼを現代によみがえらせ、『胎児の世界』（一九八三年）としてまとめた三木成夫の営為であった。「個体発生」（胎児の発生）と「系統発生」（種族の発生）は同形を描く。その起源に人間という種の「母型」を位置づけることが可能になる。胎児は人間という個体の原型であるとともに人類という種の原型でもあった。

しかし、吉本は突如としてこのような「創造的進化論」に遭遇したわけではない。三木の諸著作に触れる以前に、吉本のなかにはすでにそれらを受容する準備が整っていた。三木成夫に先立って、吉本隆明は、独自の「進化論」の体系を打ち立てたもう一人の知の巨人、今西錦司と邂逅していたからだ。両者は、一冊の書物——『ダーウィンを超えて』（一九七八年）——として成り立つほどの対話を残した（ただし、後に残された吉本の回想によれば、その対話は当初の意図からは大きくはずれた、はなはだ不充分なものとなったという）。今西錦司の構想した「進化論」、特に最初の著作である『生物の世界』（一九四一年）は、ベルクソン的なヴィジョンに満ち溢れていた。その源泉には、今西自身が認めているように西田幾多郎の「場所の哲学」が存在していたからだ。そして、個体でも全体でもなく「種社会」という、個と全体の媒介となるものをつねに進化の中心に据えているという点で、おそらくは田辺元の「種の論理」からの影響があることも、ほぼ間違いないであろう。西田も田辺もベルクソンの諸著作から多大なインスピレーションを受けていた。今西の「棲み分け」や「種社会」を中核とした進化論は、西田哲学と田辺哲学を実践的に総合したものでもあったはずだ。

『全南島論』の「まえがき」で、吉本は、自らを柳田國男、折口信夫といった民俗学者の系列に連なる者として位置づけている。しかし、来たるべき「南島論」の射程を確定するためには、それだけでは充分ではない。今西錦司を介して、吉本は、確実に西田幾多郎や田辺元といった哲学者たちの系列にも連なっているのである。しかも、吉本は、「批評」という独自のフィールドで民俗学と哲学を一つに総合するだけでなく、それらをともに乗り越えていこうとした。そのとき、吉本が寄り添ったのは文学者たちであった。島尾敏雄の作品世界について吉本が考えていたことは、『全南島論』に収録された諸論考や対談に詳しい。それではあと一人、埴谷雄高について、吉本は、最後に何を想っていたのか。『全南島論』の「まえがき」には、こうある──「それよりもある対談の本で太平洋戦争期（第二次大戦期）日本軍（人）が中国内陸や東南アジアやオーストロネシア・ポリネシアなどの島々に押し出して行ったのは一種の帰郷運動になぞらえられると発言しているのを読んで感心した。なぜかといえば種族的に見れば日琉列島の住民はこれらの地域住民の混血とクレオール化と考えれば大過ないと見做せるからだ」。

吉本がここで言及している埴谷の発言は、大岡昇平との対談集『二つの同時代史』（一九八四年）に収録されているものだ。埴谷は、正確には、こう述べていた──「そこでぼくの妄想は、あの大東亜戦争というものは、原日本人はどこから来たかを無意識に探ろうとした原衝動といったものが秘められているから、「大東亜」とはいうものの、中国にも行ったし、仏印にも行ったし、マライ、ビルマ、フィリピン、インドネシアにも行った、さらにニューギニア、ポリネシア、ミクロネシア、あの辺も全部行ってみた。要するに、戦略、戦術を一応無理やりに捨象して、深層心理的にいえば、無意識的、本能的、重層的な日本人がもとはどこら辺からきたんだろうという思いに駆り立てられて、そのあたりの全部へ行ったんだろうと妄想的に解釈したわけだ」。

さらに埴谷は、大岡の歴史的な解釈を斥け、自分が言っているのは「歴史」以前の原日本人の問題であり、彼ら、彼女らが「数万年にわたって無意識的に夢見てきたことの実現」であることを強調する。最後に、宮澤賢治と同様に生物学者ヘッケルからの影響を『ドグラ・マグラ』という巨大な書物に昇華した夢野久作を引き合いに出し、こうつけ加える。だから、彼ら、彼女らが身を挺して行っていたのは、母親の胎内の「大洋」のなかで進化の夢を見て、自らの身体を使って進化の劇を生きる「胎児の夢」の実現に他ならなかったのだ、と。吉本隆明と埴谷雄高が最後に遭遇する地点である。

吉本隆明も埴谷雄高も、自らの資質に忠実に、それぞれの「胎児の夢」を掘り進めて行った。さらに、その吉本に「アフリカ」のもつ可能性を啓示した今西錦司や梅棹忠夫(『アフリカ的段階について』において吉本は梅棹の「アフリカ研究」を読み込んでいる)もまた、戦争中、「胎児の夢」に促されるかのようにして中国とモンゴルの国境地帯に赴いていた。そこは「帝国」にまで拡張された国家と、国家の形成に抗う遊牧の民たちの「境界」でもあった。今西も梅棹も、遊牧の民たちと生活をともにし、農耕とは異なった、人類がもったもう一つの生活形態――「遊牧」――の可能性に眼を見開かされる。

そこでは人間と動物が、人為と自然環境が、生命と非生命が「共生」していた。

戦争中の体験をもとに、人類と自然の根源的な関係、さらには、自然の直中から人類が生まれ出てくる起源の場所を求めて、今西も梅棹も「アフリカ」へと旅立っていった。アジアからアフリカへ。民俗学と哲学と文学の起源の場所へ。吉本隆明の「南島論」を引き継ぐためには、あらためてそうした場所に立たなければならないだろう。それが来たるべき批評を成り立たせるための条件である。

# まれびと論

## まれびと祝祭——呪術の論理

### まれびとと祝祭

まれびとは海の彼方にある異界にして他界、「妣《はは》が国」（母たちの国）から、時を定めてやってくる神にして人である。

まれびとによって天と地が、神々の世界と人間たちの世界が一つに重なり合い、祝祭が可能になる。旧い世界が滅ぼされ、新たな世界が生まれる。時間と空間が、そして生命が更新される。まれびとは怪物にして聖なるもの、動物にして植物、さらには鉱物でもある。まれびとは森羅万象あらゆるものを一つにむすび合わせる。森羅万象あらゆるものの生命は、まれびとによって彼方の世界からもたらされ、まれびとともに彼方の世界へと去ってゆく。

まれびとは祖先である翁のように柔和な側面と、異人である鬼のように恐ろしい側面をもっている。恐怖と畏怖、破壊と再生。あたかもこの極東の列島、日本をとりまく自然環境のような二重性にして両義性をもっている。まれびとの伝承は、こう語ってくれている。まれびとともに彼方の世界より病がもたらされるが、まれびとともにその病は彼方の世界へと送り返される、と。全世界を病が覆い尽くそうとしているいまこの時だからこそ、まれびとが体現する祈りの神秘と芸術の力をよみがえらせなければならないであろう。人間は祝祭の場でまれびとへと変身していく。聖なる洞窟の奥から湧き出てくる聖なる水によって仮面に永遠の生命を宿らせ、それを身につけることによって、人間は人間を超えた存在になる。

そうしたまれびとへの信仰は、人類の古層にまでさかのぼるのではないかと考えられている。まれびと祭祀とは、陸に獣を追い、海に魚を追った狩猟採集民たちの間で育まれてきた信仰にして表現ではなかったか。人間はまれびとへの信仰を抱き、まれびとそのもののようにして大海原を渡り、無数の島々を、無数の大陸の間を移動してやむことがなかったのではなかったか、と。

おそらく人類はまれびととともに世界のあらゆる場所へと広がっていった。国家という権力構造を作り上げるはるか以前から、人類はまれびととともに芸術作品を創り上げ、まれびとのように生きてきた。洞窟のなかに動物たちの姿を描き、マンモスの骨から人形を作り、黒曜石から武器を削り出し、縄文が刻み付けられた華麗な土器を造形し、種々さまざまな仮面や身体装飾を自らに施してきた。

まれびとはあらゆる統制に抗う、自由の原理にして創造の原理である。来るべき芸術表現の理念になるとともに、来るべき芸術家の、その在り方の理想ともなる。まれびとは、宗教、芸術、哲学など現代では分断されてしまったさまざまな分野を一つに総合させ、人類の遠い過去と人類の遠い未来をいまここで一つにむすび合わせる。

**まれびと**

まれびとという概念をはじめて提唱したのは、国文学者であり民俗学者でもあった折口信夫である。折口は、師である柳田國男に導かれるようにして、この極東の列島に住み着いた人々が現在にいたるまで保ち続けてきてくれた信仰の原型にして祝祭の原型を求めて南島、沖縄に旅立った。

そこで折口は、人々が二つの世界を生きていることを知る。人間たちが生活している現実の世界と、海の彼方にある、死者となった祖先たちの霊魂が集う超現実の世界、異界にして他界でもある「妣《はは》が国」である。二つの世界は別々に存在しているわけではなく、一年に一度、定められた時間と空間で一つに交わる。そのとき、「妣が国」ニライカナイから、全身に草をまとい、巨大な仮面を身につけた異形の神々がこの地上を訪れる。異界にして他界から「まれ」に訪れる神にして人。折口は、そのような存在を、まれびとと名づけた。

折口に最も影響を与えたのが、沖縄の南西端に位置する八重山諸島で耳にしたまれびと祭祀の詳細である。森羅万象あらゆるものを生み落とした祖先たちの国に通じる島の洞窟、その秘密の洞窟の奥深くから湧き出でている聖なる水を注ぎかけることによって、蛇が脱皮を繰り返すように仮面もまたその生命を回復する。そうした仮面を身にまとうことによって、選ばれた人間たちが徐々に神々へと、動物と植物と鉱物、森羅万象あらゆるものが一つに混じり合ったような異形の神々へと変身していく。

まれびとによって超現実の世界と現実の世界、神々の聖なる世界と人間たちの俗なる世界が一つにむすばれ合い、時間と空間はともに始原であるゼロへと回帰し、そこからまた新たに生み直される。旧い世界の秩序が滅び、新しい世界の秩序として再生される。それとともに、人々の絆もまた新たにむすび直される。原初の祝祭とは、まれびとによってはじめて可能になったものなのだ。しかも、そうした祝祭は過去に一度起こっただけでなく、現在いま目の前で繰り返され、さらに未来に続いていく。まれびとは、空間的な彼方と此方を一つにむすび合わせるだけでなく、時間的な過去と未来をも一つにむすび合わせてくれるのだ。

南島に残されていた、極東の列島の固有信仰であるまれびと祭祀の上に憑依の神道が重なり、さらにその上に森羅万象あらゆるものが覚りを得られる、つまりは如来となる種子を胎児のように孕んでいると説く如来蔵の仏教が重なり、能や修験道をはじめとする中世の芸能や信仰が可能になった。折口は、そう考えていた。それだけではない。まれびと祭祀、仮面来訪神祭祀が残されていたのは南島、沖縄だけに限られていなかったからだ。南島から遠く離れた秋田男鹿半島の「春来る鬼」ナマハゲの消息を聞いて折口は驚嘆する。北の半島にもまた、明らかにまれびと祭祀が残されていたのである。

つまり、人々は、自らまれびとそのもののようにして遙かな海を渡り、途中で立ち寄った、航海のための目印となったであろう半島のような土地にまれびとと祭祀を点々と残していったのだ。おそらく、まれびとと祭祀は、近代的な国境という概念を易々と乗り越えて、南と北の島々の果て、空間的にも時間的にも、その限界を遥かに超え出た果てにまで広がっているのである。写真家にして冒険家、新たな時代のアーティストである石川直樹は、折口信夫の足跡をなぞるようにして列島の各地に残され、現在でも生きているまれびとと祭祀を訪ね、聖なるものが生まれ出てくる瞬間を記録に残してくれている。

**祝祭**

柳田國男や折口信夫が民俗学の問題として考え抜いた祝祭のもつ可能性を、芸術の問題として捉え直し、自らの表現の原理として考え抜いたのが岡本太郎である。太郎は、まれびとを空間的にも、時間的にも限りなく拡張してゆく。

空間的な拡張の方は、列島の聖地を経巡る太郎の旅として昇華された。太郎は、折口が南島から列島へと広がるまれびとと祭祀の重要な事例として注目した秋田男鹿半島のナマハゲや岩手出羽三山の修験道、柳田民俗学の出発点ともなった『遠野物語』に記された獅子踊りや桑の木でできた人形であるオシラさま、さらにはそのオシラさまを遊ばせることによって死者の霊をいまこの場に下ろしてくる青森恐山のイタコたちのもとを訪れる。太郎は、そこで自分が体験した驚きを、きわめて印象的な文章と写真によって記録に残してくれている。太郎は優れた芸術家であると同時に優れた民俗学者であり、優れた文学者であると同時に優れた写真家でもあった。

そのような太郎の旅のなかで、太郎に最も甚大な影響を与えたのが、琉球王国最大の聖地である斎場御嶽から望むことができる琉球神道発祥の地、久高島を訪れ、そこに生まれたすべての女性たちが参加するイザイホーという儀式に立ち会えたことであろう。久高に生まれた女性たちは一二年に一度行われる、このイザイホーというイニシエーション儀礼に参加し、女性たちの間に伝えられてきた秘密にして神秘の叡智を継承することで、人間でありながら神的な存在、「神女」へと成長してゆく。イザイホーには折口信夫も深い関心を寄せていた。太郎が写真に収めている久高ノロから、折口もまた直接話を聞いていたのかもしれない。

久高の神女たちが集う最大の聖地は、鬱蒼とした森のなかに突如としてひらかれてくる、太郎の言葉を借りれば「なんにもない場所」であった。そこには、これと言って特徴のない石と樹木しか置かれていなかった。それらを目指して聖なる神が降臨してくるのである。太郎が残してくれた最大の作品、「太陽の塔」とは、シャマンである神女たちと神との間をつなぐ、このような石にして樹木を造形化したものであったはずだ。しかし、それだけではない。「太陽の塔」は、太郎の空間的な旅の成果だけでなく、時間的な旅の成果もまたそこに重ね合わせられることによって、現在のような形を整えたはずである。

太郎が、まれびとを時間的に拡張していった果てに見出したもの、それこそが縄文の土器であった。太郎が青春を送ったパリ時代、太郎は絵を描くだけでなく、友人であったジョルジュ・バタイユらとともに社会学者にして人類学者でもあったマルセル・モースの講義に出席していた。モースは、そこで、現在の資本主義的なグローバリズムの直接の起源と考えられる定住的で大規模な稲作農耕社会とは異なった、人類の共同体が取り得るもう一つ別の可能性として、稲作農耕に先立ち、稲作農耕よりも何倍あるいは何十倍も安定して持続し、当時でもいまだ存続していた遊動的な狩猟採集社会の在り方を検討していた。

太郎が縄文のなかに見出したものも、森羅万象あらゆるものが霊的な力、呪術的な力によってむすばれ合った狩猟採集を基盤に据えた社会の表現であった。縄文の土器が体現する遊動的な曲線に満ち、現代芸術にも引けを取らない抽象的で象徴的な造形こそ、未来の芸術家が目指すべきものだった。「四次元の芸術」と太郎は記してくれている。まれびとたちが残してくれた芸術の一つの到達点でもあるだろう。

## はじまりの芸術

折口信夫が見出し、岡本太郎が磨き上げたまれびとの芸術。表現の未来を切り拓いていくためには、それをより根源的な方向へ、より徹底して深く掘り下げていく必要があるだろう。そのための一つのヒントが、太郎とまったく同年に生まれ、太郎が日本からフランスに出ていくことで表現の基盤を確立したのと対照的に、フランスから日本に来ることによって学問の基盤を確立した一人の先史考古学者の営為のなかに隠されているはずだ。

第二次世界大戦後、フランスとスペインの国境沿いに無数に存在する洞窟のなかに残されていた優美な壁画、農耕と国家の発生によって定義づけられる新石器の時代に先立ち、遊動と芸術によって定義づけられる旧石器の時代を生き抜いた狩人たちが残してくれた洞窟壁画について、画期的な解釈方法を提起したアンドレ・ルロワ＝グーランである。世界大戦が勃発する以前、民族学調査のために来日したルロワ＝グーランがまず向かったのが、北海道のアイヌの人々のもとであった。そして、アイヌの人々の生活の隅々にまで行き渡っているその装飾文化に驚嘆する。アイヌの人々は文字をもつことはなかったが、日常の生活品から非日常の祭器に至るまで、そこには神話的な何かを語りかけてくる文字以上の文様に満ちあふれていたからだ。フランスに帰国したルロワ＝グーランは、旧石器時代の狩人たちが残してくれた洞窟壁画を単なる絵としてではなく、さまざまな神話的な意味をそのなかに含み込んだ図像、「神話文字《ミトグラム》」として読み解いていく。その端緒は、アイヌの人々の文化に触れたことにあった。

民族学的な方法が考古学に応用され、考古学的な方法が民族学に応用されている。言葉の真の意味で、芸術人類学という学問が成立するとするならば、その方向しかないであろう。ルロワ＝グーランは、狩猟と漁撈と採集が文化の中心を担っているという点から、いち早くアイヌの装飾文化と、土器や土偶に体現された縄文の装飾文化を比較対照しようとしていた。両者とも定住生活は行ってはいたが、大規模な稲作農耕を採用することはなかったからである。森、河、海からなる豊かな自然環境によって、農耕を採用せずとも、旧石器時代以来の豊かな狩猟採集社会が続いていた。

ただし、縄文の文化でもアイヌの文化でも栽培は行われており、まったく同一の文化が持続してきたわけではない。今日の綿密な考古学的な調査によっても、縄文の文化とアイヌの文化を直結させることは許されない。しかしながら、極東の列島の北と南、北海道と沖縄に弥生や古墳の文化が存在しなかったこともまた事実である。沖縄では、一一世紀に入るまで縄文から連続する貝塚文化が続き（縄文に相当する前期とそれ以降に相当する後期に分けられる）、北海道では、祭器と呼ぶことがふさわしい巨大な黒曜石が用いられた旧石器の文化から縄文、続縄文、擦文と続き、擦文の時代にオホーツクの文化が流入し同化されることでアイヌの文化が形づくられたという。稲作農耕が本格的に導入されるのは近代になってから、である。折口信夫も、柳田國男と知り合い、南島調査に入る遙か以前の大学時代、後にアイヌ語とアイヌ文化の専門家となる金田一京助とともにアイヌ語を学んでいた。動物たちも神として、一人称を用いて神話を語る。アイヌの神謡に触れられたことが、祝祭のなかでまれびとが発する聖なる言葉のヒントとなった。折口は後々までそう述懐する。まれびとの芸術は、表現する人類の起源にまで到達しているのである。

## 呪術の論理――「もの」に言葉を刻みつける

私の目の前には、獣の角を思わせる貝――掘足類であるツノガイ――を利用して作られた装身具、そのなかに紐を通していたと推定される、ごく小さな、一つのビーズがあった。縦の長さは一センチをやや超え、横の幅は一センチにも満たない。この貝製のビーズには赤色の顔料が塗られていた。その赤色の顔料は酸化鉄をもとにしているという。

この小さな貝製のビーズが発見されたのは沖縄本島南部、その東を太平洋にぐるりと取りまかれ、斎場御嶽や久高島など琉球王国の霊的な中心、その聖地が残されている南城市にあるサキタリ洞遺跡である。サキタリ洞の隣には有名な観光鍾乳洞である玉泉洞がある。この玉泉洞の周囲には洞穴や、洞穴が崩壊してできた渓谷が網の目のように広がっており、「玉泉洞ケイブシステム」と呼ばれる特異な景観が形づくられている。サキタリ洞遺跡は、その一角を占める、遠い昔には巨大な鍾乳洞であった痕跡を残している渓谷である——現在は「ガンガラーの谷」という、ガイドに導かれてそのなかを探索する観光ツアーコースに組み込まれている。

この渓谷に住み着き、貝を素材として作られ、彩色された装飾品を残したのは、現在から二万年以上も前の時代、旧石器の時代を生きた人々であった。サキタリ洞や玉泉洞を網の目のように流れ下り、地上で一つになって太平洋に注ぐ雄樋《ゆうひ》川の河口にある大地の「割れ目」(フィッシャー)からは、同じく旧石器の時代を生きた「港川人」の人骨が四体も発見されていた。沖縄の島々は、火山に由来する本土の酸性土壌とは異なって、サンゴ礁の隆起に由来する石灰性の土壌でできている場合が多いため、人骨が残りやすいのである。推測することすら難しい、われわれの遥かな過去を活き活きと再構築してくれる貴重な資料である。

前世紀まで、旧石器の時代は、直立二足歩行をはじめ、石を打ち砕いて道具を作り始めた三〇〇万年前の猿人の段階から(現在ではその起源は七〇〇万年前までさかのぼられる)、その石器の形状によって、大きく前期、中期、後期と分けられていた。しかし、今世紀になってからの遺伝学の驚異的な進展、人類の全ゲノムの解析などによって、前期旧石器時代に位置づけられる猿人たち、原人たち、中期旧石器時代に位置づけられ、一部後期旧石器時代に並行する旧人、ネアンデルタールたちとわれわれ新人ホモ・サピエンスは直接の関係をもっていないことが明らかとなった。ただし、旧人ネアンデルタールと新人ホモ・サピエンスは交配することができた、つまりは兄弟姉妹の関係にあったということもまた確かめられた。現在ではその間に、いまだに正確な分類が難しいデニソワ人というもう一つのグループも発見されている。

人類ホモ・サピエンスの文化は、前世紀の分類では後期の旧石器文化にあたる。そしてまた、それ以前の前期および中期の旧石器文化とは断絶していたのである。もちろん惑星規模の視点で考えれば、猿人から新人までの進化＝変化に一つの方向を見出すことは可能である。私が目の前に見ている小さな装身具は人類、ホモ・サピエンスにとって最も古い文化に直接つながると考えられるものだった。その段階ですでに人類は物理的に身体を守るだけでなく、精神的に身体を装飾していたのである。「もの」を介して何かを表現しようとしていたのである。人類とは、なによりも表現する動物であった。そのことを深く理解させてくれる遺物であった。海の幸に恵まれた南の島の洞窟に暮らしていた人々は、氷河期のヨーロッパの洞窟に無数の華麗な壁画を残した人々に直接連なる存在だったのだ。

現代の遺伝学および人類学の最大公約数的な見解では、われわれホモ・サピエンスは、二〇万年ほど前にアフリカ大陸で生まれ（極端な説では、現生人類のすべてが一人の祖先、アフリカ大陸の一人の女性にまでさかのぼれるのではないかとすら唱えられている）、一〇万年前から五万年前にその母なるアフリカを出て、世界のすべての地に広まっていったのだという。原人や旧人は海を、そして氷河を越えられなかった。そう推定されている。人類は、人類となった瞬間から、身体的かつ精神的に海を渡る技術を身につけ、氷河のなかで生きる技術を身につけていた。つまりは、その前提として、言語を操り、集団での生活とその移動を可能とする象徴的な思考を執り行える能力を具えていた。道具を作り、それを装飾し、未来を思考し、それを表現することができた。

つまり、人類とは、言語を操る動物であり、芸術作品を造形する動物であり、なおかつ未知なる新天地に向けて移動していくことを決してやめない動物でもあった。言語とは、現実を認識し、その在り方を他者たちに向けて伝える手段であるとともに、それ以上に、現実とは異なったもう一つ別の世界の在り方、あるいは無数に異なった無数の世界の在り方を、他者たちに向けて想像させる手段でもあった。現実の世界を容易に乗り越えてしまう想像の世界を、他者たちと共有する手段でもあった。その結果として、ホモ・サピエンスにおいてはじめて、自然を素材とした芸術作品が生み落とされ（その萌芽は旧人ネアンデルタールの段階にも認められる）、海を越え、陸を越え、氷河を渡り、未知なる新天地を目指しての移動が促された（この大規模な移動だけは旧人ネアンデルタールにはできなかった）。

洗練された旧石器を携えた人々がこの極東の列島に到達したのは、四万年ほど前だと推定されている。アフリカ近辺からユーラシアに向けて人類が進出をはじめてからそれほど間があいていない。北と南という二つのルートから（その南のルートを示すのが「港川人」をはじめとして沖縄の島々にその痕跡を残した人々である）、ほぼ同時期に、旧石器の製作に体現される狩猟採集の技術に加え、航海の卓越した技術と芸術作品を造形する特異な技術とともに、氷河の時代を生き抜いた人々がこの極東の列島に到達した。そして氷河の時代が終わり、全地球規模での自然な温暖化とともに時代が、人々の生き方が大きく変わった。打ち割られて形が整えられるだけだった石器が磨き上げられ（旧石器が新石器に変わり）、移動が定住に変わり、狩猟採集が農耕に変わった――現在では旧石器の時代から新石器の時代への転換はこれほど単純なものではなかったと考えられているが（石器の変遷や農耕の起源となる栽培の開始など）、無用な混乱を招かないよう、ここではあえて図式的で単純な理解を提示している。

定住と大規模な農耕によって定義づけられる新石器の革命を集約するものは「国家」の誕生であろう。しかしながら、人類のすべてが「国家」を必要としたわけではない。新石器の革命の成果、定住や農耕（栽培）を受け入れながらも旧石器の時代以来の生活のスタイル、狩猟と漁撈と遊動性を守り続けた人々もいる。極東の列島において、たとえば南の島々で大規模で集中的な稲作農耕がはじまるのは平安時代以降、つまりは一一世紀以降のことであり、北の島々では近代以降、つまりは一九世紀以降のことであった。南でも北でも、旧石器の文化とのゆるやかな連続のもとで形になった新石器の革命に抗う文化、「縄文」を基盤とした文化が存続し続けたのだ。南では貝塚文化と総称され（縄文に相当する前期とそれ以降に相当する後期に分けられる）、北では続縄文、擦文と続き、海の狩猟民たるオホーツク人の流入と同化によって形作られたアイヌの文化があった。南ではジュゴンをはじめとする海の獣たちが神聖な存在であり、北では熊をはじめとする森の獣たちが神聖な存在であった。南ではジュゴンが共食され、頭蓋が集められ、その骨が装飾された（蝶形骨製品など）。北では熊――現在では熊以前に鹿がもっていた重要性が指摘されている――が共食され、頭蓋が集められ、その骨が装飾された（イオマンテなど）。人間と神と獣は近かった。人間と森羅万象あらゆるものは不可視の霊的な力によってむすび合わされていた。

しかしながら、南において、港川人の時代（旧石器）と前期貝塚人の時代（縄文）をむすびつける遺跡や遺物はほとんど発見されていなかった。サキタリ洞遺跡に残されていた膨大な遺物群は、海産資源の活用（石器ではなく貝器が用いられた）等によって、そのミッシング・リンクを埋めつつある。つまり、列島の北や列島の中央と同様、列島の南でもまた、旧石器と縄文は、新石器の革命に抗いながら、連続しつつ発展していったと考えられるのだ。旧石器の文化がそのまま成熟し、突出して発展したものが「縄文」の文化であった。この列島に人類がはじめて到達してから、その生活スタイルの根本は変わらなかったのである。人々は国家を作る代わりに、芸術作品を作り、それを洗練させていったのだ。そしてまた、南の島を生きた人々の営んだ文化は、同時期、さらなる南の島々、旧石器の時代にすでにメラネシア、つまりはニア・オセアニア（近オセアニア）にまで進出していた人類ホモ・サピエンスの文化と共通性をもつであろうことも明らかになりつつある。人類がそれよりも彼方、はじめてポリネシア、つまりはリモート・オセアニア（遠オセアニア）にまで足を踏み入れるのは新石器時代以降のことである。

このメラネシアの人々こそ、二〇世紀の社会学者や人類学者たちが呪術的思考、すなわち「野生」の思考の原型と考えたマナの概念を磨き上げてきた人々である。マナとは「もの」に宿る霊的な力である。マナは生命体と非生命体とを問わず、さまざまな「もの」に宿り、その力を発現する。そのうち、マナを最も多く宿した人間こそが、未開にして野蛮、「呪術」がすべてを支配する「野生」の社会を統べる王となる。マナは権力の源泉であるとともに、精神的にして物質的なコミュニケーション（交換）を発動させる交換の力、贈与の力の源泉でもある。マナが宿った

「もの」を贈られた人間は、すぐさま同様の価値、もしくはそれ以上の価値をもった「もの」を贈り返さなければならない。そうしなければ、贈られた「もの」から発する激烈なマナの力によって破滅させられてしまう。マナは贈与の連鎖を引き起こす。マナは、新石器の革命によって生まれた「国家」の条件である蓄積に根底から反する思考をあらわにする。「もの」に宿ったマナの力を解放する営為こそが祝祭であり、「野生」の社会の祝祭、旧石器の時代の伝統を引き継いだ海の遊動民たち、陸の遊動民たちが形づくった社会で執り行われる祝祭の中心に、「国家」の形成に根底から抗う蕩尽が位置づけられる。シベリアのシャマニズムをおそらくは一つの源泉とする北の人々の祝祭は、「ポトラッチ」という富の破壊、蓄積の破壊にまで突き進む。

私が目の前に見ている小さな装身具、貝製のビーズに塗られた赤は、「もの」に刻み込まれた呪術の刻印である。そしてこの場合、呪術をそのまま言葉と言い換えることも可能である。なぜなら、二〇世紀に形を整えた新たな学問、社会学、人類学、言語学を領導していった偉大な知性たちはみな口を揃えたかのように、呪術を成り立たせている思考の基本構造は、おそらく言語を成り立たせている思考の基本構造ときわめてよく似たものであると宣言してくれていたからだ。呪術の論理、それは「もの」に言葉を刻みつけることによって可能となるのである。

人類とは言語をもち、芸術作品を造形し、遊動性を保ちながら共同生活を送り、世界のすべてを呪術――「もの」に宿る霊的な力――のもとで考え、呪術のもとで生きる動物であった。それらは別々のことではなく、ただ一つのこと、人類が人類であることを意味していたのである。

＊

「もの」に宿る不可視の霊的な力への信仰、つまりは呪術がいまだに生きている「野生」の世界において、その世界を統べる王の役割をも果たしている呪術師は、二つの法則にもとづいた二つの方法を用いて、自らがもつ呪術の力を、対象となる相手に向けて行使している。そのうちの一つは、似ているものは似ているものに作用するという「類似」の法則である。たとえば、対象となる相手によく似た人形を作り、それに呪術を施すことによって、本体である対象にその不可視の力を及ぼす。また、もう一つは、部分は全体に作用するという「隣接」（伝染）の法則である。たとえば、対象となる相手を構成する部分、髪の毛や爪など自然に成長するその一部分を密かに手に入れ、それに呪術を施すことによって、本体である対象にその不可視の力を及ぼす。

社会学と人類学の古典的な名著、『金枝篇』（黄金の枝）のなかで膨大な民族事例および民俗事例を収集し、検討したJ・G・フレイザーは、呪術を成り立たせている二つの法則を、そのようにまとめた。フィールドワークを行っていないフレイザーに対する批判は根強いが、ここに提出された呪術の理論から「野生」の思考のもつ可能性の探究がはじまったことは確かであり、その価値はいまだまったく色褪せていない。『金枝篇』を読んだ言語学者、ロマーン・ヤーコブソンは、呪術を成り立たせている二つの法則が、失語症を病んだ患者たちが陥る二つのタイプにぴたりと重なることに驚く。失語症を病んだ患者たちもまた、やはり言葉を成り立たせている二つの法則、「類似」あるいは「隣接」のうちのどちらかを失ってしまうのである。あるタイプの失語症の患者は、ある言葉を似ている言葉に置き換えることができなくなる。「類似」する言葉のなかから一つを選び出すことができず、ただ言葉を連ねていく、隣接させていくことしかできなくなる。また、あるタイプの失語症の患者は、言葉を正確につなぎ合わせる、つまりは「隣接」させて文法的に意味の通った文を作れなくなる。ただ似たような言葉、類似する言葉を並べ立てるだけで、連続する言葉の諸関係が理解できなくなる。失語症の患者たちは、言葉の「類似」の機能を失ってしまうか、もしくは、言葉の「隣接」の機能を失ってしまうかのどちらかなのである。

ヤーコブソンは、さらに考察を進めていく。言葉を喪失していく過程は、おそらくは言葉を獲得していく過程と鏡像の関係にあるのではないか。失語症の患者たちが言葉を徐々に失っていく過程は、幼児が言葉を徐々に獲得していく過程をちょうど逆転したものなのではないか、と。幼児は言葉の「類似」の関係と言葉の「隣接」の関係を身につけることによって文を作り、文を語ることが可能になる。それだけではない。言葉の「類似」と言葉の「隣接」になによりも意識的であり、その二つの法則、その二つの方法を駆使して言葉による作品を作り続けている者たちがいる。それこそが作家たちであり、詩人たちであるのだ。言葉の芸術家たちは、「類似」の関係を「隠喩」として、「類似」する意味をもちながらまったく異なった言葉を用いて表現し、さらには「隣接」の関係を「換喩」として、部分をあらわす言葉だけで全体を提示するような形で表現し、現実にもとづきながらも現実とは異なったもう一つ別の世界を、ただ言葉だけで形づくられた虚構（フィクション）の世界を紡ぎ続けているのである。作家とは、幼児のように無垢な言葉を獲得し、呪術師のようにその無垢な言葉を自在に駆使することによって、芸術作品としての世界を創り続けている者たちのことだったのだ（「言語の二つの面と失語症の二つのタイプ」）。

そのヤーコブソンと協力することで、構造言語学にもとづいた構造人類学の基礎を固め、現代社会において「野生」の思考、すなわち「呪術」的思考にして「呪術」的芸術を復権する必要性を唱え続けた文化人類学者クロード・レヴィ＝ストロースは、「呪術」を成り立たせている文法（「類似」と「隣接」）だけでなく、「呪術」そのものの発生、つまりは文法を成り立たせている呪術という「意味」、言葉というもののもつ「意味」そのものが発生してくる場へと果敢にその歩みを進めていく。その際、レヴィ＝ストロースの導きの糸となったのが、フレイザーが『金枝篇』で提出した呪術の理論をさらに発展させた社会学者、マルセル・モースの「呪術論」と「贈与論」であった（いずれもレヴィ＝ストロースが長文の序論を付した論文集『社会学と人類学』に収録されている）。モースが、その両篇において、呪術の起源、贈与の起源、祝祭の起源に位置づけたものこそが、メラネシアの人々のもとで育まれた「マナ」の概念だった。モースが導き出してきたこの「マナ」の概念が、極東の列島に住み着いた人々、特に南の島々と北の島々に住み着いた人々の間に育まれてきた「たま」（霊魂にして神）の概念ときわめて類似したものであることは、柳田國男と折口信夫以来、つまりは草創期の民俗学以来、注意が促され続けてきたことでもある。

モースもまた、フレイザーの発見、呪術の構造と言語の構造はよく似ているという発見を引き継ぎ、それを極限まで展開してゆく。「野生」の社会におけるほとんどすべての儀礼には言葉が関わっている、否、「野生」の世界を生きる人々は、あたかも言葉を組織するようにして、ほとんどすべての儀礼を組織している。そうした言葉と儀礼の根幹に位置づけられるものこそが、呪術を可能にする言葉の意味にして、言葉のもつ霊的な力なのである。「野生」の社会において、言葉とは意味とともに力をもち、意味とともに力を伝えるものだった。言葉のもつ不可視の霊的な力こそが森羅万象あらゆるものに行き渡り、それゆえ、森羅万象あらゆるものを変容させることができる。メラネシアの人々は、そうした言葉のもつ意味にして霊的な力を、ただ一言、「マナ」という単語を用いて表現していた。それゆえ「マナ」とは、名詞であるとともに形容詞であり、さらに動詞でもある。具体的であるとともに抽象的であり、自然であるとともに超自然でもある。「マナ」は時間と空間によって規定されたこの三次元の世界に、時間と空間によって規定されない四次元の世界をひらくのだ。四次元の世界と三次元の世界を一つにむすび合わせる作用にして機能、さらにはその状態なのだ。呪術の根底、言葉の意味の根底には、この「マナ」がある。

モースの見解を引き継いだレヴィ゠ストロースは、「マナ」として可能になる呪術、「マナ」として可能となる言語の検討を人類史的な規模にまで拡張していく。人類が言葉をもってしまったとき、おそらくそれは一気に与えられたであろう。しかし、現実と言葉（意味）がぴたりと重なり合うことはあり得ない。現実に対して言葉は、意味は、どうしても過剰にならざるを得ない。人間は、つねに意味を分泌し続ける動物になってしまったからだ。そうした意味の過剰を処理するためには、それ自体はゼロ（「空」）でありながら、そのなかにあらゆる意味を包み込んでしまうような一つの言葉、意味の無限の母胎となるような一つの言葉が必要となる。それこそが「マナ」なのだ。「マナ」こそが現実の上に超現実をひらく。言葉をもってしまった人類は、現実の世界と超現実の世界、三次元の世界と四次元の世界、意識の世界と無意識の世界という二つの世界の交点を生きざるを得ない。そのような人類が生み出した生存のための方法、生存のための技術こそが呪術であり、言語であった。祝祭とは物質の解放であるとともに精神の解放であり、物質と精神を一つにむすび合わせる言語の解放、「マナ」の解放でもあったのだ。それゆえ、言語とは呪術そのものであり、呪術とは言語そのもののことだったのである——以上、レヴィ＝ストロースの原文だけでなく、その要約に、やはりヤーコブソンに、その独自の言語論＝呪術論が高く評価された井筒俊彦の『言語と呪術』で述べられた結論をつけ加えている。そしてまた、言語を相反する二重の機能から考えていくことは、客観的な指示表出性と主観的な自己表出性から「言語にとっての美」を考察した吉本隆明の表現論にも、形を変えながらではあるが、確実に引き継がれていた。

現実の「もの」に言葉のもつ超現実の力、言葉のもつ超現実の意味を刻みつける。それが呪術の本質であり、表現の本質である。だからこそ、文学の世界、芸術の世界に、繰り返し呪術的な思考が復活してくるのである。それは人類が人類であることの証明でもあった。

**「呪術の論理」の参考文献**（本文で参照した順）
山崎真治『島に生きた旧石器人　沖縄の洞穴遺跡と人骨化石』（新泉社、二〇一五年）
小野林太郎『海の人類史　東南アジア・オセアニア海域の考古学』（雄山閣、二〇一七年）
ロマーン・ヤーコブソン『一般言語学』（川本茂雄監修、田村すゞ子・村崎恭子・長嶋善郎・中野直子

訳、みすず書房、一九七三年）
マルセル・モース『社会学と人類学Ⅰ』（有地亨・伊藤昌司・山口俊夫訳、弘文堂、一九七三年）――ただし現在ではやや受け入れがたい翻訳箇所があるため、フランス語原典をも参照している。
井筒俊彦『言語と呪術』（安藤礼二監訳、小野純一訳、慶應義塾大学出版会、二〇一八年）
※なお、冒頭に記したサキタリ洞遺跡で発見されたツノガイを素材として作られた貝製のビーズは、那覇にある沖縄県立博物館・美術館で開催された特別展『海とジュゴンと貝塚人　貝塚が語る9000年のくらし』（二〇二一年）に出品され、その実物をこの目で見ることができた。

# 折口信夫の「まれびと」

## 神を迎える場所

柳田國男と折口信夫によって確立された新たな学問、民俗学の中心には祝祭の探究が位置づけられていた。この極東の列島に住み着いた人々は、時間と空間がともにゼロへと滅び去るとき、つまりは真夏あるいは真冬に、時間と空間をまったく新たに再生させる祝祭を営んでいた。祝祭の場では、通常では決して交わることのない二つの世界が一つに重なり合う。超現実を生きる神々の聖なる世界と、現実を生きる人間たちの俗なる世界である。天上の神々を地上の人間たちの間に招くことによって、時間と空間は活性化され、世界はよみがえり、人々もまたよみがえる。神々の来臨こそが祝祭を可能にしてくれるのだ。

神々を招くためには、その場に目印が必要となる。巨大な柱が立てられ、神々が憩う仮設の宮が築かれる。そこに出現した神々と人々は共に歌い、踊り、さらには共に食する。神々は人々に、今後もまた共同の生活を続けていくうえでの警告と祝福を与える。神々と人々が集う場は、多くの場合、空間的な境界（山地と平地の間、陸と海の間）にして時間的な境界（昼と夜の間、光と闇との間）に設けられる。そうした場では、これもまた多くの場合、人々を代表する者たちが神々へと変身し、聖なる神々の身体を俗なる人間の身体の上に顕現させる。そのような神にして人、祝祭の場で神となった人のことを折口信夫は「まれびと」と名づけた。折口が、「まれびと」という概念をはじめて十全に把握できたのは、柳田國男に示唆されて出かけた南島においてであった。

南島では、自分たち自身が半ばは神的な存在となった女性たちが、海の彼方から時を定めてやって来る聖なる存在を迎え入れていた。神を招く場は、ただそのためだけに、山から切り出された貴重な樹木で覆われ、海から集められた貴重な白砂が敷き詰められ、作り上げられた。最も尊い存在を招く最も尊い宮は、大地の力そのものを体現した自然の「もの」によって構築された仮設の宮であった。南島最大の聖地、すなわち琉球王国最大の聖地である斎場御嶽は、はじめて海の彼方から神々が降臨した聖なる島、久高を望む岬の上に、巨大な岩々によって形づくられ、深い森に覆われた（現在ではその痕跡をわずかに偲ぶことしかできないが）、天然の要塞であった。琉球王国を霊的に統べる聞得大君——そのはじまりにおいては王国を現実的に統べる王の姉妹がその任にあたったとされる——は、新たに即位するために、そこで海の彼方から始原の神をあらためて招き、島の各地、王国の各地を霊的に治めていた女性たちとともに一晩を過ごし、言葉の真の意味で、女王として再生する。

斎場御嶽から望まれる始原の島、久高に住む女性たちは、一二年に一度行われるイザイホーというイニシエーション儀礼を経て、全員が神であるとともに人でもある「神女」となっていく。久高の「神女」たちが集う最大の聖地は、鬱蒼とした森のなかに突如として開けてくる「空地」、その広がり以外にはまったくなにも存在しない場所であった。そうした清潔な空虚は、柳田と折口の探究を意識的に芸術表現として引き継いでいこうとした岡本太郎を震撼させた。そのことはまた、聖なる場所に打ち立てられるべき建物とは一体どのようなものであるのか、このわれわれにも再考を迫らずにはいられないであろう。

### 来訪する仮面の神

南島のさらに果て、何層にも島々が入り組んでいることを意味する八重山で、折口は、海の彼方から「まれびと」を迎え入れる祭祀だけでなく、迎えられた「まれびと」そのものがまさに生ける神としてその場に立ち現れてくるという祭祀が、それが引き起こすあまりの熱狂のために琉球王国からたびたび出された禁令をものともせず、人々の間に伝えられ、いまだに執り行われているという消息を耳にする。「まれびと」は、全身に草をまとった巨大な一対の神、より正確に述べるならば神というよりも怪物に近い存在であり、その生命の力は、夜光貝で目や口が装飾された、それ自体が巨大な仮面に集約されている。島の海岸に穿たれた聖なる洞窟のなかでは、祖先たちが永遠に憩う楽園へと通じていく聖なる水が湧き出ている。一年に一度、その聖なる水を仮面に注ぎかけることによって、仮面は、蛇が脱皮を繰り返すように、新たに生まれ変わるのだ。仮面そのものが永遠にして無限の生命を体現しているのである。

村の指導者となるべき二人の若者が選ばれ、聖なる洞窟のなかで全身に草をまとい、生命が賦与された仮面を身につけ、徐々に人間を超えた神へと変身していく。精神と物質、生命の水と「もの」としての仮面、動物と植物と鉱物、神と人間、死の世界の祖先と生の世界の子孫が一つに混じり合い、一つに融け合った聖なる存在が生み落とされる。太鼓が大きな音を発し、他のさまざまな楽器もまた激しく奏でられる。夏の太陽が没するまさにそのとき、集落の中心である広場に神々があらわれる。巨大な神々はそこで歌い、踊る。神々に先導された集落の人々もまた歌い、踊る。祝祭はそれだけでは終わらない。夜を徹して、集落を構成する家々のすべてに仮面の神々が、その音楽隊を引き連れて訪れ、歌い踊り、祝福と警告を与える。集落の家々は、自然が生み出すさまざまな力が交錯する場所であるとともに、その庭に神々を招き入れる劇場として構築されていた。家とは人間の可視の世界と神々の不可視の世界、有限の「もの」と無限の生命が一つに重なり合う場であった。

八重山の島々は何度も大規模な地震、それらに淵源する大規模な洪水に見舞われた。その度ごとに、集落単位の強制的な移住が繰り返された。人々は、そうした移住の際、なによりも自らをこの世に存在させてくれた神々の生命を受肉させる仮面を携え、その信仰、その儀礼を、現在に至るまで固く守り続けていった。折口は、これもまた柳田に示唆され、八重山と同じ様な仮面来訪神祭祀が、列島の南方ばかりでなく、遠く北方にまで、特に海岸線に沿って、断続的に分布していたことを知る。折口は、そこに列島に固有の信仰の在り方と、それを土台とした芸術表現(芸能)の原型を見出した。南島の「神女」たちや「まれびと」たちのなかに典型的に見出されるシャマニズム的な憑依、「神憑り」こそが列島の宗教と文化の基盤になっているのだ。折口は自身の目指すべき新たな学を、現在の事例の観察にもとづいた民俗学と、過去の文献の解釈にもとづいた国文学を創造的に総合させた古代学として定めた。その点に、柳田國男の学と折口信夫の学との最大の違いがある(柳田は過去の文献の解釈を自身の学に総合することを斥けた)。

### 憑依と如来蔵

シャマニズム的な憑依、「神憑り」の上に仏教的な世界観が重なり合い、それらが一つに融け合うこと、つまりは一つに「習合」することによって、列島の宗教と文化の基盤が形づくられた。それは折口の卓越した直観だけで導き出された解答ではない。民俗学とともに折口の古代学を成り立たせているもう一つの重要な柱である国文学、それが対象とするこの列島に残された最古のテクストである『日本書紀』そのものに記されていた事実だった。『古事記』の読み直しがはじまるのは中世からであって、そこから近世の国学が、さらには近代の折口学が可能となった。特に産霊の神を中心に据えた内在的な一神論、汎神論的な一神論は『古事記』の解釈学から生まれた。しかし、その『古事記』の解釈学を生み出した中世は、同時に、折口が探究した列島の芸能が、「猿楽」（能楽）として、実践においても、理論においても完成を迎えた時期でもあった。

「猿楽」を大成した世阿弥、その娘婿となった金春禅竹が依拠していたのは、「憑依」の神道と、後述する「如来蔵」の仏教を一つに総合させた『日本書紀』の創造的な読み直し、現在では「中世日本紀」と総称されている創造的な解釈学の体系であった。『古事記』はそのような文脈のなかで再発見されたものなのだ。『日本書紀』には一貫して「憑依」の神道が説かれていた。アマテラスを復活させる岩戸の前では、アマノウズメによる「神憑り」の詳細が描写されている（神代紀）。鏡を配し、鈴を鳴らしながら足を踏みしめるその姿は、シベリアのシャマンそのものである。そのアマテラスとは祟り神であると明言し、憑依した天皇自身を破壊しかねない力をもっていたため、娘たちに「託《つ》け」直して（憑依させ直して）、大和を追放し、その果てに伊勢の地を発見させてもいる。伊勢神宮の起源にも「憑依」が存在していたのである（崇神紀および垂仁紀）。

さらには、「神憑り」を成り立たせる基本構造さえもが記されている。「神憑り」には二つの対照的な役割を担う人間が必要なのである。神が憑依する「神主」と、神を憑依させる「審神者」（さにわ）である。「神主」になるのは子どもを胎内に孕んだ女性の王であり、その女王は、音楽（琴の音）を導きとして神を憑依させ、神の言葉を語る（神功紀）。この「神主」と「審神者」という対の存在からなる「神憑り」の構造をそのまま教義の根本に据え、それを磨き上げてきたのが、列島の宗教の源泉となり、同時に列島の芸能の源泉となった修験道の行者たちであった。列島の神とは、憑依する霊的な存在であったのだ。列島の原初の神とは「霊魂」（たま）そのものであった。「霊魂」がさまざまな「もの」に宿り、生命を賦与する。森羅万象あらゆるものは「霊魂」から生まれ、それゆえ「霊魂」を宿すことによって生命が賦与される。「霊魂」は動物・植物・鉱物、森羅万象あらゆるものに共有されている。それが折口古代学の結論である。

このようなアニミズム的かつ汎神論的な風土に合致するような仏教の教えだけが選ばれ、変容し、定着することで、この列島に固有の信仰の体系と表現の体系が確立されたのである。『日本書紀』は厩戸皇子（聖徳太子）の業績として、そうした事実を語ってくれている。厩戸皇子は、大乗仏教の教えにもとづく二つの経典を講義した。『法華経』と『勝鬘経』である（推古紀）。その二つの経典には、生きとし生けるあらゆるものは自らのうちに如来となる可能性、仏と成って覚りを得る可能性をあたかも胎児のように、種子のように孕んでいるという「如来蔵」の思想が説かれていた。最澄が選んだのは『法華経』を中心に大乗仏教の総合を説いた天台宗であり、空海が選んだのは『勝鬘経』を発展させた『華厳経』（その読解にもとづいた華厳宗）を土台にさらに大乗仏教そのものからの超出を意図した真言宗であった。

最澄と空海、さらには二人の教えを総合することで花開いた中世の芸能を完成させた世阿弥と禅竹のいずれも皆、修験道と深い関わりをもっていた。その修験道とダイレクトにむすびつき、列島の山深い中心部で、現在に至るまで執り行われている「山伏神楽」を再発見したのが、南島から戻ってきたばかりの折口信夫であった。

## 鬼と翁

祝祭のなかで人間は、人間を超えた存在、森羅万象あらゆるものに生命を賦与する神となる。南島で得たそのようなヴィジョンにもとづいた祝祭が、列島の山深い中央部、諏訪湖に淵源し太平洋に注ぎ出る天竜川流域に点在する集落で今でも行われている。折口は、そうした報告に驚き、早速、三信遠（三河、信州、遠州）の境界に赴く。時間と空間が極まる真冬の真夜中、そこに巨大な仮面をかぶった鬼が出現し、燃えさかる炎のなか、沸き立つ湯を注ぎかけて、人々を生まれ清まらせる。生まれ清まらせられるのは、この世に生まれてきた者たち、これから成人を迎えようとする者たち、この世を去ろうとしている者たちである。死がそのまま生に通じ、生がそのまま死に通じるような祝祭を執り行い、鬼へと変身する者たちはいずれも、修験道の行者の家に連なり、その血を引いていた。

すべてを破壊する荒ぶる鬼とは「荒神」であり、その裏には柔和な翁が、すべてを生み出す「如来」が秘められている。鬼は翁であり、荒神は如来である。神仏習合が推し進められた中世に形づくられた経典に記されている一節である。天竜川流域に「山伏神楽」をもたらした行者たちも、「猿楽」を大成した世阿弥や禅竹も、まったく同じ経典を参照し、その教えにもとづいてそれぞれの舞台を構築していった。「山伏神楽」を伝えた家々もまた、内部に変身のための舞台を完備していた。そこに神々を招く天蓋が付され、聖なる湯を焚く釜が築かれる。そのことによって日常の時空は非日常の時空に変貌を遂げる。能舞台の奥に描かれる松も、神霊を降臨させる聖なる柱である。その松の原型として、春日大社に生まれた新たな神、「若宮」にさまざまな芸能が捧げられる「影向《ようごう》の松」（神がその姿を顕す、すなわち「影向」する松）が位置づけられる。春日に生まれた新たな神（若宮）もまた、毎年の真冬、生地である山の聖所を降り、仮設の宮に祀られ、その誕生が祝われ、列島全土の芸能が捧げられる。反復によって旧い神と旧い時空が滅ぼされ、反復によって新たな神と新たな時空が生まれる。列島の建築の原型もまた、列島の宗教にして文化の原型と等しいものだったのではないだろうか。

## 天と地、物質と精神の媒介者——石川直樹『まれびと』のために

国文学者にして民俗学者であり、独自の「古代学」を提唱した折口信夫は、生涯を通して、人間たちが生きる現実の世界とはまったく異なった、海の彼方に存在するという超現実の世界、「妣が国」（母たちの国）としての常世に憧れ続けた。刹那を生きる有限の人間たちの世界に対して、「妣が国」には、永遠を生きる無限の神々、森羅万象あらゆるものに生命を賦与する霊的な存在、すなわち霊魂たちが集っていた。折口にとって、極東の列島に孕まれた原初の神とは「たま」、すなわち「霊魂」であった。「たま」を介して動物と植物と鉱物、森羅万象あらゆるものは一つにむすばれ合っている。だからこそ、森羅万象あらゆるものに生命が宿り、さまざまな「かたち」をもった存在が生み落とされるのだ。

霊魂たちが集う「妣が国」は万物が生み出される場所であると同時に、「死」を介して万物がそこへと還っていく場所でもあった。異界にして他界でもある「妣が国」は、人間たちが生きる

この現実の世界とは時間の尺度も空間の尺度も異なっていた。ふたつの世界は完全に別々に、互いに並行するようにして存在していた。しかし極東の列島では、一年のうちでただ一度だけ、ふたつの世界はひとつに交わるのである。南の島々では太陽の力が最も強まる真夏に、北の半島あるいは北の沿岸部では太陽の力が最も弱まる真冬に盛大な祝祭が営まれ、「妣が国」から異形の「神」、動物と植物と鉱物、森羅万象あらゆるものがひとつに混じり合ったかのような怪異な「神」が訪れ、時間と空間をまったく新しくよみがえらせるのである。

折口信夫は、そうした「妣が国」(常世)からの来訪神、「仮面」をまとった異形の来訪神のことを「まれびと」と名づけた。「まれびと」によって俗なる日常の時空に、聖なる非日常の時空がひらかれるのである。それが、極東の列島における原初の宗教の形であり、原初の芸術(芸能)の形であった。折口信夫の「古代学」は、文字どおり「まれびと」に始まり「まれびと」に終わる。折口古代学の全貌がいちばん最初に過不足なく示された全三冊からなる『古代研究』の最初の巻(民俗学篇1とともに刊行された国文学篇)、その巻頭に折口は、収録された論考の執筆の順序を無視してまで、「国文学の発生(第三稿)」を据える。この長大な論考は、もともとは「常世及び「まれびと」」と題され、ただ列島の南と北に見出だされた「まれびと」がまとうさまざまな相貌だけが論じられていた(この段階で折口は、自らが実際に見聞したアンガマに代表される南の「まれびと」のみならず、ナマハゲに代表される北の「まれびと」をも視野に入れている)。

論考のなかで折口は、「まれびと」をこう定義している――。

まれと言ふ語の溯れる限りの古い意義に於て、最少の度数の出現又は訪問を示すものであつた事は言はれる。ひとと言ふ語も、人間の意味に固定する前は、神及び継承者の義があつたらしい。其側から見れば、まれひとは来訪する神と言ふことになる。ひとに就て今一段推測し易い考へは、人にして神なるものを表すことがあつたとするのである。人の扮した神なるが故にひとと称したとするのである。

つまり――「てつとりばやく、私の考へるまれびとの原の姿を言へば、神であつた。第一義に於ては古代の村々に、海のあなたから時あつて来り臨んで、其村人どもの生活を幸福にして還る霊物を意味して居た」。通常ではひとつに交わることのない彼方の世界（超現実界）から此方の世界（現実界）を訪れ、彼方の世界と此方の世界を一つにむすび合わせてくれる神にして人、それが、折口が考えた「まれびと」の始まりの姿であった。

此方の世界の人であるとともに彼方の世界の神でもあること。それゆえ、「まれびと」は相矛盾するふたつの性格をもつことになる。人間であるとともに、人間を超えた存在でなければならなかったからだ。あるいは、人間であるとともに、人間を超えた存在へと変身していかなければならなかったからだ。祝祭とは、そのような通常では不可能な変身を、いまここで可能にしてくれる儀礼の場であった。だからこそ時間の境界（太陽の力が最も強まるとき、あるいは太陽の力が最も弱まるとき）にして空間の境界（大地と大洋の境目、あるいは平地と山地の境目）で祝祭が営まれなければならなかったのだ。境界によって二つの世界が分かたれると同時に一つにむすび合わされているからだ。祝祭のなかで人間は「神」となる。だからこそ、原初の祝祭とは客体的に外から観るものではなく、内なる住人全員が主体的に参加しなければならないものだった。「まれびと」は祝祭をもたらし、祝祭の中心に位置する。

「まれびと」が二重性にして両義性をもつ存在であったように、「まれびと」を生み出した極東の自然もまた二重性にして両義性をもつものだった。いまだに活発な活動を続けている火山列島の宿命として、そこでは噴火や地震などが頻発する。極東の自然は、そこを生きるものたちに幸福な恩恵をもたらすとともに、不幸な破滅をももたらす。自然が解放する荒ぶる力は、善悪の彼岸で、構築の方向にも破壊の方向にも働く。そこでは壊すことが創ることであり、創ることが壊すことであった。折口もまた、「まれびと」とそれを生んだ「妣が国」がもつ二重性と両義性に、「国文学の発生（第三稿）」の段階ですでに意識的であった——「すさまじい形相を具へた魔物の来臨する元の国と言ふ風に思うた処もある」。だからこそ、「まれびと」によって生起する祝祭によって自然的な破壊、人為的な破壊を創造的な構築へと転換することも可能になるのだ。

折口は、「国文学の発生（第三稿）」を仕上げる以前に関東大震災に遭遇していた。しかも、それは、「まれびと」論の端緒をその手に摑んだ二回目の南島調査を終えた直後のことであった。折口は朝鮮人虐殺の渦に巻き込まれそうになったのだ。極東の人々を育んだ自然のもたらした大災害（関東大震災）だけでなく、極東の人々の人為（意志）がもたらした大災害（太平洋戦争）を経た折口信夫は、死の一年前、「まれびと」論の集大成にして、後世への遺言ということも可能な、「国文学の発生（第三稿）」に匹敵するような長さと複雑さをもった論考、「民族史観における他界観念」を発表する。そこには、こう記されていた（「前「古代」における日本」の章の最後の一節にあたる）――「歓びに裂けさうな来訪人を迎へる期待も、獰猛な獣に接する驚きに似てゐた。楽土は同時に地獄であり、浄罪所は、とりも直さず煉獄そのものであつた訣である」。

「まれびと」は神であり人であると同時に、人間たちの世界の完全な外に存在する、荒ぶる自然そのものを体現する聖なる獣、野生の獣でもあった。楽土は同時に地獄であり、アンガマの慈悲深く滑稽な「翁」の仮面の裏には、「春来る鬼」ナマハゲが体現する獰猛で荒ぶる「鬼」の仮面が隠されていた。ただし、列島の南北に散在する「まれびと」たちを一冊の写真集『まれびと』（小学館、二〇一九年）に収めた石川直樹も的確に指摘しているようにナマハゲが体現している「鬼」というのは、いまだ善悪が未分化である霊的な存在、精霊（あるいは、折口言うところの「妖怪」）のような存在と考えるほうが、折口古代学の意図にかなう。折口が最後にたどり着いた「まれびと」は、「日本」という限定をはるかに超え出てしまう。「古代」以前の古代、「日本」以前の日本、すなわち人間の原型的な世界に直結するものである。折口古代学が対象とする「古代」とは時間的な過去ではなく、人間が営む原型的な生活、人間にとって原初的かつ普遍的な生活を意味している。

折口自身、「民族史観における他界観念」の同じ章（「前「古代」における日本」）を、こう始めている――「その来る者とは、言ふまでもなく、人間ではあつたのだが、其を人と知つてゐても、久しい習慣で、之を他界の生類のやうに見る癖がついてゐた。又さうした習しが積つて、更に他界の生類の中でも、特に妖怪のやうに考へあつてゐた」。外の力を内にもたらして内を活性化すると同時に、その外の力（破壊の力）が全面的に発現するのを防ぐような存在。外と内の中間に位置し、外でも内でもあるような存在。それは「多少の邪悪性を持った霊魂或は神である」、さらにその上、「相当「前日本」的な性質を持った霊性である」。極東の荒ぶる自然のような善悪の両面を具えた、強烈な「力」を発現する神。その力によって破壊を構築へ、構築を破壊へと転換してしまう神。そうした神の発する力を具体的に造型したものが神聖な獣にして神である「まれびと」であり、「まれびと」へと変身するために人々がまとわなければならない「仮面」であった。

極東の列島は北と南にひらかれている。それを制限しているのは、ただ近代的な国境のみである。北は樺太（サハリン島）を介してシベリアに、千島列島（千の島の連なり）を介してカムチャツカ半島から北極圏、さらにはアメリカ北西沿岸にまでひらかれている。南は、台湾（華麗島）を介してフィリピンから東南アジア、果てはオセアニア、さらにはイースター島（ラパ・ヌイ）にまでひらかれている――石川直樹は『ARCHIPELAGO』および『CORONA』という二冊の写真集で、いち早く、そのような世界観を表現し尽くしている。

来訪神の信仰、「まれびと」の信仰を掘り進めていくことで「日本」をはるかに超え出て世界の普遍性にまで、宗教と芸術表現が渾然一体となった人間の生活の原型にまで到達することができる。折口古代学は内なる自己の過去を探る民俗学（フォークロア）と外なる他者の現在を探る民族学（エスノロジー）の創造的な総合として可能となった。外を内へ転換し、内を外に転換する。それは石川直樹の行っている仕事そのものでもある。なぜ折口信夫は、さらには折口を範とした石川直樹は、そのような視点をもつことができたのか？

それは折口信夫が、石川直樹が、「まれびと」のような存在であったから、つねに「まれびと」のような存在になろうとしていたからにほかならない。自らの内側を探るために、絶えず外側からの視点を忘れない。神にして人にして獣でもある「まれびと」は、外と内の中間を生き、それゆえ、外の力によって内を活性化し、内の閉鎖を外の開放へと転換できる力をもっていた。それは、現代においては、芸術家が果たさなければならない役割である。「まれびと」は、未来の、来るべき芸術家のモデルとなるものでもあった。折口信夫は客観的な研究と主観的な表現の二重性にして両義性を生涯にわたって生き抜いた。釈迢空という特異な筆名を用いて短歌・詩・小説・戯曲、つまりは日本語で可能なすべての創作のジャンルで優れた作品を残した。「まれびと」を客観的に研究すると同時に、「まれびと」のように生き、「まれびと」のように表現した。石川直樹は、写真を撮るというアート（技術にして芸術）を通して、まさに折口信夫の営為を創造的に反復し、しかもそこにまったく新たな表現のステージをひらこうとしている。

それでは、「まれびと」を主題とした石川直樹の写真の可能性はいったいどこにあるのか？

＊

折口信夫が実際に参加することができた「まれびと」祭祀は、石垣島のアンガマだけである（中部日本の仮面を用いた芸能、種々の霧月神楽への参加は除く）。それに比して石川直樹は、南の「まれびと」も北の「まれびと」も、できうる限りその内側へと入り込み、多くの貴重な記録を残してくれている。人々がどのように苛酷でまたどのように美しい環境に育ち、そこでどのようにして日常的な人間から日常を超えた野生の「神」へと変身していくのか、その過程を余すところなく写真に収めてくれている。表現の対象を客観的に外側から捉えるだけでなく、主観的に内側から捉え、ともに生きている。伝統を重んじる祝祭は、それが重要であればあるほど、外の人間が内に入ることを好まない。ある場合には暴力的に排除される。

祝祭は、その地に生まれた人々を、精神的かつ身体的に生まれ変わらせるため、新たなステージに再生させるために行われる。集団に属する人々以外に内実を明かしてはならない秘密の祭祀(秘祭)にして秘密のイニシエーション(秘儀伝授)である。人々の信頼を得ない限り、祝祭の内側に入ることは決してできない。石川直樹は祝祭を研究し、祝祭を観察する人類学者にして民族学者(民俗学者)として、祝祭に参加し、また祝祭を表現するアーティストという通常では両立させることがきわめて困難な役割を同時に果たしている。外の人間でありながら、内へ入ることを許されている。石川のカメラは対象をはっきりと捉えるだけでなく、対象とともに踊るかのようだ。このような写真は、単なるアーティストには撮れないし、また単なる人類学者にして民族学者(民俗学者)にも撮れない。両者の長所を創造的に総合した、新たな時代の折口信夫のような研究者にして表現者でなければ決して撮ることができない。そのことによって折口の時代に比して格段に豊かになった「まれびと」たちの姿が石川のカメラを通してわれわれのもとに届けられた。

「まれびと」は、不可視の世界に存在するきわめて抽象的かつ神聖なもの(「神」)を、自らの可視の肉体（物質）に具体的に宿すことで可能になる。それは光というきわめて抽象的な存在を具体的な物質として定着することで可能となった写真という芸術表現のもつプロセスと、ある意味においては同様な働きをなしている。「まれびと」と写真は、その在り方において等しい。芸術のもつ原初の姿をあらわにしてくれる。それゆえに、自らの祖先神たる異形の「まれびと」の姿、森羅万象あらゆるものを生み落としてくれた根源的な存在を記録に残すことを許さない人々も多い。じつに、「来訪神――仮面・仮装の神々」としてユネスコの無形文化遺産として登録されたもの（その大部分が石川の写真に収められている）のなかに、柳田國男と折口信夫に最も影響を与え、「民俗学」という学問を創出することを可能にした仮面来訪神祭祀、西表島、小浜島、新城島、石垣島（宮良）に伝承されている「赤マタ・黒マタ」祭祀は含まれていない。おそらくは、その祭祀を現在にまで伝えた人々が拒絶したと推測される。

赤マタと黒マタという「まれびと」への変身は、その祭祀を伝えてきた人々にとって絶対の秘密なのである。単なる観光客を、その神聖な場に入れることはできないのだ。石川直樹もそのことは充分にわきまえていたはずだ。現地で、二つでありながら一つであるその人間離れした巨大な姿を目にして、なおかつ二手に分かれた村落の人々を率いて大規模に展開されるその踊りと歌とに出逢って、大きな感銘を受けたはずだ。しかし、神聖で凶暴なその姿を、禁制を破ってまで写真として定着することはしなかった。祝祭を尊重するアーティストとして当然の結論である。

だがここで「赤マタ・黒マタ」祭祀がどのようなものだったのかを論じなければ、折口信夫の「まれびと」論を真に理解することは難しい。「まれびと」という祭祀と写真という芸術がなぜ共振しているのかを真に解き明かすことは難しい。喜舎場永珣（折口信夫の石垣島採訪調査の案内を引き受けた）や宮良高弘が公にしてくれた貴重な報告類をもとにしてその祭祀の核心、折口信夫の「古代学」にとっての核心を記しておきたい――以下、拙著『折口信夫』（講談社、二〇一四年、特に第四章「祝祭」）にまとめられた見解をもとに、「赤マタ・黒マタ」祭祀の詳細をあらためて再構築していく。

「赤マタ・黒マタ」の仮面祭祀は、八重山群島の西表島、古見を発祥の地とする（さらなる彼方の世界から、聖なる仮面とともに稲穂がそこに持ち込まれたという神話も伝えられている）。古見では白マタを加えて三体の仮面神が登場する。鬱蒼とした森の奥に続く大河の上流からあらわれ、巨大なサキシマスオウの樹が形づくる自然の神殿に鎮座する。そこから海にひらかれた浜へと下り、小さな島へと渡る。この古見の部落から小浜島へ、新城島へ、人々の移動とともに仮面の祭祀もまた伝えられていった。そして小浜島から、地震による津波でそこに住む人々が消失してしまった石垣島の宮良に、やはり人々の移動とともに伝えられてきたという。人々は仮面の神々とともに海を越えて、未知なる島々へと渡っていった。仮面の神々を中心とした強固な信仰の共同体が形成されていたのである。「まれびと」を祀る、それ自体が「まれびと」たちの集団である。

喜舎場永珣は、石垣島の宮良にあらわれる、その異様な仮面の詳細を教えてくれる。仮面は一尺五寸（四五センチ）の樹木の面を用い、歯と眼球は夜光貝を用いた貝細工であり、耳には香を焚く装置がつけられていたという。動物と植物と鉱物が、聖なる仮面のうちで一つに入り混じり、色彩と形態、さらには嗅覚をはじめとするあらゆる感覚もまた、聖なる仮面のうちで一つに入り混じっていた。祭祀のとき以外は、小浜島から宮良へと渡ってきた草分けの家に秘蔵されていた。

そして祭祀がはじまる。その際、まず行われるのが、聖なる二つの仮面を集落のなかにある、おそらくは海からそれほど遠く離れてはいない、秘密の洞窟のなかに密かに運んでいくことである。その仮面を身につけて神になるのは、集落のなかで厳しいイニシエーションに耐え、誰の目から見ても優れていると判断された二人の若者である。仮面と同様、やはり前日の夜から密かに洞窟のなかに運び込まれていた葛で、胴体と手足が纏われ、固く編み込まれ、薄（すすき）を立てて頭髪に擬せられていく。若者たちは、聖なる洞窟のなかで徐々に神々へと変身してゆくのだ。その過程は絶対の秘密である。もしそれをのぞき見ようとする者があれば、屈強な警護の者たちに徹底的に痛めつけられ、半殺しにされる。

聖なる洞窟は、森羅万象あらゆるものを生み出した祖先たちの国、「ニイル」に通じている。折口信夫が言うところの「妣が国」、霊魂（たま）としての神々が集う異界にして他界である。その「ニイル」から洞窟の奥、その最も聖なる場所に、聖なる泉が湧き出ている。「ニイル」から湧き出る聖なる水で、聖なる仮面が「化粧」される。そのことによって仮面は「シィダス」。折口信夫が聞き取り、書き残してくれた言葉によれば「すでる」のである。再生するのだ。「すでる」（「シィディン」）とは「生まれる」という意味をもつが、母親の胎内からの出産をあらわす「マリン」とは異なり、「卵が孵化する」もしくは「蛇が脱皮する」という事態をあらわす言葉である。卵から生まれた蛇が、その後何度も皮を脱いで生まれ変わるように、人間を「まれびと」に変身させる異形の仮面も、「ニイル」（「妣が国」）から訪れる聖なる水を注ぎかけられ、何度も再生してゆくのである。それが「まれびと」への変身の過程に秘められた絶対の秘密、その謎の核心にある。

おそらくは喜舎場から祭祀の詳細を聞いた折口は、『古代研究』民俗学篇1にはじめて収録された草稿、「若水の話」に、こう記している。「すでるは母胎を経ない誕生であつたのだ」、「或は死からの誕生（復活）とも言へる」。人間は「すでる」ことによって、人間とは異なった身体、「異形身」をもつ神となり、異界にして他界、「妣が国」へと転生を遂げる。「畢竟卵や殻は、他界に転生し、前身とは異形《イギャウ》の転身を得る為の安息所であつた」。洞窟自体が、聖なる母胎そのものとなっているのである。猛々しい仮面を身につけ、人間は、不死の神話の動物のように再生を繰り返し、神として復活する。その神は巨大である――とても一人の人間だけとは思えぬ巨大さである。南島の自然そのものを体現した姿でもある。島に穿たれた根源的な母胎から、異形の仮面をつけた巨大な神々が、轟音とともに出現してくる。そのとき集落全体が、あるいは島全体が、祝祭のための劇場となる。光と闇が等しくなった瞬間、日がまさに落ちた瞬間、長い旗竿をもった二人の若者が先頭に立ち、跳ね飛びながら仮面の神々を、護衛の者たちを、村の古老たち、壮年たち、青年たち、婦女子たちを率いて広場にあらわれる。赤と黒と、村人たちは二手に分かれ、歌い、踊り、舞い、飛ぶ。神々と自然と人々と、すべてが一つに入り混じり、融け合う……。「まれびと」を中心に据えた仮面来訪神祭祀にとって、人間の身体以上に、聖なる水を注ぎかけられてよみがえる仮面のほうが重要だった。仮面こそが「霊魂」であった。精神と物質、霊魂と身体という区分は、ここで完全に無化されてしまう。作り物である仮面にこそ霊的な力が宿る。

機械であるカメラにこそ霊的な力が宿る。「まれびと」の仮面をまとい祝祭を生起させることと、それをカメラに収めること。そこには必然的な結びつきが存在する。不可視の聖なる力を可視の身体に受肉させる。それが「まれびと」祭祀の本質であり、石川直樹の写真術の本質でもあるだろう。

# 岡本太郎の「太陽の塔」

## 聖家族曼陀羅

岡本太郎は現代日本を代表する芸術家であるとともに現代日本を代表する文筆家でもある。そのようなことは絶対にあり得ないのではあるが、一つのたとえ話として、いつか遠い将来、太郎が残してくれた絵画作品、造形作品がこの地上からすべて消え去ってしまったとしても、太郎が書いた文章が残されている限り、この極東の表現史の上から太郎の名前が消え去ることは決してないであろう。それほどに卓越した文章家でもあった。

しかしながら、さまざまな分野を易々と乗り越えてしまう太郎の文章表現を手軽に、なおかつ体系的に概観する機会は、これまで残念ながら、なかった。一人の独立した、きわめて優れた文筆家として、なかなか認められてこなかったからである。あまりにも芸術家としての光輝が華々しかったのである。そのような状況も、二〇一一年、太郎生誕一〇〇年を記念して、ちくま学芸文庫より、現在においても太郎ルネッサンスを牽引している山下裕二、椹木野衣、平野暁臣を編者として全五巻からなる「岡本太郎の宇宙」が刊行されることによって、一変した。「対極と爆発」「太郎誕生」「伝統との対決」「日本の最深部へ」「世界美術への道」の五巻に、別巻として編者に写真家のホンマタカシを加えてなった「太郎写真曼陀羅」によって、表現者としての岡本太郎、文筆家としての岡本太郎の全貌が、ようやく読者の前にその十全な姿をあらわしたのである。そのなかでも、太郎の表現——芸術にして文章——の起源としてある「文学」、世界と日本の交点に築き上げられた特異な「文学」を探る特権的な巻となったのが、第二巻に据えられた「太郎誕生」である。

それでは、この「太郎誕生」に秘められた、岡本太郎の表現者としての真の起源、同時にそれが表現者としての太郎の生涯を貫く一つの主題となったものとは、一体どのようなものであったのか。

＊

「太郎誕生」に収録されたのは、岡本太郎が残した自伝的なテクストである。しかし、「太郎誕生」は単なる自伝集ではない。芸術家・岡本太郎が誕生するにあたって、その独創的な思想と表現の基盤となったと思われる特権的な体験を明らかにしてくれる貴重な資料が精選され、一冊に集成されたのだ。太郎という存在の根源に迫るために必要不可欠な書物が、今ここに編み上げられたのである。

そのなかでも特に「太郎誕生」の二つの中心、二つの対極となるのは、太郎が独立した芸術家となるために対決しなければならなかった二人の聖なる「怪物」について書かれた、二冊の書物である。無数の子どもをさらい、その子どもたちを喰《く》らい続ける鬼子母に自らをなぞらえた実の母・岡本かの子からの手紙を編纂した『母の手紙』と、迷宮の中心に潜む半獣神ミノタウロスに自らをなぞらえた二〇世紀アヴァンギャルド芸術の王パブロ・ピカソについて書かれた『青春ピカソ』と。

太郎はパリで生活した一一年の間にかの子と対峙し、ピカソと対峙した。かの子は、一家でヨーロッパに旅立つ一年前（一九二八年）に、仏教随想集『散華抄』の一篇となる「鬼子母の愛」という、仏教説話を換骨奪胎した小篇を発表している（以下、かの子の作品からの引用はちくま文庫版『岡本かの子全集』より行っている）。「鬼子母の愛」の冒頭には、こう記されていた。「鬼子母は人の児を見ると喰べたくなるのである」。子どもを食べることこそが、「もっと直接に子供を自分の愛感の中へ取入れて仕舞う手段」であり、そのとき、「彼女の五体の愛慾は一時に沸き立つ」。太郎が闘わなければならなかったのは、かの子の母性であり、かの子の仏教だった。

太郎にとって、ピカソもまた「怪物」であった。『青春ピカソ』に描かれた「狂暴な野獣の如《ごと》く自然を喰い荒し、デフォルメしている」芸術界の怪物ピカソ。ピカソは「物」を解体し、再構築する。そのとき、デフォルマシォンはフォルマシォン（形成）そのものとなる。そこには「強烈な対極の悲劇」が存在する。デフォルマシォンを生み出したピカソの理知と、すべての絵画的な制約を打ち破って表現の自由を実現していこうとするピカソの野生が総合された作品として、太郎は「ゲルニカ」を位置づける。太郎は、一九三七年、パリで開催された万国博覧会のスペイン館に出陳された巨大なその作品を直接目にする。そして、画面のなかにピカソ自身の分身であり、またその作品世界の焦点ともなっている、頭が牡牛、身体が人間であるクレタ島のラビリンス（迷宮）の主ミノタウロス（ミノトール）を見出すのだ。[*1]

太郎は続ける。「政治の概念性や偏見、暴力に対して個性の尊厳を護ろうとする」ことが、ピカソたちが主導した新しい芸術のプログラムだった。そのとき、「人間主体の暗い逞《たくま》しい生命力はトーロー［牡牛］に象徴化される。やがてそれはギリシャ神話の半獣神ミノトールの神秘にメタモルフォーゼするのである」（以下、解説者による補足は［ ］で示す）。社会を変革する民衆の力であり、同時にファシズムの暴力の象徴ともなるミノタウロス。太郎が闘わなければならなかったのはピカソの理知であり、ピカソの野生だった。

太郎の芸術は、かの子という鬼子母とピカソというミノタウロスの間で、二人の聖なる怪物への共感と反発を通じて、徐々に形になっていった。あるいは両者の聖なる婚姻から生まれる新たな怪物として、自身の生と自身の芸術を位置づけ直そうとしていたのかもしれない。パリ時代の太郎が深い関係をむすぶことになる思想的な盟友ジョルジュ・バタイユが、「ゲルニカ」の発表と同年に秘密結社「アセファル」（無頭人）の機関誌（『無頭人』第三－四号　特集「ディオニュソス」）で復活させた、最晩年のニーチェが見ていたヴィジョンのように。[*2]

ニーチェは、ミノタウロスの迷宮に、荒ぶる舞踏と陶酔の神ディオニュソスをよみがえらせる（「ディオニュソス頌歌」）。ミノタウロスを乗り越えるものとしてディオニュソスを招喚したのだ。ディオニュソスはエメラルド（緑玉）のような輝きとともに出現する。ミノタウロスを斃《たお》した英雄テーセウスに見捨てられてしまったクレタ島の王女アリアドネのもとに。存在の奥深い迷宮のなかで、聖なる少女と聖なる怪物が遭遇する。ニーチェは、ディオニュソスとアリアドネの聖なる婚姻から、来たるべき新たな存在、超人が生み出されてくるさまを幻視する。ニーチェは、アリアドネに向かって、ディオニュソスにこう述べさせる。二人が愛し合うためには、まずはお互いに憎しみ合う必要がある。憎しみと愛が渾然一体となった瞬間、そのときにこそ「私がお前の迷宮」となることができると。アリアドネの迷宮とディオニュソスの迷宮が一つに重なり合い、そこに超人が生み落とされる。

新時代の芸術家である岡本太郎もまた、鬼子母とミノタウロスという聖なる怪物のカップルから、憎悪と愛の区別をつけられないような関係性のなかに生み落とされたのである。

＊

岡本太郎は『青春ピカソ』にこう記していた。「芸術家は対決によって新しい創造の場を摑《つか》みとる」。その結果、芸術は「断絶によって創造的に飛躍」し、「非連続の連続」となる。芸術家に求められるのは、「何人よりもラジカルに己れ自身を否定し、革命的に創造しつづけて、常に芸術の先頭を進んでいるアヴァンギャルド〔前衛〕だということだ」。芸術家における真の業績とは、「この峻烈《しゅんれつ》極まる自己破壊、脱皮の上に成り立っている」と。太郎がここでピカソについて書いていることは、ほとんど太郎自身にもあてはまる。というよりもピカソを介して、あたかも自分自身のことを語っているかのようだ。現実の太郎も、なによりも対決によって、自身の新しい創造の場を摑み取っていったからだ。

太郎がまず対決し、そのなかで「峻烈極まる自己破壊」を断行しなければならなかったのは、川端康成が言うところの「聖家族」、岡本一平、かの子、太郎からなる「日本では全くたぐひまれな家族」のなかにおいてである。『母の手紙』は、岡本太郎が日本語で残すことができた唯一の著作となる可能性が高かった。母の死（一九三九年）を遠因として、太郎は自身の絵と母からの手紙を携えて世界大戦の戦火が拡がるフランスを引き揚げて日本に帰国する（一九四〇年）。そして、はじめての大規模な個展「岡本太郎滞欧作品展」を開催し、『母の手紙』をまとめ上げる（一九四一年）。その直後（一九四二年一月）に、召集され、中国大陸の、しかも最前線に出征してしまったからだ。「太郎誕生」に収録された「自伝抄　挑む」「わが二等兵物語」「大陸の風物」には、戦争および俘虜生活によって「冷凍された」太郎の五年間に及ぶ軍隊体験の詳細が記録されている。

太郎は、そして『青春ピカソ』で深い共感とともに描き出される太郎の分身である若きピカソもまた、学校教育に代表される近代的な規律管理の体制にどうしても馴染むことができなかった（太郎自身の学校教育に対する違和感の表明は「自伝抄　挑む」に詳しい）。軍隊は、その近代的な規律管理の体制がより強化され、より徹底化されたものである。軍隊内で「自由主義者」のレッテルを貼られ、理不尽な暴力にさらされた太郎の体験は、太郎の生涯を縮約する。太郎の生涯も、管理とそれに対する反抗、制度とそれを打ち破る自由がせめぎ合い、両者の対立が先鋭化する形で過ごされていったからだ。芸術運動においてさえも……。硬直した人間関係によって運動が停滞し、やがて終焉を迎えるさまは、「太郎誕生」に収録された「パリの仲間たち」でもきわめて印象的に浮き彫りにされている。

太郎は持ち前の生命力とユーモアで軍隊生活を生き抜いていく。大陸において、太郎は、自然の豊饒さと、冬から春にかけての大地の変化の見事さ、雄大さを体感する。しかし、そのような自然の認識が可能になったのは、つねに「死」と隣り合わせの、あるいは生と死が渾然一体となってしまうような、極限的な境地において研ぎ澄まされた感覚によってだった。「白い馬」の最後に記された、大陸の奥深くにまで延びた最前線の夜、太郎が目にした「真白な馬」が象徴するような……。

太郎が見たのは、悪路の行軍のはて、ついに力尽きて倒れた軍馬の死骸だった。馬の死骸から真白い蛆《うじ》が湧き出す――「全身から真白にウジがふき出し、月光のもとに、彫像のように冷たく光っているのだ」。さらには、「ウジのうごめく音が、ザアッと、低いがすさまじい威圧感でひびいてくる」。蛆がたてる「ザワザワと不気味な音」を耳にしながら、太郎はこう呟く。「生きものが、生きものを犯す。生きるために。そしてその肉をまた強者が食う。今おびただしいウジが、肉の巨塊《きょかい》をなめつくしているのだ」と。

このような戦場から無事に帰還することは奇蹟であった。文字通り太郎に与えられた恩寵である。つまり、運命の偶然によって、『母の手紙』は、大戦を前にして太郎が書き上げた遺書となることを免れたのである。太郎にとって、パリでピカソの作品に出会い、ピカソを消化し、ピカソを乗り越えて新たな芸術の地平を切り拓くことと、パリで現実の母と別離し、手紙を通じて母の宗教と文学を消化し、母の死を介して母を乗り越えていくことは完全にパラレルであった。そこに岡本太郎の芸術の真の起源が存在している。パリ時代の太郎は、表現する「私」を変革するとともに、表現される「世界」をも変革してしまおうとしたのだ。母およびピカソと「対決」することによって。

パリ時代に書かれた貴重な記録、「パリ回想」のなかで、太郎は、いち早く既成画壇に対する反抗のダイナミズム、「対極」のエネルギーを失ってしまったピカソの芸術の完成と停滞、およびピカソの芸術がもつに至った限界を指摘している。この時点で、太郎によるピカソへの挑戦は事実上完了している。『青春ピカソ』は、「パリ回想」に記された太郎の実感をより精緻に理論化していったものである。太郎の芸術に対する思考は驚くほど一貫し、つねに深化し続けている。実の親子であるかの子の場合は、影響はより相互的で、総合的なものだった。かの子の芸術が太郎の芸術に影響を与え、太郎の芸術がかの子の芸術に影響を与えたのだ。実に岡本かの子の文学の謎を解くための特権的な位置を占めるのが、太郎という存在である。

パリで太郎と別れ、日本に帰国したかの子が、芥川龍之介との邂逅をモデルにした小説「鶴は病みき」を『文學界』に発表して、文壇にセンセーションを引き起こすのが昭和一一年（一九三六）の六月のこと。かの子が脳溢血で倒れ、この世を去るのは昭和一四年（一九三九）の二月である。その間わずか三年に満たない。そしてちょうどその期間は、かの子がパリの太郎と書簡のやり取りをしていた時期と重なるのだ（『母の手紙』でいえば「東京からの手紙」の章にあたる）。太郎がかの子に書簡を送りながら自身の芸術を完成していったように、かの子もまた太郎に書簡を送りながら自身の芸術を完成していった。かの子の芸術に太郎が不可欠であったように、太郎の芸術にもかの子が不可欠であった。もちろん両者にとって、一平が果たした役割も看過することはできない（特に一平の「漫画」と太郎の作品について等々）。『母の手紙』そのものが聖家族全員による作品、三者による共著である。しかし、本章では『母の手紙』を中心として、かの子の芸術と太郎の芸術の関係に焦点を絞る。

太郎はかの子の小説作品の多くが一平との共同作業であることを強く主張している。その共同生活は対極の「悲劇」であったとも。太郎は『母の手紙』の「父母追想」の章とも重なり合う「かの子文学の鍵」（「太郎誕生」には未収録）という重要な論考に次のように記す――。

父母の性格、愛情の持ち方は極端に正反対であった。私は父ほど非情の愛を具現していた人を知らない。また逆に母くらい、情熱にすべてを賭ける激しい女性もまったく稀有であったに違いないと思う。このぶつかり合いこそ悲劇だったのである。

一平は、ある時期からかの子との肉体的な交わりを絶ち、慈悲に富んではいるが「非情な愛」を貫き、かの子の「情熱」のすべてを受け入れ、かの子が自分とともに年若い愛人たちと共同生活を送ることを許した。太郎はしかし、そのような「人間関係の凄《すご》み」からのみ成り立つかの子の文学を拒絶し、かの子の作品にいまだに残る「文壇的な気配」を断固として否定する。太郎は聖家族との「対決」のなかで、自分自身が進むべき芸術の方向を定める。人間的な対極主義から自然の対極そのものへ、と。そのためには個別の人間関係に生起した悲劇を普遍的な悲劇へと転換しなければならない。それとともに個別の宗教もまた普遍的な宗教へ転換する。宗教を超えた、根源的で宇宙的な思考そのものへ。

太郎は宣言する。一平とかの子がすがる仏教だけでは、何ものも創造することができない。個別の宗教にすがるのではなく、個別の宗教を超えて、生命の力が溢れ出てくる、人間の共同作業の普遍的な源泉にまで到達しなければならないと。バタイユは、それを「聖なるもの」と名づけた。宗教と共同体の根源に存在する「聖なるもの」は創造的な力をもち、通常ではむすびつくはずのない二つの極、生と死を、すなわちエロスとタナトスを、あるいは連続と非連続を、一つにつなぎ合わせる。

かの子の代表作の一つ、太郎との手紙のやり取りが重要なテーマとなる『母子叙情』のなかで、作中の「むす子」は母が提唱する仏教を否定する。パリからの「手紙四」で、「僕はいわゆる宗教と称せられるものと純粋な芸術との間に大きな溝があると思うのです」と述べ、さらこう続ける。

なお、この「手紙四」の一部は『母の手紙』のなかの太郎による注記にも引用されている。しかし、今日では、初出単行本の伏せ字の起こしおよび加筆訂正などに太郎自身の手が入っていることが推定されている。

芸術家は飽くまで革命的でなければならない。創造的でなければならない。ここで宗教の科学性を引き出されるかも知れません。然《しか》し宗教の科学的理屈は宗教そのものを汚すものではないでしょうか。お母さんが曾《かつ》て僕の小さい時に説明して呉《く》れたことは、抜道なくベルグソンが彼のエヴォリューション・クレアトリス〔『創造的進化』〕の中に説いています。万物は創造しつつ常に生成しているということです。

「万物は創造しつつ常に生成している」。作中の「むす子」は母にこう諭す。芸術は、宗教も道徳も超えたところに拓かれる切実な現実、宇宙的な生命の流れと飛躍を今ここにあらわにしてくれるものなのだと。実在の「むす子」もまた、『母の手紙』のなかで、父に向かってこう書き記す。「宗教はともすれば消極的なあきらめを教えすぎて、積極的な戦いを勇気づけないおそれがあるように思えます」。母の死を人間の個別的な死にとどめることなく、生命の普遍的な相にたどり着くための手段にしなければならない。個別の死を、普遍的な生命の不死にダイレクトに接合しなければならないのだ、とも。

実在の「むす子」は、父を鼓舞する。「お父さんはお母さんに則《のっと》って、はげしい生命をかがやかせて、身体のつづく限り戦うのです」。そうすることによって、母の美しい死を「聖なるもの」に、美しい「いけにえ」（供犠）に変えることができるのだ。「いけにえ」（供犠）こそが、連続（生）と非連続（死）を一つに融合する生命の飛躍を可能にする。後にバタイユが『エロティシズム』や『呪われた部分』で極限まで展開するテーゼでもある。すべてが無署名の記事による雑誌「無頭人」の最終号では、こう主張されていた。「死を前にした歓喜の実践」と。母を失った太郎は、バタイユと交響しつつ、こう記す――。

> お母さんは一つの聖火となって燃えつくして、美しい死をしました。
> 何故お母さんの死が美しかったのでしょうか。普通に死ぬことは決して美しくはありません。
> お母さんの死は十字架を背負った死だから美しかったのです。
> お母さんは全く神聖ないけにえだったのです。お母さんは自分の生きた世界の十字架を背負ったのです。
> お母さんはいつも、よく生命の負担のことについて話して居りました。
> その重味は十字架の重味だったのです。お母さんもいけにえによって永遠にそのたましいに触れる人達によって生かされて行くのです。

太郎は母の死を一つの作品に昇華し、それを母の遺稿の装幀として父に送る。父は、その作品を見て、太郎にこう答える。「装幀届いた。とてもいい。何の説明もなく君の考えや気持や意気が覗える」、この作品を、かの子の連載小説の装幀に使うと。父は太郎に報告する。「題は「生々流転」といってー少女が娘になってまでの生命の流れが書かれているものだ」。父に贈った太郎の絵は、こういうものだった（以下引用は「父母の生涯」より、「太郎誕生」には未収録）。「私は電撃を受けた大樹――それは生命の象徴であると同時に、死の象徴でもある――と若い女が向いあい、対決しているモチーフを描いて送った。折り返し父から、「生々流転」が間もなく本になる。それにぴったりだと言ってきた」。

今日、自他共に認める太郎の代表作、絵画「夜」（一九四七年）の原型となった作品である。そして、太郎が母のために描いたモチーフは、実はそのまま秘密結社「アセファル」の最も重要かつ最もよく知られた儀礼にあてはまるものだった。[*3] 広範かつ詳細な『G・バタイユ伝』を書き上げたミシェル・シュリヤは、秘密結社「アセファル」の儀礼について、こうまとめている。

それは、サン゠ラザール駅から各人別々に列車に乗って、森のまったただ中に淋しくぽつねんと置かれたサン゠ノン゠ラ゠ブルテッシュの小さな駅まで行き、そこから一人一人無言で、夜中、雷に撃たれた一本の大木のところまで行くというものだった（落雷は、最も深く根をはったものを突如として容赦なく襲う死を意味していたとも考えられる）。その大木のもとで硫黄《いおう》を燃やす。われわれが知っているのはそこまでである。

太郎は個別的な母の死を、世界を滅ぼし世界を再生させる普遍的な「供犠」にまで高めたのだ。

＊

岡本太郎は、かの子の母性とかの子の仏教、あるいは両者の交点に生まれるかの子の文学を単に否定し去っただけなのだろうか。おそらくそうではあるまい。たとえば、縄文土器とともに、太郎の世界認識に変革をもたらした、沖縄の聖なる島々に存在する「御嶽」。森の「迷宮」を通り抜けた果てに、太郎の目の前にひらかれた場所。そこには、なにもなかった。森という迷宮の奥にひらかれる聖なる空虚な場所、そこには女たちだけしか入れない。聖なる巫女たちは、そこで「秘密」の儀式を執り行う。『忘れられた日本――沖縄文化論』の「神と木と石」に、太郎は、こう記す。

> 神はこのようになんにもない場所におりて来て、透明な空気の中で人間と向いあうのだ。のろ［巫女］はそのとき神と人間のメディアムであり、また同時に人間意志の強力なチャンピオンである。神はシャーマンの超自然的な吸引力によって顕現する。そして一たん儀式がはじまるとこの環境は、なんにもない故にこそ、逆に、最も厳粛に神聖にひきしまる。

あるいは、また――。

沖縄の御嶽でつき動かされた感動はまったく異質だ。何度も言うように、なに一つ、もの、形としてこちらを圧してくるものはないのだ。清潔で、無条件である。だから逆にこちらから全霊をもって見えない世界によびかける。神聖感はひどく身近に、強烈だ。生きている実感、と同時にメタフィジックな感動である。静かな恍惚感として、それは肌にしみとおる。

ピカソがアフリカの黒人芸術と対決し、それらを消化・吸収し、ヨーロッパの芸術に新たな認識をもたらし世界芸術を創り上げたように、太郎もまた「日本の伝統」と対決し、それらを消化・吸収し、日本の芸術に新たな認識をもたらし世界芸術を創り上げた。「彼［ピカソ］だけが革命的に自己破壊の手段としてこれ［黒人芸術］を取り上げたのだ」という太郎によるピカソ評価は、そのまま「彼」を「太郎」に、「これ」を「日本の伝統」に置き換えることが可能である。そして、太郎が自己破壊の果てにたどり着いた神聖なる「空」には、かの子の「空」が遠く響き合っていないだろうか。

かの子は『母子叙情』で、「むす子」の分身たる「規矩男《きくお》」にこう語っていた。規矩男のヨーロッパ的なニヒリズムを否定しながら――「大乗哲学でいう「空」とか「無」とかはまるで違うのよ。あらゆるものを認めてそれを一たん無の価値にまで返し、其処《そこ》から自由性を引き出す流通無碍《むげ》なものということなのよ。それこそ素晴しく闊達に其処からすべての生命が輝き出すということなの」。創造しつつ生成してくる森羅万象を生み出す「空」。おそらく『母の手紙』の時代の一平も太郎も、かの子の「空」を深く認識していた。一平は言う――「おかあさんの本体は観世音菩薩かも知れない。無我で空であって何にでも応じて適当の姿や性格を示現する自在さを持った部分があった」。さらに、かの子がもち続けた水晶の観音のように、かの子の透明な「空」には、童女であり妻であり母であり怪物であったかの子のすべてが含まれ、映し出されていた、とも。

太郎もまた、かの子の死を「かたち」のない世界に入るための契機とした。太郎は、かの子の「死」によって、生命においては生と死という二項対立が成り立たないことを体得する。「「生」という現象形式が形を消すと、「死」も全く消えてしまうのです」。生と死という分割を許さない、かの子が体現する「空」について太郎は、こう記す。

象《かたち》の無いものは肉眼では認識出来ないことは勿論です。
しかし眼に見えない存在が我々の世界には満ち満ちています。
お母さんの不滅の存在が今は僕達のいのちのなかに喰入って生きて居るのです。

かの子は、太郎に神聖なる「空」を体験させたシャーマン(巫女)であった。そこから太郎の仏教がはじまる。太郎の仏教とは、仏教以前であり同時に仏教以後であるようなものだった。古代的であるとともに未来的でもある「神秘」(秘密)の教え。太郎の芸術の核心を、そのように捉えたのは、秘密結社「アセファル」の同志であったピエール・クロソウスキーである。[*4] クロソウスキーは『神秘日本』で太郎が遭遇することになった「曼陀羅」に、太郎の芸術の謎を解き明かす鍵を見出す。クロソウスキーは言う。太郎が「曼陀羅」という概念で語ろうとしているのは、仏教以前の「呪術」の領域、「呪術」によって「一種の宇宙的な錯乱状態」にとらわれた人間が体験する、「透明なる渾沌」といった境地なのだと。

太郎は『神秘日本』に収められた「秘密荘厳」および「曼陀羅頌」で、密教美術に失望し、密教美術を根本から否定してしまう。通常の意味における造形的な「曼陀羅」さえも。太郎に訴えかけてきたのは、「絵でもない、字でもない、マンダラの呪文」である。太郎にとって曼陀羅とは「呪術的な媒体」であり、人間は曼陀羅を通して「無限」の宇宙に参与する。だから、真の曼陀羅とは、正しくは「無色のマンダラ」と呼ばなければならない。太郎は京都の高雄山神護寺で、紺地に金泥で描き出されただけの、きわめてシンプルな江戸末期の曼陀羅の「写し」を目にする。その瞬間、太郎に啓示が与えられる。

曼陀羅とは空間を否定し、歴史を否定し去る。曼陀羅の単純な「写し」こそが曼陀羅の本質を過不足なく表現している。曼陀羅においては、オリジナルとコピーの差異が消失してしまうのだ。そこに出現するのは「絶対」にして「無限」の時空である。太郎は続ける——「色が一色だけの場合、たとえば紺なら紺だけに向きあっていれば、それはもう彩りではなくなってしまう。直視していくうちに、無限の空間に没入して行く。一切空の場所に、あらゆるイメージの可能性がわいて出る。そしてそれは無限に消滅し、瞬間、瞬間に出発し、展開するのである」。太郎にとって曼陀羅とは、秘密にして純粋なるもの、絶対肯定にして絶対否定のもの、透明にして渾沌としたもの(太郎が「透明なる渾沌」という理念をはじめて提出したのは「秘密荘厳」においてであった)、つまり、あらゆるイメージが孕まれる「一切空」であった。

曼陀羅には「原始的な生命のエネルギーをひめた神秘」が貫かれている。それは「怒り」そのものなのだ。太郎はフランス語版にクロソウスキーが序文を寄せた『わが世界美術史――美の呪力』の第五章を「透明な爆発――怒り」と題し、母との対決、伝統との対決によって摑むことができた独創的な曼陀羅の概念を展開することからはじめている。

人間が自分を超えて、世界に、宇宙に無限のひろがりをつかみとる。つまり人間が人間になることだが。そのとき意志と感情の爆発に耐えなければならない。爆発といっても、火薬が炸裂《さくれつ》するというような単純さではない。静かで、透明で、神秘のすじが宇宙をおおうような、そんな精神のひろがりである。

たとえば、私はマンダラを見ながら、いつでもそう感じとるのだ。たしかにマンダラには固定した瞑想的な図柄もあるし、また激しい怒りの表情、それこそ激情の爆発としてあらわされているものもあるが、私はむしろ静謐《せいひつ》なマンダラに、最も強烈に印象的に怒りの相を見とる。

まことに、マンダラは憤りである。そうだ。あの怒りは宇宙全体に透明な波光としてひろがって行く。静止相であると同時にダイナミックで、遠心的な迫力。あの宇宙を獲得する強固な表情は「怒り」なしには私には考えられない。

クロソウスキーは、『わが世界美術史――美の呪力』のフランス語版序文で、太郎の「透明なる渾沌」、すなわち怒りの曼陀羅に、秘密結社「アセファル」の象徴、バタイユが雑誌『無頭人』創刊号の冒頭に記した「無頭人」のイメージを重ね合わせる。アリアドネの迷宮とディオニュソスの迷宮が渾然一体となることで生み落とされた「無頭人」の迷宮を――。

人間は自分自身を超えたところに、罪の禁止である神ではなく、禁止を知らないひとつの存在を発見した。わたしがそうであるものを越えたところで、わたしはひとつの存在に出会う。それは頭を持たないゆえにわたしを笑わせ、罪と無垢から成るゆえにわたしを不安で満たす。それは左手に鉄の武器を持ち、右手に聖心臓に似た炎を持っている。それは同じひとつの噴火のうちに〈生誕〉と〈死〉とを結びつける。それは人間ではない。それは神でもない。それはわたしではないが、わたし以上にわたしである。その腹部は迷路になっている。そこに彼は自分自身が迷い込み、彼と一緒にわたしも迷わせる。そしてそこでわたしは、彼であるわたし、つまり怪物であるわたしをふたたび見いだすのだ。

ここで一つの円環が閉じられる。しかし、太郎の生涯と思想はさらなる円環を描きながら、たえず未知に向かって進展していくだろう。無頭人の「迷宮」から御嶽の「空」へ、さらには曼陀羅という「透明なる渾沌」を経て。そして太郎がいう「透明なる渾沌」という概念にも、おそらく、かの子の営為が遠く呼応している。かの子は出世作「鶴は病みき」を発表したすぐ後に、「渾沌未分」という短篇を書き上げる。「渾沌未分」は表面的には、水泳の飛び込みの教師・小初とその教え子である少年・薫との官能的な一瞬の触れ合いを描いた物語である。しかし、かの子の主眼は、水中における「渾沌未分の境涯」を表現として定着することにあった。かの子は作中に記す。「すべての色彩と形が水中へ入れば一律に化生せしめられるように人間のモラルもここでは揮発性と操持性を失った。いわば善悪が融着してしまった世界である」と。

かの子の「渾沌未分」を高く評価した亀井勝一郎は、現在でも決して色褪せることのないかの子論の傑作「川の妖精」のなかで、「水に住む妖精の色情」をもったかの子文学の本質を、次のように論じている――「岡本かの子の描く色情は、或《あ》る意味ですべて水中に演ぜられる色情であつて、我らは水をとほして、その底に凄惨《せいさん》に美しい混沌が蔵されてゐるのをみるのである」。透明な水の底に存在する渾沌。透明と渾沌とは未分の状態にある。岡本太郎の曼陀羅、表現原理としての「透明なる渾沌」の起源は、間違いなくかの子の文学に存在している。太郎はかの子を喰らい、かの子の文学を表現の新たな地平に甦らせたのだ。

＊

戦争という「死」を目前にひかえ、岡本太郎は『母の手紙』と聖家族の軌跡をまとめ上げ、「母の思い出」にこう記した。「私にとって母は宇宙を支配する、大きな叡智《えいち》を持つ先導者であった。母の白い手の動きは、まだ私には漠としているけれども神秘に満ちた人生を前途に暗示した」と。太郎は、戦場からの帰還以降、文字通りこの一節を実践していったといえる。太郎は、かの子の

「死」から御嶽の「空」を経て、曼陀羅という「透明なる渾沌」にたどり着いた。太郎の生涯と思想はある意味では、聖家族と曼陀羅に集約される。聖なる家族の曼陀羅を描き上げること。それが太郎の生の目標であり、生の方法だった。

おそらく太郎の芸術の起源もそこにある。太郎は、まず抽象画を選んだ。抽象画とは表現のゼロであり、表現の「空」だった。「パリの仲間たち」および『青春ピカソ』などで繰り返し述べられた抽象画との出会いの光景である。太郎は、『青春ピカソ』では、こう述べていた――「私は抽象画から絵の道を求めた。それは印象派に追従したりフォーヴィスムを学ぶよりも、遥かに当時日本人としての私のロマンチスムにぴったりしたものがあったからである。この様式こそ伝統や民族、国境の障壁を突破できる真に世界的な二十世紀の芸術様式だったのだ」と。

太郎は宣言する。「伝統や民族、国境の障壁」を乗り越えたところ、表現のゼロ、表現の「空」の地点から、「形」ではない形、「色」ではない色を打ち出すべきだ。「パリの仲間たち」と刊行した「アプストラクシオン・クレアシオン」の年鑑に記された、太郎の芸術のはじまりである。やがて抽象の内部から、「なまなましく具体的な線・色の情感が、純粋抽象という枠では抑えきれない実体として激しく動き、つきあげて」きた（以上、「自伝抄　挑む」より）。太郎はピカソのように抽象（アブストラクト）から超現実（シュルレアル）に移行し、両者を矛盾するがまま、表現の対極としてもち続けた。さらに、ピカソや母と正面から対決し、絵画という自明の枠組みや「日本の伝統」といった虚構を徹底的に解体し、未曾有の表現として再構築していった。岡本太郎の生涯と思想は一貫し、つねにわれわれを勇気づけてくれる。

注

＊1　「ミノタウロス」（ミノトール）のテーマはピカソ個人を超えて、一九三〇年代のヨーロッパの芸術のみならず人文諸科学――哲学、文学、民族学、さらには精神分析学を含む――の特権的なテーマとなった。ピカソの「牡牛」を表紙にした大型の豪華な雑誌『ミノトール』がアルベール・スキラの手によって刊行されるのは一九三三年六月初めのことである。タイトルを提案したのはバタイユであった。ブルトン、レリス、ラカンなどもこの雑誌に参加した。

＊2　以下、太郎と関わるバタイユについては次の邦訳を参照し、引用もそこから行っている。ドゥニ・オリエ編『聖社会学』（兼子正勝・中沢信一・西谷修訳、工作舎、一九八七年）ミシェル・シュリヤ『G・バタイユ伝』上・下（西谷修・中沢信一・川竹英克訳、河出書房新社、一九九一年）ジョルジュ・バタイユ他『無頭人』（兼子正勝・中沢信一・鈴木創士訳、現代思潮社、一九九九年）

＊3　「対極と爆発」の解説で椹木野衣も述べていることだが、太郎の「夜の会」とバタイユの「社会学研究会」は、そこに掲げられたテーマにおいても、組織のあり方においても、一つに重なり合う。秘密結社「アセファル」の儀式を描いた「夜」という絵画から「夜の会」がはじまるのは偶然ではないはずだ。またバタイユによる「愛と死の共同体」創設の試みと、太郎によるかの子・一平との「愛と死の共同体」創設の試み（つまり『母の手紙』の成立）もまた一つに重なり合う。当時バタイユのパートナーであり、秘密結社「アセファル」の供犠に重要な役割を果たしていたと

思われる女性（太郎の「夜」の真のモデルかもしれない）、「死に取り憑かれていた」コレット・ペニョ（通称ロール）がこの世を去るのは、かの子の死の直前、一九三八年一一月のことだったからだ。かの子の死から太郎の真の芸術がはじまるように、ロールの死からバタイユの真の思想がはじまる。

＊4　みすず書房版『わが世界美術史——美の呪力』（一九九九年）の巻末に付された久米博による邦訳「渾沌の中の「美」と「聖」」を参照している。クロソウスキーもまた、太郎と同じく「大母性」に取り憑かれた作家である。「ディアーナの水浴」や『ローマの貴婦人』において、クロソウスキーは、殺戮と豊饒を同時につかさどる太古の「大女神」を主題としている。太郎とクロソウスキーの共通の源泉として、『大女神』（*La Grande Déesse*）という遺著を残し、マルセル・モースやマルセル・グラネとともにフランス民族学の黄金期を築いたジャン・プシルスキー（Jean Przyluski）の存在が想定できるのかもしれない。プシルスキーに師事した松本信広を通じて、フランス民族学と草創期の日本民俗学は密接な関係をもつことになった。民俗学とシュルレアリスムは並行する現象だったのである。太郎の営為を、その系譜の最後に位置づけることは充分可能であろう。

## 四次元の塔

### 岡本太郎の超現実

岡本太郎とは一体何者だったのだろうか。

狭義の芸術家には到底収まることのできない人物である。太郎は、二次元の絵を描き、写真を撮り続けただけではない。三次元の彫刻を作り、三次元を超える建築をも志した。画家であり、写真家であり、彫刻家であり、建築家であった。現実の三次元にとどまらず、超現実の四次元をも作品として昇華し、作品として結実させようとした。太郎は、精神と物質の対立を超え、精神と物質がともに生み落とされてくる四次元を造形化しようとした、この日本に生まれた、唯一無二の表現者である。

そうした四次元の創造者にして四次元の表現者である岡本太郎が残した最大にして最高の作品が、「太陽の塔」である。「太陽の塔」には、それまで岡本太郎が身につけてきた学問的な知識と芸術的な技法のすべてが一つに融け合っている。「太陽の塔」は、岡本太郎の考古学、民族学、芸術学、哲学の結晶である。岡本太郎は芸術の表現者であるとともに学問の総合者でもあった。「太陽の塔」は、岡本太郎の芸術と学問を創造的に結合させる。それは同時に、岡本太郎が発見した「縄文」の土器と「南島」の祝祭との創造的な結合でもあった。岡本太郎は、大阪万国博覧会という現実の場に、現実を乗り越えていく、超現実の「四次元」の塔を建てたのだ。「四次元」は、空間的な秩序ばかりか、過去・現在・未来という時間的な秩序さえも乗り越えていく。四次元の塔を中心に、時間も空間もいったんゼロへと消滅し、あらためてゼロから生み直されてくる。

「太陽の塔」は、生命の根源に還ることで生命の未来を切り拓く。万国博覧会の後、すべてが撤去されたゼロの地平に、現在でも「太陽の塔」だけが屹立している。岡本太郎は「太陽の塔」の内部に、生命が発生してくる根源的な場、端的に言えば「無限」を秘めさせた。内部の無限は外部の無限に通じる。岡本太郎が「太陽の塔」を建ててから半世紀近くが過ぎ去ろうとしているいま、ようやく「太陽の塔」の封印が解かれ、太郎が表現しようとした「無限」が、四次元が、ふたたび解き放たれようとしている。

岡本太郎とは一体何者だったのか。その答えは、「太陽の塔」とは一体何を表現しようとしたものだったのかを解き明かしていくことによって、徐々にあきらかにされていくであろう。まず問われなければならないのは、岡本太郎の超現実の起源である。それは、まさに表現の「超現実」(シュルレアル)を目指したヨーロッパの前衛芸術運動、フランスに生まれた総合芸術運動たるシュルレアリスムに探られなければならない。

フランスに生まれた総合芸術運動、シュルレアリスムの核心は、その提唱者、若きアンドレ・ブルトンが『シュルレアリスム宣言』(一九二四年)に記した、次の一節に尽きている(以下の引用は岩波文庫版の巖谷國士訳より、傍点は原文のイタリック表記をあらわす)——「私は、夢と現実という、外見はいかにもあいいれない二つの状態が、一種の絶対的現実、いってよければ一種の超現実のなかへと、いつか将来、解消されていくことを信じている」。

超現実は、現実と夢、すなわち意識と無意識の「間」にひらかれる。それゆえまた、超現実は、分断された二つの極を一つにむすび合わせる。現実と夢、意識と無意識とを。あるいは、自己の内側と外側、すなわち主観と客観、精神と物質とを。さらには、有限と無限、個人と集団とを。ブルトンと立場は異なれども、またある場合には互いに鋭く対立し合いながらも、ブルトン（一八九六年生）と同時代に生まれた、アントナン・アルトー（一八九六年生）やジョルジュ・バタイユ（一八九七年生）らが自らの表現として実現を目指したものを広義のシュルレアリスムとして捉えることは充分に可能であり、また充分な妥当性もあるだろう。その広義のシュルレアリスムが岡本太郎の起源に位置する。

ブルトンは超現実の領域に、新たな言葉（詩）と新たなイメージ（絵画）発生の可能性を探り、アルトーは新たな身体（演劇）発生の可能性を、バタイユは新たな共同体（社会）発生の可能性を探っていった。シュルレアリスムは二〇世紀最大の芸術運動となり、文字通り、芸術表現の革命を成し遂げたといえる。その広範な影響は、世界のあらゆる地域に、同時代的に広がっていった。列島日本に生を享けた表現者として、おそらくそうしたシュルレアリスムの精神を最も体現したのは、岡本太郎だったはずだ。これまで岡本太郎とジョルジュ・バタイユの関係については、双方が残した密接な交遊の記録などをもとにして、繰り返し論じられてきた。しかしながら、「美術史」の拡張という点で、岡本太郎と真に比較対照されなければならないのは、バタイユではなく、ブルトンの方である。

ブルトンは、その生涯を通して、二つの巨大な芸術論をまとめ上げた。『シュルレアリスムと絵画』（初版一九二八年、増補改訂新版一九六五年）と『魔術的芸術』（一九五七年）である。『シュルレアリスムと絵画』において、ブルトンは、芸術表現の領域を、意識から無意識へと拡大した。意識の「外」にあるものを意識の「内」に取り込んだ、と言い換えてもよい。ブルトンは、今日ではアウトサイダー・アートとも総称される霊媒や狂人たちの芸術を、無意識にダイレクトにつながる営為として称揚した。そこでは幾何学的な「抽象」の線と、絶え間なく増殖していく「自然」の線が、一つに絡み合っていた。鳥が巣を作り上げるような線、音楽のメロディーラインそのものをあらわすような線、とブルトンは記している。超現実へとひらかれていく領域は、「抽象」と「自然」を両極とした広大なものだった。

『魔術的芸術』において、ブルトンは、意識の「外」のみならず、時間的にも空間的にも、ヨーロッパの「外」――時間的にいえば「古代」の社会、空間的にいえば「未開」の社会――に、来たるべき芸術の根拠となるような表現の原理を探っていった。その際、ブルトンが依拠したのは、一九二〇年代から三〇年代にかけて、フランスで一つの完成を迎えた特異な「社会学」であった。その特異な「社会学」、聖なるものの「社会学」（「聖社会学」）では、「宗教生活の原初形態」として「聖」と「俗」に二分された世界観が提起され、その世界観を成り立たせている「呪術的」な思考方法がヨーロッパの「外」、すなわち「未開」や「野蛮」と称されていた社会に求められた。象徴的な名前をあげるとすれば、オーストラリアのアボリジニ社会を主題として『宗教生活の原初形態』（一九一二年）を書き上げた叔父エミール・デュルケーム（一八五八－一九一七）と、『呪術論』（一九〇二年）――正確に記せば、アンリ・ユベールとの共著による「呪術（magie）の一般理論の素描」――を書き上げた甥マルセル・モース（一八七二―一九五〇）の二人である。

森羅万象あらゆるものは、見えない力を媒介として一つにつながり合っている。その見えない力を取り扱う技術が「呪術」である。『魔術的芸術』と、それまでの慣例に沿うかたちで邦訳されたブルトンの著作のタイトルに含まれている「魔術的」（magique）という単語は、本来の意味でいえば、モースが使っている通りに「呪術的」と訳されなければならない。実際、『魔術的芸術』の冒頭から、ブルトンはモースの「呪術の理論」（『呪術論』）を大いに参照しているからだ。「魔術的芸術」は、モースの『呪術論』を、学問の理論としてではなく、芸術の理論として継承し、発展させたものだった。それは太郎と同世代の文化人類学者のクロード・レヴィ＝ストロース（一九〇八―二〇〇九）が、やはりモースの「呪術の理論」を「野生の思考」として読み替えていく作業と完全に並行するものだった。ブルトンはレヴィ＝ストロースを介してモースの「呪術の理論」を受容していたのである。

岡本太郎は、シュルレアリスム草創期の熱気を、パリで直接に体験していただけでなく、後にブルトンがモースの「呪術の理論」をもとにしてシュルレアリスムの未来の可能性を「呪術的芸術」と規定していくことを先取りするかのように、一九三七年、パリで開催された万国博覧会の跡地に建設された「人類博物館《ミユゼ・ド・ロム》」で行われたモースの講義に参加していた。太郎のそうした経験が、後に、自身が総合プロデューサーをつとめた大阪万国博覧会の跡地に日本版の「人類博物館」である国立民族学博物館を構築することにつながっていく。その大阪万博の会場に「太陽の塔」を建てる直前（厳密に言えば二年前ではあるが、そのときすでに「太陽の塔」の構想はほぼ完成している）、太郎は、それまでに自分がさまざまな媒体に書いてきた文章を集大成するような書物、『原色の呪文』を、文藝春秋から「人と思想」シリーズの一冊としてまとめた（一九六八年）。

太郎は、そこに「呪術誕生」という序文を付し（序文として収められたこのエッセイの執筆は一九六四年）、高らかにこう宣言する。「芸術は呪術である」、と。まさしく太郎による『魔術的芸術』の完成である。ブルトンが、ヨーロッパの時間的かつ空間的な「外」に出ることによって、ヨーロッパ自体を相対化し、「呪術」という、いわば芸術の普遍的な原理に到達できたように、太郎もまた列島日本の時間的かつ空間的な「外」に向かうことによって、やはり「呪術」に到達した。しかも太郎の場合、列島日本の固有性を究めることがそのまま人類の表現の普遍性の発見へとつながっていったのだ。ブルトンが「他者」のなかに普遍を見出したこととは対照的に、太郎は「自己」のなかに普遍を見出した。それこそ、ヨーロッパという「他者」の地に生まれた芸術運動シュルレアリスムの最も創造的かつ最も見事な「自己」への適応の例となっている。そのことは同時に太郎が積極的に吸収した文化人類学や民族学についてもあてはまる。

太郎による「呪術的芸術」完成までの軌跡は、次のような一連の論考および著作の展開のなかに位置づけることが可能である。「太陽の塔」は、その最終的な到達点である。

「縄文土器論——四次元との対話」（一九五二年）
『日本再発見——芸術風土記』（一九五八年）
『忘れられた日本——沖縄文化論』（一九六一年）

『神秘日本』（一九六四年）
『原色の呪文』（一九六八年）

ブルトンの『魔術的芸術』の刊行（一九五七年）から『シュルレアリスムと絵画』増補改訂新版の刊行（一九六五年）までと、ほぼ重なり合う。太郎もまた、列島日本の時間的な極限にして限界（「縄文」）に向かい、空間的な極限にして限界（「南島」）に向かった。その二つの極限《リミット》＝限界から、自らの信じる「超現実」に向けて飛躍したのである。しかも太郎のいう「超現実」は、そのなかに自らとは相反するもう一つの極を含み込んだものだった。太郎は自身のもつそうした表現のスタイルを「対極主義」と名づけた。

パリで生活をはじめた若き異邦人であった太郎がまず選んだのが、「超現実」（シュルレアル）とは対照的な「抽象」（アブストラクト）の世界であった。カンディンスキーやモンドリアンやアルプらとともに、太郎は、あらゆる形態に先立つ「アンフォルメル」な表現の領域を探究することを志した――「私は抽象画から絵の道を求めた。それは印象派に追従したりフォーヴィスムを学ぶよりも、遥かに当時日本人としての私のロマンチスムにぴったりしたものがあったからである。この様式こそ伝統や民族、国境の障壁を突破できる真に世界的な二十世紀の芸術様式だったのだ」（『原色の呪文』所収「美の先達者」より、『青春ピカソ』にも同文が採用されている）。

しかし太郎は、「抽象」だけでは満足できなかった。「抽象」だけではあまりにも合理的で観念的、無機的であり過ぎる。人間という生物がもたざるを得ない根源的な欲動、表現への衝動を十全にすくい取ることができない。そうした太郎の前にあらわれたのが「超現実」の世界への探究であった。太郎は、抽象表現主義へのアンチテーゼとして勃興してきた非合理的で身体的――夢と狂気を主題としていた――かつ有機的な芸術表現運動、シュルレアリスムを自らのなかに取り込もうとする。シュルレアリスム絵画と抽象絵画がそれぞれ体現する二つの要素、「非合理的な情熱のロマンティスムと、徹底した合理的な構想が、激しい対立のまま同在すべき」なのだ（前出、「芸術観」）。太郎は、この対立と矛盾をそのまま引き受ける自らの立場、「抽象的要素と超現実的要素の矛盾のままの対置」を意識的に強調して創造へと転換する方法を「対極主義」と名づけた。太郎の超現実とは、まさに相異なる二極の「対極」、その間に形づくられるものだった。

有機と無機、具体と抽象、超現実と現実。二つの対立する表現原理の間に生起する吸引と反撥、愛と憎、美と醜という矛盾と不調和をそのまま生きること。第二次世界大戦勃発によって列島日本へ帰国することを余儀なくされた太郎は、戦後、自らの思想と表現を育んでくれたヨーロッパそのものを相対化する。ヨーロッパのユニヴァーサリティ（グローバリティ）に列島日本のローカリティを「対極」させることによって。それが太郎による「呪術的芸術」の再発見――他者のなかに「呪術的世界」を見出すのではなく、自己のなかに「呪術的世界」をあらためて見出すこと――にむすびついていった。しかも太郎の対極主義的な「超現実」は、「古代」（縄文）に対して現代を、「辺境」（南島）に対して中央を、そして呪術に対して科学を「対極」せずにはいられないものだった。

さらには、「呪術的芸術」を理論として文章化していくことと、「呪術的芸術」を実践として作品化していくことをも、また。「縄文土器論」から『原色の呪文』へと書き進めていく過程で、太郎は二次元的な絵画から離脱して、三次元的な彫刻へ、そして四次元にひらかれた未曾有の建築――「太陽の塔」――へと至る。そうした点に、岡本太郎の「超現実」のいまだ汲み尽くすことのできない可能性が秘められている。

**縄文の土器――芸術の始原へ**

岡本太郎が「縄文土器論」を書き上げる直前、一九四〇年代末、フランスに残された洞窟壁画のなかでも最も美しいとされるラスコーの洞窟壁画が一般に公開された。ブルトンもバタイユも、そこに描き出された始原の絵画に魅了された。ここにこそ発生状態の芸術が存在する。フランスに残された洞窟壁画を、革命的な解釈方法をもとに分析していった研究者に、太郎とまったく同年に生まれた考古学者、アンドレ・ルロワ゠グーランがいる。

ルロワ゠グーランは、ある意味で、太郎とは対照的な人生を歩んだ人物である。フランスに生まれたルロワ゠グーランは、一九三〇年代、太郎がフランスに向かったのとはちょうど正反対に、芸術の発生を求めて極東の列島である日本にたどり着いた。そして、現在に生きる狩猟採集民の末裔であるアイヌの人々の間にフィールドワークに入り、文身や装飾など、その豊かな装飾文化とイオマンテ（熊送り）に代表されるアニミズム的な世界観に深く魅了される。アイヌの人々は、人間を特別視しない。あらゆる生き物にはすべて魂にして神（「カムイ」）が宿っている。最も神聖な動物、森の王である熊を殺し、共食することで、熊の魂をもう一度、彼方の世界に還してやる。

狩猟採集社会は「未開」で「野蛮」なものではなく、狩猟＝動物の世界と採集＝植物の世界を通底させる、豊かな世界だったのだ。人間、動物、植物の間に差異がなく、そのすべてに共通の生命が宿っている。ルロワ＝グーランは、アイヌの人々の生活を、縄文の人々の生活に重ね合わせる。縄文もまた、大規模な農耕を行わず、自然の生態（エコシステム）と密接に結びついた安定した狩猟採集社会を営んでいた。そう推定されていた。北海道という巨大な島では、過去から現在に至るまで、縄文の人々からアイヌの人々に至るまで、権力の発生に結びついた大規模な農耕は採用されることがなかった。森には熊や鹿がおり、川には鮭がいる。熊も鹿も鮭も、神（「カムイ」）自らが、自身の身体を人々への贈り物として遣わせたものだった。人々は自然のなかで、自然からの贈与のもとに、森羅万象さまざまなものとともに生きていた。

狩猟採集社会は、物質的に豊かであると同時に、精神的にも豊かであった。そこでは、狩猟と採集、動物と植物が一つにむすびついていたように、日常の道具を作る職人と非日常の作品を作る芸術家もまた一つにむすびついていた。人々は日常の道具を自ら作り、聖なる神に捧げる作品を自ら作っていた。そのような職人にして芸術家によって、アイヌの人々の装飾文化、縄文の人々の装飾文化が生み落とされた。ルロワ＝グーランは、縄文の土器、縄文の土偶に大きな感銘を受ける。そこに造形されている文様は、なにかの意味を伝える個別の言語であるとともに、あらゆる意味を一つに集約して表現し尽くす全体的かつ総合的な絵画でもあったのだ。言語にしてイメージ、音楽にして絵画。第二次世界大戦の勃発によりフランスに帰国を余儀なくされたルロワ＝グーランは、古代のフランスに洞窟壁画を残した人々もまた、アイヌの人々や縄文の人々と同様、大規模な農耕が採用される以前の、直立二足歩行を始めた人間が行った原型的な生活、狩猟採集に従事するとともに、その世界観を言語にしてイメージ、音楽にして絵画として、洞窟という精神の超現実、精神の四次元に通じる特別の場に刻みつけていたのだ。その壁画は、幼稚で稚拙なものではなく、すでに抽象と具象が相互に複雑な関係をむすび合うものであった。ルロワ＝グーランは、原初の絵画は具象画ではなく抽象画であったと断言している。

抽象にして具象、超現実にして現実。太郎がヨーロッパを経由して、あらためて極東の列島の「古代」を発見したように、ルロワ＝グーランは極東の列島を経由することで、あらためてヨーロッパの「古代」を発見することが可能になった。そこに見出された「古代」とは、それぞれの文化の差異を乗り越えた、人間の原型的な生活そのものであった。そうした人間にとっての原型的な生活、狩猟採集は、過去の人々が行っていたものであるとともに、現在でも、その記憶に忠実に従って、ごく一部の人々がかたくなに守り続けているものでもあった。フランスの考古学者アンドレ・ルロワ＝グーランが、時間的な彼方、時間的な差異をもった「古代」に狩猟採集社会の真実を見出したことに完全に対応するように、同じくフランスの人類学者クロード・レヴィ＝ストロースは、空間的な彼方、空間的な差異をもった「未開」に狩猟採集社会の真実を見出した。

岡本太郎は、「縄文土器論」のなかで、ルロワ＝グーラン的な「古代」とレヴィ＝ストロース的な「未開」を一つに重ね合わせることになる。つまり、太郎は、ルロワ＝グーランの考古学とレヴィ＝ストロースの人類学を、芸術として一つに総合したのだ。そして「太陽の塔」の地下世界に、その「古代」と「未開」を、一方においては「古代」の狩猟採集社会の再現として、もう一方においては「未開」の仮面と神像の集大成として、ともに自身の表現として実現することになる。太郎にとって、縄文の土器こそ、「古代」と「未開」を通底させるものだった。だとするならば、「太陽の塔」とは、岡本太郎によって造形された新たな時代の縄文土器、表現の未来を切り拓いていくための縄文土器でもあったはずだ。そして太郎は、新たな縄文土器を創造するだけでなく、新たな縄文哲学をも創造した。その哲学が過不足なく表現されたのが「四次元との対話」というサブタイトルが付された「縄文土器論」であった。「縄文土器論」は、「太陽の塔」に秘められた核をあきらかにしてくれる。

縄文土器論において、岡本太郎が対比するのは、安定した狩猟採集社会を体現する「縄文」と大規模に展開された農耕社会を体現する「弥生」である。

遊動する狩猟採集社会と定住する大規模農耕社会と。太郎は当時まで（あるいは現代においても）支配的であった歴史の進化論的な見方、進歩史観を根底から覆していく。人類は、狩猟採集社会から農耕社会へと「進化」したわけではないのだ。太郎が、一九五〇年代初頭に先駆的に述べたこうした見解は、現在では、学問的にも裏づけられるようになっている（もちろん、そうした見解に対する批判も多々ある）。「縄文」は、この列島日本では一万年以上持続し、その持続は、ブルトンやバタイユが芸術の発生と考えたフランスをはじめとするヨーロッパ各地の洞窟に鮮やかな壁画を残した人々の社会（紀元前三万年の世界、旧石器の時代）にまで届こうとしている。その反対に、「弥生」から現在までは、多く見積もっても三千年程度しか経過していない。「縄文」と「弥生」以降では、時間のスケールの桁が違うのだ。そして、弥生から現代に至る三千年の間に、列島日本では、原初的な大規模農耕共同体――「国家」のはじまり――から超近代的な都市の建設に至るまで、社会はめまぐるしく変化した。おそらく「縄文」の人々は、意識的に、社会の変化そのものの一つの大きな原因となる農耕を採用しなかったのだ。

ブルトンやバタイユとも密接な関係をもっていた人類学者クロード・レヴィ＝ストロースは、変化のスピードが限りなくゼロに抑えられている社会を「冷たい社会」（現在であれば「持続可能な社会」と言い換えられるであろう）と名づけ、変化のスピードが等比級数的に増大していく社会を「熱い社会」と名づけた。時間的な「冷たさ」と「熱さ」は、社会そのもののもつ熱量――祝祭の強度――とは直接の関係をもたない。「冷たい社会」の時間は円環を描いて回帰し、「熱い社会」の時間は直線を描いて進展していく。「冷たい社会」の円環の頂点では、祝祭を通して、俗なる時空の直中に聖なる時空が顕現する。そのとき、通常の生産と交換は停止され、消費と贈与が行われる。ある場合には破壊にまで行き着く。「熱い社会」では、有用性と効率に従って生産と交換のみが行われ、消費や贈与は罪悪と考えられ、蓄えられたエネルギーは、ただ社会の変化へと向けられる。

レヴィ＝ストロースの教えを受けたアメリカの人類学者マーシャル・サーリンズは「冷たい社会」の典型と考えられる狩猟採集社会をあらためて調査し直し、「始原のあふれる社会」と規定した。農耕社会に対して狩猟採集社会では労働時間も短く、しかもその労働は一見すると遊戯と見分けがつかない。狩猟採集社会は、物質的にも、精神的にも豊かである。定住は富と権力を生み、遊動は富と権力を解体してしまう。

もちろん遊動する狩猟採集社会はユートピアではない。遊動とともに生起する部族間の激しい戦闘が富と権力の集中を防ぐ条件となっている。アイヌの人々が行っている「イオマンテ」は、ある一面から見ればきわめて残酷である。しかしながら、狩猟採集社会は、人類にとって、定住を選んだ農耕社会――そこから資本主義が発生する――に対して、もう一つ別の、あり得たかもしれない選択肢（オルタナテイヴ）を指し示していることもまた事実である。しかも、そうした狩猟採集社会では、労働も含めて、社会を成り立たせているありとあらゆる構成要素がすべて宗教的なのだ。アニミズム、トーテミズム、そしてシャマニズム。それらの概念はすべて、「熱い社会」である資本主義グローバリズムの外側、現代においても遊動性を失うことなく持続していた「冷たい社会」たる狩猟採集社会の観察から導き出されたものだった。太郎は、「冷たい社会」と「熱い社会」の対立を、列島日本における「縄文」と「弥生」――正確にいえば「弥生」から現在まで――の対極として置き換えたのだ。

太郎は、こう書き残している。「縄文式時代は狩猟期であり、弥生式時代には人々は定住して農耕生活を行った。この生産様式が各々の世界観を決定的に彩る」。

それでは狩猟採集に彩られた「縄文」の世界観とは、一体どのようなものだったのか。太郎はこう答えている。「狩猟生活は未開な心性に超自然的な意志の働きを確信させる。全てに霊があり、それが支配している。この見えない力に呼びかけるのが呪術である」。縄文土器は、古代の列島日本に育まれた「呪術的芸術」の結晶として存在している。それは三次元として把握できる現実の「もの」でありながら、世界に満ちあふれる不可視で不定形な高次元の力、四次元の超現実的な「力」にひらかれている。「縄文土器の最も大きな特徴である隆線紋は、激しく、鈍く、縦横に奔放に躍動し展開する。その線をたどって行くと、もつれては解け、渾沌に沈み、忽然と現れ、あらゆるアクシデントをくぐり抜けて、無限に回帰し逃れて行く。弥生式土器の紋様が穏かな均衡の中におさまっているのに対して、明らかにこれは移動する民族のアヴァンチュールである」。

しかも、この「驚くべき空間の処理」がなされ、四次元への通路がひらかれた列島日本に固有の古代的かつ超現実的な「呪術的芸術」の結晶は、世界に普遍の現代的かつ抽象的な「アヴァンギャルド芸術」と充分に比較可能な、「対極」の位置を占めているのだ――「芸術史に於て彫刻は常に一定の空間を占める塊として扱われて来た。ところが、その外部であった空間を内に取り入れ、造形要素に転化せしめ、遂には空間そのものを彫刻化したのは二十世紀のアヴァンギャルド、抽象主義彫刻家達の偉大な功績である。リプシッツ、ゴンザレス、ジャコメッティ等が見事に空間を構成して彫刻を新しい次元に飛躍させた。ところで縄文土器に於ける空間処理はこれらのアヴァンギャルド芸術に比して毫も劣らないばかりではなく、むしろ、より激しいのである」。

ここに描き出された縄文土器の姿は、そのまま「太陽の塔」の姿に重なり合うはずだ。岡本太郎のシュルレアル、抽象と超現実、現代の芸術と古代の呪術が相矛盾するまま一つにむすび合わされたその対極主義を最も体現する「もの」として、縄文土器が発見されたのである。太郎は、さらにこの四次元の超現実にひらかれた「もの」を、超現実の四次元そのものを今ここに顕現させる「場所」の表現として追究し、南島へと到達するのである。縄文から南島へ。それは太郎の芸術表現の領域が三次元の彫刻から四次元の建築へと拡大していく過程と並行していた。

**透明なマンダラ——祝祭の場から立ち上がる生命**

「縄文土器論」を発表した太郎は、縄文を生み出した列島日本の可能性をあらためて考察するために、「呪術的思考」の痕跡がいまだに残されている「辺境」を、表現者として、同時に人類学者にして民族学者、つまりは聖なるものの顕現を探究する社会学者として、旅した。その記録は『日本再発見』という一冊の書物にまとめられる。そして、その旅は、太郎を列島日本の空間的な極限にして限界、列島とその「外」との境界に導いていく。この場合の「外」とは物理的な意味と同時に、精神的な意味をももっていた。太郎は、南島に、超現実の世界とダイレクトにつながる聖なる場所の条件と、超現実の世界と現実の世界の媒介となる人々の営為を見出す。南島は、太郎の思索と表現に一つの総合を与えるような決定的な体験を可能にし、しかも太郎は、その体験の核心を自らの手で、他の誰にもまねすることのできない見事な文章として、過不足なくまとめることに成功した。

太郎は、シュルレアリスムを生み出した民族学の方法を用いて、柳田國男と折口信夫の探究以来、民俗学の宝庫として位置づけられた南島の祝祭のなかに分け入っていったのだ。岡本太郎によって、列島に固有の信仰を探る「一国」民俗学は、人類にとって普遍の信仰を探る「世界」民族学にひらかれたのだ。

沖縄の島々に存在する、不可視の超越的な神を招く聖なる場所である「御嶽」。そのなかでも、はじめて神が降臨した島であると伝えられる久高島の秘められた中心に位置する「御嶽」は、荒々しい樹木が生い茂る森のなかに位置していた。しかしながら、森のなかのその聖なる場所には、実際には、なにもなかった。ただ「空」だけが広がっていた。森という迷宮の奥にひらかれる聖なる空虚な場所。そこには聖なる存在となった女たちだけしか入ることが許されていない。島に生まれ、聖なる巫女（「神女」）となった女たちは、そこで神を招き、神と交わり、自ら神となるという「秘密」の儀式を執り行っていた。

『日本再発見』に続いて一冊にまとめられた『忘れられた日本――沖縄文化論』に収められた「神と木と石」に、太郎はその感動を記している（以下、［　］内は引用者による注記）――「神はこのようになんにもない場所におりて来て、透明な空気の中で人間と向かいあうのだ。のろ［巫女］はそのとき神と人間のメディアムであり、また同時に人間意志の強力なチャンピオンである。神はシャーマンの超自然的な吸引力によって顕現する。そして一たん儀式がはじまるとこの環境は、なんにもない故にこそ、逆に、最も厳粛に神聖に引きしまる」。

あるいは、また――「沖縄の御嶽でつき動かされた感動はまったく異質だ。何度も言うように、なに一つ、もの、形としてこちらを圧してくるものはないのだ。清潔で、無条件である。だから逆にこちらから全霊をもって見えない世界によびかける。神聖感はひどく身近に、強烈だ。生きている実感、と同時にメタフィジックな感動である。静かな恍惚感として、それは肌にしみとおる」、とも。

超現実への通路がひらかれた縄文土器という「もの」の在り方が、南島の聖地である御嶽では、場所そのもののもつ力にまで拡大されている。「もの」から「場所」へ。超現実への通路がひらかれた「もの」たちを包み込むように存在する「空」の広がり全体に形態を与え、作品として造形していくこと。そこに、太郎の芸術家としての新たな目標が定められる。その来たるべき作品、四次元そのものを造形化した作品の原型というべき姿を、太郎は、すでにこの「神と木と石」のなかに記している——。

はじめは清らかに単純だ。美しくしずまった森。神託によって定められた聖域が氏族生活の中心だ。その秘めた場所に、ひそかに超自然のエネルギーがおりてくる。それにつながり、受けとめることをぬきにして、彼らの生活の原動力を考えることはできない。

そびえたつ一本の木。それは神がえらんだ道。神の側からの媒体である。この神聖なかけ橋に対して、人間は石を置いた。それは見えない存在に呼びかける人間の意志の集中点、手がかりである。

自然木と自然石、それが神と人間の交流の初源的な回路なのだ。

「空」としての広がりのなかに、超現実の世界、四次元への通路である聖なる樹木にして聖なる石を立てる。それこそ、太郎にとっての「太陽の塔」であったはずだ。「太陽の塔」によってはじめて、表層的、つまりは近代的なお祭り騒ぎでなく、深層的、人類史的な「祝祭」を生起することが可能になる。太郎は、「太陽の塔」の地下世界、根源の世界の展示のために世界の各地から集められた仮面と神像を集大成した書物である『世界の仮面と神像』（岡本太郎・泉靖一・梅棹忠夫共編、朝日新聞社、一九七〇年）に「祭り」というテクストを寄せ、こう記していた――「「祭り」は根源の時代から、人間が絶対と合一し、己を超えると同時に己自身になる、人間の存在再獲得の儀式である。極めて神聖な、厳粛な場でなければならない」。さらには、「「太陽の塔」はそのシンボルである。根源によびかけ、生命の神秘をふきあげる、神像のようなつもり。それを会場の中心に、どっしりと根をはってすえつける。おおらかな凄みで、すべての人の存在感をうちひらき、人間の誇りを爆発させる司祭として」、とも。

「太陽の塔」は、岡本太郎による「呪術的思考」の集大成としてあった。

列島日本の空間の限界に広がる南島の御嶽のような「空」の直中に、列島日本の時間の限界に立ち現れる縄文土器のような「もの」を作品として造形する。それは石であり、樹木である必要がある。

「太陽の塔」は、その内部に「生命の樹」を内蔵していた。さらに、その作品は、列島日本の「呪術的思考」――「野生の思考」――が結晶した「もの」として屹立するとともに、「呪術的思考」の理念そのものをあらわしていなければならなかった。沖縄の旅から戻った太郎は、縄文と南島、つまりは、来たるべき彫刻と来たるべき建築を一つにむすび合わせることを可能にする、あるいは、それを一言であらわすことを可能にする「呪術的思考」の理念（イデア）を探究することになった。

そして太郎は、『忘れられた日本――沖縄文化論』に続く『神秘日本』の最後で、一つの解答にたどり着く。「透明なる渾沌」と太郎自身が名づけることになるマンダラである。御嶽に表現された「空」は、すべてをゼロに消滅させてしまう「空」ではない。森羅万象あらゆるものの母胎となる「空」である。それは、さまざまな色彩、さまざまな音響、さまざまな形態をそこから産出するマンダラ、透明で混沌としたマンダラ、透明と混沌という「対極」を相矛盾したまま一つにむすび合わせるマンダラでなければならなかった。

*

岡本太郎は、列島日本の時間的な極（「縄文」）と空間的な極（「南島」）だけを探究したわけではない。また、その二つの極を、現在と切り離して、「起源」として実体化したわけでもない。列島日本ではさまざまなものが入り混じり、そこから原型的なものが立ち上がってくる。太郎はそのダイナミズムを決して見失わなかった。現在であれば、「クレオール」――諸言語の混淆から原型的な言語が生成される――という概念に近い理解である。アジア諸地域、もしくはユーラシア大陸諸地域に由来する諸文化の混淆から、極東の列島に原型的な文化が生成されたのだ。「縄文土器論」による問題提起を引き継いだ『日本再発見』で、まず「極めて原始的なもの」と考えられた仮面祭祀「なまはげ」（南島にも同様の仮面祭祀が存在する）を論じた「秋田」に次いで、太郎は、世界のさまざまな文化が混淆して形になった「長崎」を取り上げる。原初的な祭祀文化とモダンな都市文化（翻訳文化）の間に対話の通路をひらいたのだ。さらに、南島論（『沖縄文化論』）を経ることで、太郎の探究の中心は「祝祭」に絞られていく。「祝祭」を通して、「極めて原始的なもの」が、文化が混淆する現代の列島によみがえってくるのである。「祝祭」は、古代と現代、聖と俗、無限の神と有限の人間、永遠と瞬間、あるいは生と死等々、二つの極に分断されているものを一つにむすび合わせる。パリ時代にモースの講義、バタイユらとの対話によって学んだ「聖社会学」の知識が、列島の辺境を旅する太郎の身体を通して血肉化されていったのである。

『神秘日本』は、太郎のそうした実践的祝祭論の到達点を示す。太郎は盲目の巫女、イタコたちとともに死者の声を聞き（「オシラの魂」）、修験道の行者たちとともに真冬の雪のなかに灯される巨大な松明の炎を見（「修験の夜」）、農民たちとともにエロスと密接に関連した生命増殖のための芸能、その歌と身体運動に魅せられ（「花田植」）、熊野の若者たちとともに「水と火」が一体化する自然の元素的（エレメンタル）な祝祭を体験する。太郎は、言語化不可能な「秘密」の体験、祝祭の際に顕現される「神秘」をきわめていこうとする。太郎は、次第に、列島で形を整えた神秘の体験を理論化した秘密の教えである「密教」に引き寄せられていった。太郎の嗅覚は正しい。なぜなら、「密教」こそ、列島日本の混淆文化（クレオール文化）を可能にし、修験道をはじめとする諸芸能の基盤となったものだったからだ。

しかしながら、その探究の果てで太郎が出会ったのは、「密教」が生み出した造形美術のすべてを根底から否定してしまうような「密教」の究極の理論、抽象的な理念（イデア）のきわみと称することも可能なマンダラ（曼陀羅）であった。

『神秘日本』の最後に収められた二篇の論考、「秘密荘厳」および「曼陀羅頌」で、太郎は、密教美術に失望し、密教美術を根本から否定してしまう。その否定は、通常の意味における造形的な「曼陀羅」にさえも及ぶ。そのようななかで、太郎に訴えかけてきたのは、「絵でもない、字でもない、マンダラの呪文」であった。太郎にとってマンダラとは「呪術の媒体」であり、人間はマンダラを通して「無限」の宇宙に参与する。つまり、マンダラとは美術作品ではなく「呪物」――「呪術の理論」が焦点を結ぶもの――であり、「絶対のイメージであるが、また同時に絶対への媒体なのである」（以上、「秘密荘厳」より）。

だから、密教が生み出した真の曼陀羅とは、正しくは「無色のマンダラ」と呼ばれなければならない。太郎は京都の高雄山神護寺で、紺地に金泥で描き出されただけの、きわめてシンプルな江戸末期の曼陀羅の「写し」を目にする（以下、「曼陀羅頌」より）。その瞬間、太郎に啓示が与えられる。マンダラとは空間を否定し、歴史を否定し去る。マンダラの単純な「写し」こそがマンダラの本質を過不足なく表現している。マンダラにおいては、オリジナルとコピーの差異が消失してしまうのだ。そこに出現するのは「絶対」にして「無限」の時空である。太郎は続ける――「色が一色だけの場合、たとえば紺なら紺だけに向きあっていれば、それはもう彩りではなくなってしまう。直視しているうちに、無限の空間に没入して行く。一切空の場所に、あらゆるイメージの可能性がわいて出る。そしてそれは無限に消滅し、瞬間、瞬間に出発し、展開するのである」

太郎にとってマンダラとは、秘密にして純粋なるもの、絶対肯定にして絶対否定のもの、透明にして混沌としたもの、つまり、あらゆるイメージが孕まれる「一切空」であった。南島の御嶽として出現した「空」という場所（トポス）に、イメージ産出の母胎としての「マンダラ」という理念（イデア）が与えられたのである。イメージの「空」にして、「無限」のイメージ。抽象と超現実を相矛盾したまま ともに肯定し、ともに生きる。太郎の「対極主義」が最終的にたどり着いた理念として、これほどふさわしいものはないであろう。マンダラは抽象の極であると同時に、超現実を現実に受肉させる思考の母型（マトリクス）そのものでもあった。

実際、仏教思想のなかにマンダラという未曾有の概念が胚胎されたのは、アジア、あるいは東洋の文化と思想を代表する二つの極、インドでも中国でもなく、その中間、アジア諸地域、ユーラシア大陸諸地域に由来するさまざまな思想と文化が一つに入り混じり、一つに融合した「西域」、中央アジアであったと推定されている。マンダラは、互いに異なったさまざまな要素を一つに統一し、一つに総合するための理念であった。マンダラは、膨大かつ複雑な構成をもった『華厳経』に、その起源をもっている（この『華厳経』こそが、インドと中国を一つにつなぐ西域で形を整えられたと推定されているのだ）。『華厳経』に由来し、マンダラの起源となった世界観は、いくつかの美しい比喩によって解き明かされている。その一つ、「インドラの網」では、こう説かれていた。

世界の頂点、須弥山のいただきに存在するインドラ神の宮殿には、一つの網がかけられている。その網の結び目の一つ一つには、透明で光り輝く宝珠が吊り下げられていた。「インドラの網」とは、透明で光り輝く無数の宝珠によって織り上げられた一つの網であった。透明で光り輝いているので、一つの宝珠のなかには他の無数の宝珠のイメージが映り込み、他の無数の宝珠のなかには一つの宝珠のイメージが映り込む。そこでは、一なる自己と、無限の多なる他者との間に区別がつけられなくなる。一のなかには無限が孕まれ、無限のなかには一が孕まれている。自己(この「私」)のなかには無限の他者となる可能性が孕まれている。それが世界の真実なのだ。

さらに、近代のはじまりを意識的に生きなければならなかった思想家たち、世界というグローバルな地平から日本というローカルを考え、世界と日本を、グローバルとローカルを一つにむすび合わせようとした思想家たちはみな、『華厳経』のヴィジョン、すなわちマンダラのヴィジョンにたどり着く。この「私」は、森羅万象あらゆるものとつながり合い、森羅万象あらゆるものに変身することが可能である。なぜなら、「私」は自らの内に、さまざまなものを一つにむすび合わせるマンダラを孕んでいるからだ。マンダラを自らの内に種子のように、胎児のように孕んでいるがゆえ、マンダラを育むことで、森羅万象あらゆるものとつながり合い、それゆえ森羅万象あらゆるものになることができる。

西田幾多郎や鈴木大拙など、近代の日本哲学のはじまりに位置する偉大な思想家たちは、『華厳経』などの大乗仏典に由来する「如来蔵」という言葉を用いて、そのありさまを表現した。人間をはじめ森羅万象は、無意識の奥の奥に存在する「如来」(仏)としての意識の層に、「如来」となるための種子を、あたかも胎児のように孕んでいる。「如来蔵」は如来としての意識にして如来としての可能性を意味している。若き鈴木大拙と関係をもち、近代的な日本民俗学のはじまりに位置するやはり偉大な思想家、南方熊楠は、その「如来蔵」としてのマンダラを原初の生殖細胞、そこから森羅万象あらゆるものが産出されてくる根源的な「卵」のようなものと考えた。

熊楠は、そうしたマンダラを、世界のあらゆる場所に見出される小さな生命体、動物としての「一」なる性質と植物としての「多」なる性質をあわせもった「粘菌」のなかに見出した。

岡本太郎は、「太陽の塔」をマンダラとして造形し、しかもその地下世界の入口にあたる場所に、「如来蔵」として存在する根源的な生命体、熊楠が生涯をかけて探究した「粘菌」のようにそこから森羅万象あらゆるものを生み出す〈いのち〉としての生殖細胞、卵細胞を据えたのである。岡本太郎の芸術は、近代日本哲学と近代日本民俗学を一つに総合するものとしてある。「太陽の塔」は、その最も初期の構想（一九六七年に残された草稿）から、マンダラをその内的宇宙として秘めたものであった。太郎は、その草稿「テーマ展示の基本構想」に、こう書き残している。万博の理念を象徴的かつ具体的にあらわすテーマ展示では、上・中・下と三層にわかれた三つの空間が提示されなくてはならない（以下、「太陽の塔」については、平野暁臣編著『岡本太郎と太陽の塔』小学館クリエイティヴ、二〇〇八年刊を全面的に参照している）――。

三つの空間は、人類の歴史の未来、現在、過去を象徴する。またこれを進歩、調和、根源とよんでもよい。その中央に、過去、現在、未来を貫いて脈々と流れる人類の生命力、その流れ、発展を象る五本の塔を建てる。それらはまた世界の五大州を意味し、相互の均衡に平和と調和の精神を、またおのおのは独立の生き方のまま誇らかな、人間の尊厳を象徴してそそり立つ。これらの全体が、一つの壮大な宇宙観である。それは東洋の叡智の結晶である「マンダラ」にも通じる。各層は独立しながらまた渾然として日本万国博のテーマを総合的に、また直感的につかみ取らせる働きを持つ。

実現にあたって当初予定されていた五本の塔は三本に集約され、現在ではそのなかでも最大の「もの」だけが、万博の遺産として残されることになった。丹下健三の指揮下に設計されつつあった超近代的な水平構造をもつ広大な平屋根を突き破ってそそり立つ、垂直構造をもつ巨大で「ベラボーなもの」、「太陽の塔」だけが。

「太陽の塔」は水平性と垂直性、近代的で有用な科学技術と前近代的で無用な呪術的「神像」が一つに交わる地点に形づくられた。裏面の腕の付け根には「黒い太陽」も描かれ、その「黒い太陽」に見つめられる形で「お祭り広場」が整備された。「太陽の塔」の内部には、これもまた最初期の草稿から一貫して、一本の巨大な「生命の樹」が立てられることになっていた。「生命の樹」は地下の根源的な世界、地上の現在的な世界、天上の未来的な世界を一つにつなぐものだった。それは科学的な進化を眼に見える形にした「系統樹」であるとともに、呪術的な宗教者（シャマン）が地下と地上、さらには天上をむすび合わせる霊的な「世界樹」でもあった、太郎は、地下世界の入口に根源的な〈いのち〉の細胞を据え（「生命の樹」の最下層にも巨大なアメーバの群れを造形した）、次いで人間の原型的な生活である狩猟採集社会が再現され、さらに、世界の各地から神像と仮面が収集され、展示された。その仮面と神像のコレクションがもとになって、万博後、国立民族学博物館が創設されることになった。列島日本における「人類博物館」である。〈いのち〉の細胞から、狩猟採集社会へ、さらには、仮面と神像による祝祭の時空へ。それらを経て、人々は、「生命の樹」にたどり着く。「生命の樹」は、文字通り、アメーバから人類に至る進化の系統樹であると同時に、その枝の一本一本が血管となり巨大な一つの生命体をもあらわしている。まさにマンダラとしての生命体である。天上の世界の展示のために丹下健三のもとに集まったのは、生きている生命体の「新陳代謝」をモデルとして新たな建築の在り方を模索していた、「メタボリスト」と総称される人々であった。無機物であるはずの建築が、あたかも有機物が「新陳代謝」を繰り返すように増殖し、変容していく。「太陽の塔」の天上世界には、いわば人工のマンダラ、生命体としての建築がはりめぐらされることになった。「太陽の塔」の未来世界の造形に関わった黒川紀章は、国立民族学博物館の設計も担当した。黒川は、「メタボリズム・グループ」の建築を理論的にも実践的にも代表する建築家だった。

「太陽の塔」の地下世界に表現された自然のマンダラは、天上世界に表現された人工のマンダラと、「生命の樹」を通して一つにむすばれている。「太陽の塔」は科学と宗教を、芸術と建築を、互いに相剋するまま一つに総合するものだった。マンダラは抽象的な理念にとどまることなく、現実の場所に、高次元へとひらかれた「もの」として顕現しなければならなかった。そのためには「祝祭」――世界的かつ人類史的な「祝祭」――が執り行われる必要があり、「太陽の塔」は、その祝祭の場を確定し、祝祭を生起させる聖なる象徴、神聖なる巨大な樹木にして神聖なる巨大な石であった。

「太陽の塔」は縄文土器であり、マンダラであった。理念であり、作品であった。時間と空間を消滅させ、再生させる「生命の樹」にして、「四次元」にひらかれた塔であった。

## 初出掲載

草原論＝「西田幾多郎の哲学（一）——草原論」「文学界」二〇一七年三月号
場所論＝「西田幾多郎の哲学（二）——場所論」「文学界」二〇一七年九月号
縄文論＝「縄文論」「文学界」二〇一九年十一月号
南島論＝吉本隆明『全南島論』解説　二〇一六年三月　作品社
　まれびと論は左記の六篇よりなる
まれびとと祝祭＝「まれびとと祝祭　祈りの神秘、芸術の力」高島屋史料館ＴＯＫＹＯ４階展示室展示パネル、二〇二二年三月二日より八月二一日
呪術の論理＝『すばる』二〇二二年一月号　集英社
神を迎える場所＝「信仰と環境　日常の住環境に見られる霊的な場」日本民俗建築学会、二〇二一年一〇月一六日、創立70周年記念公開シンポジウム
天と地、精神と物質の媒介者＝石川直樹著『まれびと』二〇一九年　小学館
聖家族曼陀羅＝岡本太郎の宇宙２『太郎誕生』ちくま学芸文庫、二〇一一年
四次元の塔＝平野暁臣編著『太陽の塔』小学館クリエイティブ、二〇一八年

【サ行】



【タ行】



【ナ行】



【ハ行】

# 人名索引

## ■日本人

**著者略歴**

安藤礼二（あんどう・れいじ）

1967年、東京生まれ。文芸評論家。多摩美術大学図書館長、教授、芸術人類学研究所所員。

早稲田大学第一文学部考古学専修を卒業。出版社編集者を経て、

2002年「神々の闘争一折口信夫論」で群像新人文学賞評論部門優秀作を受賞。

2006年『神々の闘争　折口信夫論』（講談社）で芸術選奨文部科学大臣賞新人賞を受賞。

2009年『光の曼陀羅　日本文学論』（同）で大江健三郎賞と伊藤整文学賞を受賞。

2015年『折口信夫』（同）でサントリー学芸賞と角川財団学芸賞を受賞。

他に『大拙』『熊楠　生命と霊性』などがある。

# 縄文論《じょうもんろん》

二〇二二年一一月　五日第一刷印刷
二〇二二年一一月一〇日第一刷発行

著者　安藤礼二
装幀　小川惟久
発行者　福田隆雄
発行所　株式会社作品社
〒一〇二-〇〇七二
東京都千代田区飯田橋二ノ七ノ四
電話　(〇三)三二六二-九七五三
FAX　(〇三)三二六二-九七五七
https://www.sakuhinsha.com
振替　〇〇一六〇-三-二七一八三
本文組版　㈲マーリンクレイン
印刷・製本　シナノ印刷㈱

ISBN978-4-86182-930-7 C0020